ELECTROTECNIA

Es la parte de la ingeniería que se ocupa de la producción, transmisión, distribución y utilización de la energía eléctrica. El vocablo proviene etimológicamente del griego, $\pi\lambda\epsilon\chi\tau$, ámbar, electricidad, y $\tau\epsilon\chi\nu\eta$, arte.

Introducción histórica

Remontándonos a las edades legendarias, parece ser que los primeros experimentos concretos hechos con la electricidad, se lo debemos al filósofo griego Thales de Mileto en el año 600 antes de nuestra era. Consistieron en la observación del ámbar amarillo, que convenientemente frotado en seco, era capaz de atraer pequeños cuerpos livianos. Como el ámbar se lo llama electrón en idioma griego, esa propiedad se llamó electricidad. Thales dio al hecho esta explicación: "El ámbar –dijo– posee un alma y atrae hacia sí los objetos como por medio de un soplo". Hoy, la explicación nos parece risueña, pero no dejemos de comprender su grandeza. Algunos autores se remontan más lejos para buscar los orígenes de la electricidad, pero a decir verdad, no salen del campo de la hipótesis.

A partir de ese entonces los experimentos, estudios y descubrimientos nunca perdieron continuidad hasta nuestros días y constituyeron una serie de inventos que, sobre todo a fines del siglo pasado y principios del presente, han cambiado y siguen cambiando continuamente nuestra forma de vivir, de conocernos, de ayudarnos, de destruirnos, de educarnos y muchas cosas más.

Sin pretender entrar en la historia de la Electrotecnia, señalemos algunos pasos de importancia en su historia y desarrollo.

Gilber al finalizar el siglo XVI fue el primero en tratar la electricidad y el magnetismo en forma conjunta, lo que debemos ver como un acontecimiento de real importancia, pero solo para 1729 Gray descubrió el diferente comportamiento de los cuerpos ante la electricidad, con lo que quedaron descubiertos los conductores y los aisladores.

Hacia 1786 y con los trabajos de Galváni aparece la corriente eléctrica, que luego gracias a Volta, que constituye su famosa pila y con ellos el primer generador eléctrico, es posible obtener corrientes en forma estable como para hacer experimentos. Es así que Davy efectúa importantes trabajos relativos a los efectos calóricos, químicos y luminosos de la corriente, y Larrey, Bichat y otros, trabajan en efectos fisiológicos.

En el invierno de 1819 el danés Oerstedt descubre, por casualidad, uno de los más importantes hechos en la historia de la Electrotecnia. Efectivamente, logra establecer que una corriente eléctrica genera un campo magnético en su alrededor, y con ello nace el Electromagnetismo, que luego fue estudiado en forma teórica por Ampere. Ocurrido esto, muchos fueron investigadores que procuraron encontrar el fenómeno opuesto, es decir, generar corriente eléctrica por medio de un campo magnético, cosa que solo logró el genial Faraday al descubrir la inducción. A partir de allí queda completo el cuadro científico que permite a los técnicos, aparatos útiles. Y así ocurrió realmente, ya que empezaron a idearse las formas primitivas de las máquinas eléctricas rotativas, a las que contribuyeron con sus perfeccionamientos Pixii, Clarke, Siemens, Wilde, Ladd y Piccinotti. Estos técnicos lograron evidentes adelantos que fueron perfeccionando las máquinas hasta hacerlas de funcionamiento eficaz y seguro, e introducirlas en el campo de las aplicaciones prácticas, fabricando las antepasadas de nuestros modernos alternadores.

El autodidacta belga Gramme, en una genial concepción, logró evitar con una fórmula constructiva muy particular muchos de los inconvenientes que presentaban las máquinas de su época. Gramme creó el rotor en anillo con colector y entre hierro reducido, ya hoy superado por el rotor de tambor, pero que en su momento fue un gran avance. Para ese entonces, los esfuerzos se encaminaban para lograr lo contrario, es decir, crear movimiento mediante la electricidad.

El hombre buscaba el motor eléctrico. Varios fueron los modelos creados, todos muy ingeniosos. Pero parece ser que en 1873 y mientras se realizaba la Exposición de Electricidad en Viena, el ingeniero Fontaine usaba dos generadores para producir iluminación y hacer experimentos. Uno de ellos, por un inconveniente se detuvo al quedar sin provisión de energía de la máquina a vapor que lo impulsaba, y ante la sorpresa general, continuó girando accionado por la corriente del otro. Con este acontecimiento casual se encontró un motor tan eficaz como los generadores de su época, pero también quedó en evidencia que las máquinas dinamoeléctricas son reversibles, hecho de singular importancia en la electromecánica.

Ya la técnica de la electricidad estaba encaminada, cuándo aparece la figura de Edison, que con un comienzo de perfiles muy singulares, se constituye en uno de los más positivos impulsores de la Electrotecnia, y a la vez, actúa como un empresario de gran dinamismo y creatividad. Muchos son los inventos que nos ha dejado Edison, entre los que podemos señalar la telegrafía múltiple, el micrófono, la reproducción de sonido, los acumuladores alcalinos, y además contribuyó a perfeccionar gran cantidad de inventos que por muy diversas razones habían quedado sin desarrollar. El día 21 de octubre de 1879, al hacer la presentación de su lámpara incandescente, señala el comienzo de la era de la electrificación en gran escala. En esa misma época, Westinghouse, Steinmetz y Thomson son figuras relevantes, y el invento del transformador abre las puertas al uso de la corriente alterna, que permite la transmisión de la energía a largas distancias.

Marcelo Antonio Sobrevila
Alberto Luis Farina

Instalaciones de potencia

Para
Estudiantes de las carreras de ingeniería en general
Alumnos de escuelas técnicas de nivel medio y superior
Cursos de postgrado
Ingenieros que operan sistemas de potencia
Proyectistas no eléctricos que intervienen en proyectos eléctricos
Ingenieros y técnicos que trabajan en montajes y mantenimiento

Apéndices
Bibliografía de referencia
Tablas de uso práctico

Primera Edición
2009

LIBRERIA Y EDITORIAL ALSINA

Paraná 137 - (C1017AAC) Buenos Aires
Telefax (054)(011) 4373-2942 y (054)(011) 4371-9309
ARGENTINA

Sobrevila, Marcelo A.
  Instalaciones de potencia / Marcelo A. Sobrevila y Alberto Farina. - 1a ed. -
Buenos Aires : Librería y Editorial Alsina, 2009.
  282 p. ; 23x16 cm.

  ISBN 978-950-553-176-9

  1. Potencia Eléctrica. I. Farina, Alberto Luis II. Título
  CDD 621.374.3

Fecha de catalogación: 03/04/2009

Diseño de Tapa: Luciano García
Diagramación, y armado de interior:
Laura Campanelli
  Celular 1555643878
  e-mail: sambulaca@hotmail.com

Pero así como Edison y Gramme trabajaron para las aplicaciones de la electricidad en la iluminación y la fuerza motriz, otros habían emprendido un camino distinto.

Morse inventaba el telégrafo y Bell el teléfono que luego Edison perfeccionará. No obstante, el sueño del hombre era la telegrafía sin hilos, descubrimiento al que no es fácil asignarle paternidad definida. Efectivamente, el genial Maxwell dio el camino racional y matemático al formular las ecuaciones que llevan su nombre, y Hertz, Brandly, Popoff y Lodge realizaron experiencias sustentando las hipótesis existentes. Marconi hizo demostraciones definitorias. La propagación electromagnética que postuló Maxwell, tomaba cuerpo. Para 1915 Lee de Forest comenzó a preparar su válvula de tres electrodos, con lo que nace esa maravilla de nuestra época que es la electrónica. Ese adminículo, denominado tríodo abrió el camino al amplificador, y con ello, a los transmisores y receptores del más variado tipo y función. Sin embargo, la creatividad del hombre no está adormecida.

Cerca del año 1940, trabajos de Bardeen, Brattain y Schckley permiten llegar al transistor que, sin lugar a dudas, es uno de los inventos más importantes de la humanidad. A partir de allí, todo es historia muy reciente, y se hace cada vez más difícil saber quién ha concebido muchos de los extraordinarios aparatos que a diario usamos, porque el hombre, al entrar en la era industrial a gran escala, aprende a trabajar en equipo, y muchos éxitos son producto de un trabajo colectivo, y otras veces, quedan en el anonimato. El viejo investigador de laboratorio, que rudimentariamente va tras una idea, es sustituido día tras día, por ejércitos de investigadores profesionales de las grandes empresas, que hacen de ello su trabajo cotidiano, y pueden resolver problemas que para Faraday, hubiesen sido totalmente infranqueables.

Pero este breve relato nos lleva a ver como la ELECTROTECNIA se divide hoy en dos grandes ramas: TÉCNICA DE LA ELECTRÓNICA y TÉCNICA DE LA ENERGIA ELÉCTRICA. No es posible una división neta, ya que ambas ramas de la tecnología, tienen muchos puntos en común, pero si deseamos hacer un distingo, podemos muy bien decir que:

• ELECTRÓNICA es la técnica de las altas frecuencias y bajas potencias.

• ENERGÍA ELÉCTRICA es la técnica de las bajas frecuencias y las altas potencias.

Prefacio

En el año 1988 la Editorial MARYMAR nos comenzó a publicar una colección de obras que se titularon "Ingeniería de la Energía Eléctrica". Se tenían previstos los siguientes títulos: Libro I "Circuitos", libro II "Máquinas", libro III "Medidas", libro IV Instalaciones de Potencia", libro V "Auxiliares Electrónicos", libro VI "Utilización" y libro VII "Ejemplos Numéricos". Se alcanzó a publicar hasta el libro IV.

Esta colección estaba enfocada como disciplina de cultura técnica general, necesaria a todo ingeniero cualquiera fuese la especialidad de su título académico. La práctica activa de la profesión nos ha enseñado que es necesario familiarizarse con los elementos básicos de la energía eléctrica, dado que las grandes obras de la ingeniería moderna requieren para su proyecto, construcción de componentes, montaje de los mismos y operación en servicio, una serie de conocimientos mínimos de varias especialidades conjuntamente para actuar como usuarios inteligentes de los mismos. La ingeniería moderna se ha vuelto sistémica. Cualquiera sea la especialidad de un ingeniero, su visión debe atender al sistema en su conjunto, y entenderlo para poder incluir su especialidad específica dentro del mismo.

De esa anterior colección, el libro IV "Instalaciones de Potencia" fue el de mejor acogida en el medio académico y en el ámbito de los alumnos universitarios. También, entre los técnicos de nivel intermedio. Hizo su evolución lógica con el progreso tecnológico. Asimismo, la editorial MARYMAR concluyó su ciclo comercial.

Por ello, esta obra trata lo anteriormente escrito para el libro IV de la colección citada más arriba, sobre los sistemas de generación, transmisión en tensiones altas y la distribución de la energía eléctrica, los aparatos, su empleo y su forma de funcionamiento, todo en forma descriptiva a nivel inicial.

A causa de todo lo que antecede, la Librería y Editorial Alsina de larga y fructífera trayectoria en nuestro país dentro del área de los libros técnicos, ha decidido volver a editarlo actualizado. Para esta labor hemos convocado al señor ingeniero **Alberto Luis Farina**, destacado profesor de la Universidad Tecnológica Nacional en su Facultad Regional Rosario, y profesional de sólida trayectoria en el ejercicio de la ingeniería eléctrica de potencia y tensiones elevadas, para revisarlo, actualizarlo e incorporar elementos faltantes o necesarios. La tarea del profesor Farina ha sido exitosa y su valiosa colaboración ha hecho posible presentar esta edición modernizada.

Marcelo Antonio Sobrevila

ÍNDICE

ÍNDICE DE TABLAS

APÉNDICES

CAPITULO 1
SISTEMAS ELÉCTRICOS DE POTENCIA

Índice

1.01. INTRODUCCIÓN

En la obra publicada por Librería y Editorial Alsina, titulada **Instalaciones Eléctricas** hemos tratado las instalaciones eléctricas destinadas a las viviendas, oficinas y locales unitarios. Ahora abordaremos otros tipos que se dan en dos ámbitos; uno las que están destinados a la producción (generación), a la transmisión y a la distribución de la energía eléctrica y el otro, los grandes consumidores tales como empresas industriales, grandes edificios destinados a diversas actividades como lo pueden ser oficinas, sanatorios, hospitales, comercios, etc.

Por la naturaleza y envergadura de los elementos componentes, así como por las magnitudes de los parámetros eléctricos tales como las tensiones y las corrientes que le son característicos de estas instalaciones eléctricas, es que a este tipo de instalaciones se las denomina: **instalaciones de potencia.**

1.02. DIBUJO, NOMENCLATURA Y SÍMBOLOGÍA
1.02.01. Introducción

Antes de iniciar el desarrollo de los temas centrales de este libro es necesario introducirnos en uno, que no es menor en la ingeniería en general y en la eléctrica en particular, que es la representación de las instalaciones eléctricas y sus circuitos.

Tales representaciones se plasman en los denominados **elaborados técnicos**, siendo los más representativos: los planos, aunque también existen otros no menos importantes.

La confección de los elaborados técnicos que se utilizan en la ingeniería eléctrica requieren de una técnica, que como toda actividad de la ingeniería tiene sus particularidades.

Un tipo de elaborado técnico, lo constituyen los distintos tipos de planos. La ejecución de los mismos requiere de la utilización de normas de dibujo convencionales cuando se representan las disposiciones de los elementos físicos (transformadores, interruptores, etc.) pero también de símbolos y nomenclaturas cuando se trata de representar a los circuitos, tanto sean de fuerza motriz como los de control. Debiéndose acotar que cuando se trata de estos últimos se requiere de una técnica bien depurada y rigurosa.

1.02.02. El dibujo en general

El dibujo, es "él" idioma que permite la comunicación en el mundo técnico. En consecuencia, debe ser preciso y si es posible, internacional.

Si bien todas las especialidades de la ingeniería recurren al dibujo, es la ingeniería eléctrica quién mas lo debe hacer y no solo con precisión sino también con un alto grado de minuciosidad, ya que de otra manera no sería posible que los complejos circuitos de control cumplan con sus funciones. Teniendo a su vez, como premisa la utilización de símbolos y nomenclaturas, los cuales no guardan relación con el aspecto físico del elemento o aparato.

En la República Argentina, IRAM, el Instituto Argentino de Normalización y Acreditación es el órgano oficial que emite las normas de dibujo; que a su vez trabaja para la unificación o compatibilización de sus normas con la International Electrotechnical Commisión (IEC).

Existe una tendencia a la internacionalización, muestra de ello es que el INSTITUTE OF ELECTRICAL AND ELECTRONICS ENGINEERS (IEEE) y el AMERICAN NATIONAL STANDARDS INSTITUTE (ANSI) de los Estados Unidos de Norteamérica están siguiendo ese camino.

En los dibujos que siguen en este texto, procuraremos emplear la norma IEC correspondiente, aunque sin apartarnos, en algunos casos, de ciertos esquemas que son de uso corriente o popular en nuestro país.

1.02.03. Elaborados técnicos específicos

Como anticipáramos existe una variedad de elaborados técnicos que se aplican en la ingeniería eléctrica, es así que podemos encontrar:
1. planos conteniendo la representación de los circuitos: unifilares, trifilares y funcionales.
2. planos conteniendo la representación de las disposiciones generales o particulares de las instalaciones ("lay out").
3. planos de las canalizaciones.
4. planos topográficos de conexionado.
5. planos de borneras.
6. planos de típicos de conexionado o montaje.
7. otros documentos tales como: lista de materiales, memoria de cálculo, diagramas lógicos, memoria descriptiva, especificación técnica, croquis, lista de cables y lista de canalizaciones o ductos.

No siendo estos los únicos, de acuerdo a la modalidad o tipo de obra se pueden generar otros elaborados técnicos que sean necesarios, tanto para la construcción como para el mantenimiento de determinado sistema eléctrico de potencia o control.

1.02.04. Dibujo de los circuitos eléctricos

La llamada representación unifilar o como corrientemente se dice "**unifilar**" requiere darle la debida importancia, en virtud de emplearse mucho por que a pesar de su simpleza o forma simplificada permite tomar conocimiento de la instalación eléctrica muy rápidamente en forma global. Lo cual facilita la introducción al tema o al problema.

La representación unifilar es preferible para el estudio de la instalación eléctrica en su conjunto, ya que cada trazo representa a todos los conductores o cables y con este tipo de esquema, se pueden seguir los caminos de la energía eléctrica con mucha facilidad y entender las operaciones posibles y las maniobras a ejecutar con los diversos componentes.

Cada trazo puede llevar trazos pequeños cruzados indicando la cantidad de cables o conductores que los componen.

En cambio, en la representación multifilar (bifilar, trifilar y tetrafilar), aparecen todos los conductores o cables de la instalación eléctrica y es la adecuada para los planos de detalle y de conexionado, utilizados para el montaje y para seguir aspectos menores de los circuitos.

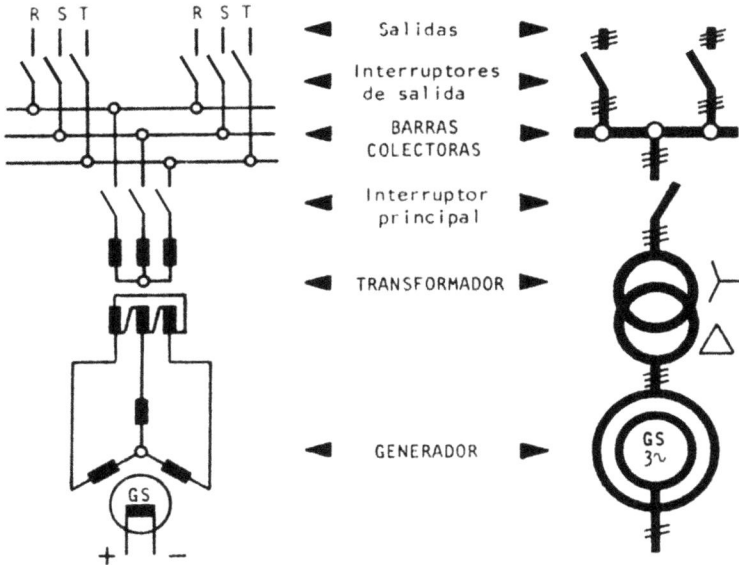

Figura N° 1.01 Unifilar de un generador, transformador y barras

Para comprender mejor el uso de estos esquemas emplearemos el dibujo de la **Figura Nº 1.01**. Allí se presenta un generador, que a su vez alimenta a un transformador elevador de la tensión, siguiendo después un interruptor principal que vincula al conjunto con las barras colectoras y de allí parten dos salidas, con sus respectivos interruptores.

Analizando esta figura podemos apreciar que a la izquierda se dibujo la instalación conforme la representación multifilar (en este caso trifilar), mientras que a la derecha tenemos la representación unifilar.

Habitualmente, se comienza a delinear la instalación eléctrica mediante un esquema simplificado que es el unifilar, para que luego se pueda hacer el circuito representado en forma trifilar o tetrafilar con más detalles de sus componentes. Ambas representación son necesarias en el desarrollo de un proyecto.

1.02.05. Símbolos

En relación a los símbolos que se deben adoptar para la representación de los componentes, máquinas y equipos de la ingeniería de la energía eléctrica, debemos señalar, que como se dijo antes, si bien hay una tendencia generalizada a nivel mundial, en nuestro país no hay todavía un criterio uniforme. Existen grandes empresas internacionales que publican para uso interno, sus propios símbolos.

En los últimos años se observa una tendencia a la unificación de símbolos basándose en las normas que en este campo elabora la COMMISSIÓN ELECTROTECHNIQUE INTERNATIONALE (CEI) o la INTERNATIONAL ELECTROTECHNICAL COMMISSION (IEC) o la COMISIÓN ELECTROTÉCNICA INTERNATIONAL (CEI), según el idioma que se prefiera emplear. Sin embargo, se sugiere utilizar la versión en idioma inglés porque la abreviatura (**IEC**) no da lugar a confusiones con otras abreviaturas en estos temas.

En las **Tablas Nº A1.01** (Simbología de la interrupción) y **Nº A1.02** (Simbología general) del Apéndice Nº 1 se muestran los símbolos de esta última norma que están relacionados con los componentes tratados en esta obra.

1.02.06. Nomenclatura

El dibujo de los circuitos eléctricos utiliza los símbolos como se dijo en el ítem anteriormente, pero también letras y números para identificar los distintos elementos e indicar las funciones que realizan los mismos. Al respecto debe reconocerse que a pesar de la tendencia a internacionalizar aspectos del dibujo, en el campo de las instalaciones de potencia se utiliza generalmente la nomenclatura de números y letras de las norma ANSI, así vemos en la **Tabla Nº A2.01** (Número y funciones de los dispositivos) del Apéndice Nº 2 que con el número **52** se identifica a un interruptor principal, con el número **29** a un elemento que sirve para aislar o separar un circuito de otro, etc.

Esta misma norma (**ANSI**) también da letras para identificar a las distintas funciones que se pueden apreciar en la **Tabla Nº A2.02** (Letras asociadas a los dispositivos, según las normas ANSI). Por ejemplo: **CC** es una bobina de cierre, **TC** una bobina de disparo, etc.

En cambio cuando se trata de planos que contienen circuitos de fuerza motriz en baja tensión, comando y control se prefiere utilizar la norma DIN, (**Tabla Nº A2.03**, Letras asociadas a los dispositivos según la norma DIN), que mediante letras se identifican a los elementos o equipos y también a las funciones generales. Por ejemplo para identificar como equipo eléctrico a un transformador se utiliza la letra **T**, para un relé o un contactor la letra **K**, etc.

Cuando se trata de las funciones que cumple el elemento o equipo podemos ver que: una señalización o aviso se identifica con una letra **H**, en cambio una protección se lo hace con una letra **F**.

Respecto de los colores que se utilizan para las luces de señalización y pulsadores se muestran en las tablas del Apéndice Nº3 (**Tabla Nº A3.01**, Colores para indicadores luminosos y **Nº A3.02**, Colores para pulsadores).

1.03. CONJUNTOS DE INTERRUPCIÓN

Las realizaciones de la ingeniería eléctrica se llevan a cabo a través de los distintos tipos de circuitos en donde es común tener que interrumpir el paso de la energía eléctrica, para lo cuál se han desarrollado los distintos tipos de interruptores acordes con los diversos requerimientos que se le imponen en cada caso y que estudiaremos en detalle más adelante en este texto.

A lo largo del libro –en general– se mostrarán los distintos tipos de circuitos en forma simplificada mediante la utilización de la representación unifilar. Es así que a los efectos de interpretar debidamente los esquemas unifilares que se estudiarán, se hace menester apreciar las soluciones que la técnica ha desarrollado para hacer esas maniobras destinadas a la interrupción de las corrientes. Para ello se recurrirá a la *Figura Nº 1.02* donde se muestra una disposición genérica de interrupción y en la *Figura Nº 1.03*, varias de las soluciones corrientemente empleadas, conforme el uso de las instalaciones eléctricas.

Barras para provisión de energía

Hacia los consumos

Figura Nº 1.02 Disposición genérica de interrupción

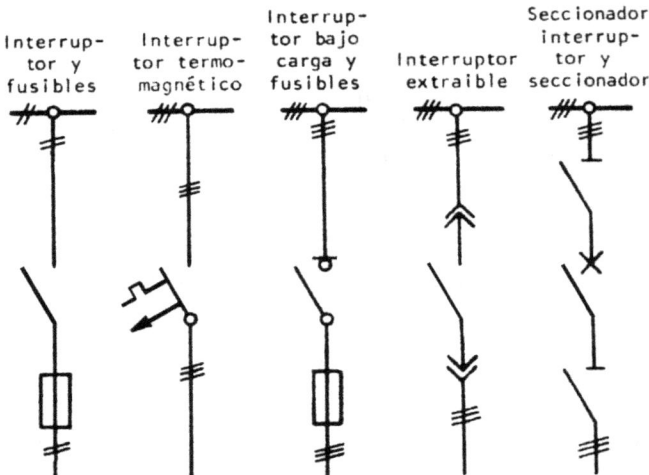

Figura Nº 1.03 Diversos conjuntos de interrupción conectados a barras

En todos los casos, el sistema interruptor está vinculado a las llamadas **barras colectoras** o simplemente **barras**. Este componente –que tiene variadas soluciones conforme las necesidades– es el lugar de encuentro suministro y de la distribución de la energía eléctrica.

La interrupción de la corriente eléctrica se hace en todos los circuitos eléctricos, desde los generadores, líneas hasta los circuitos de los usuarios.

Tomemos el primer esquema que puede corresponder a un simple interruptor con fusibles, como en una instalación domiciliaria y conforme se ilustra en *Figura Nº 1.04*.

El esquema de *Figura Nº 1.05* es una barra acoplada a una salida con interruptor automático, que correspondería a un circuito de poca potencia, trifásico trifilar.

En la *Figura Nº 1.06* se puede ver la disposición de un conjunto de interrupción para una potencia moderada de media tensión, en donde es admisible la interrupción con seccionador bajo carga y protección con fusibles.

Los seccionadores bajo carga se estudiarán oportunamente, pero podemos adelantar que se trata de cuchillas de corte, con una moderada capacidad de interrupción. Este tipo de conjunto de interrupción se puede emplear en sistemas de media tensión.

El esquema que sigue en la *Figura Nº 1.07* corresponde a un interruptor extraíble, que se emplea mucho en sistemas públicos y sistemas industriales en sistemas de media tensión. El interruptor esta montado sobre un carro, que permite ser desplazado, en forma que el reemplazo

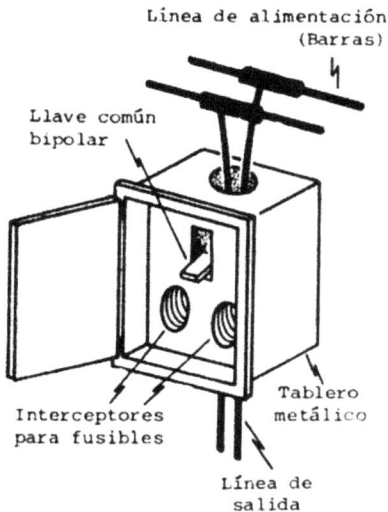

Figura Nº 1.04 **Conexión monofásica a barras**

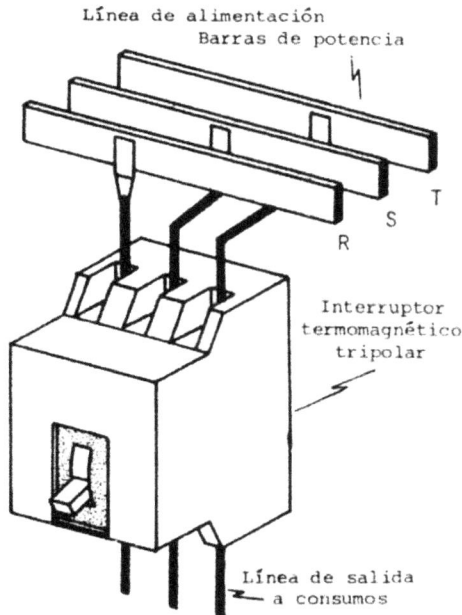

Figura Nº 1.05 **Conexión trifásica a barras**

del interruptor por otro que está en reserva, es sencillo y rápido. Este tipo de interruptor cuenta con un sistema de enchufes, para su conexión, bien seguros, para lograr una continuidad eléctrica absoluta, como también, permitir que los puntos bajo tensión queden resguardados al ser retirado el aparato.

Este tipo de interruptor se emplea en tensiones medias debe contar con adecuados sistemas de enclavamiento que impidan el retiro del interruptor cuando éste está en posición de "cerrado" o conectado, dado que de ser así, la interrupción seria efectuada por los enchufes, lo que no es admisible porque no están dimensionados para ello.

En el quinto y último esquema de la *Figura Nº 1.03,* es el mas completo y se emplea en instalaciones de altas y extra altas tensiones. Cuando el interruptor esta abierto, se pueden abrir los seccionadores y dicho aparato queda en posición de ser examinado, reparado o reemplazado. Los seccionadores permiten separar al interruptor por completo de la red, sea a la entrada como a la salida. Por lo regular, este tipo de instalación se hace a la intemperie, aunque son posibles soluciones para interior, inclusive, por medio de componentes normalizados como se estudiará mas adelante, una representación se puede ver en la *Figura Nº 1.08.*

Línea de alimentación
Barras de potencia

N

T

S

R

Cuchillas del
interruptor

Línea de entrada

Mecanismo de
accionamiento

Eje

Contactos
fijos

Contactos
de base

Brazos de
acción

Soporte de
fusible

Fusibles de
media tensión

Línea de salida a
cable subterráneo

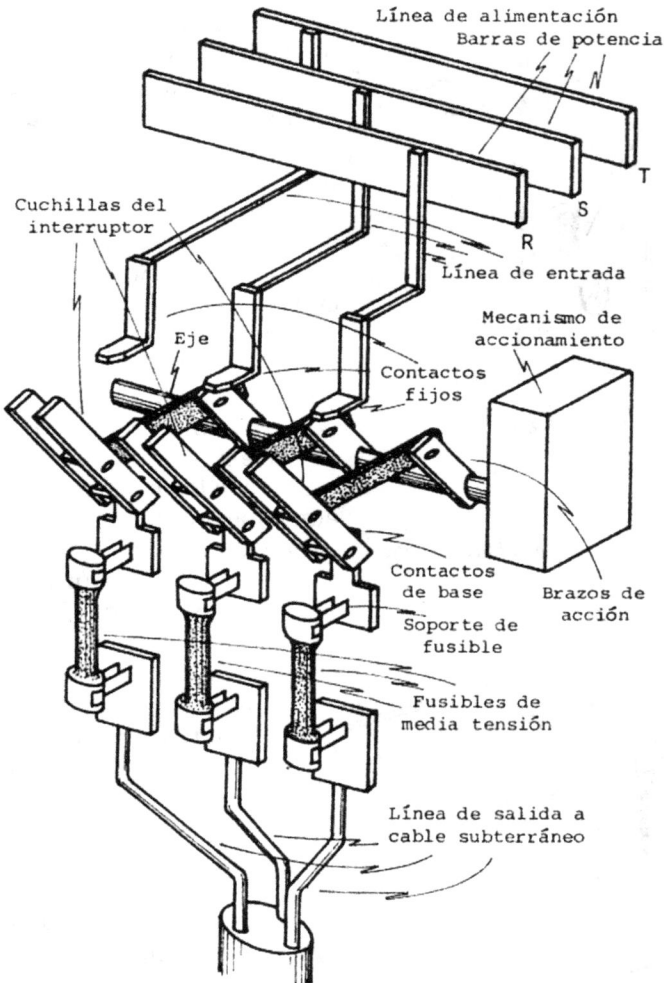

Figura Nº 1.06 Conjunto de conexión de una instalación de potencia media

1.04. BARRA DE POTENCIA

Definimos anteriormente a las barras como el lugar de encuentro para el suministro y distribución de la energía eléctrica, Esta definición es válida para cualquier nivel de tensión, por lo cual, se encontrarán en todos los sistemas eléctricos y en todas las tensiones posibles.

Dado que los encontramos en todos los niveles de tensión, su materialización o forma constructiva adquiere las más diversas formas. Entendemos que el vocablo se refiere a "una pieza de metal u otro material, de forma generalmente prismática o cilíndrica y mucho mas larga que gruesa". En el caso de la energía eléctrica si bien puede ser así también es cierto que se pueden utilizar tanto cables como conductores.

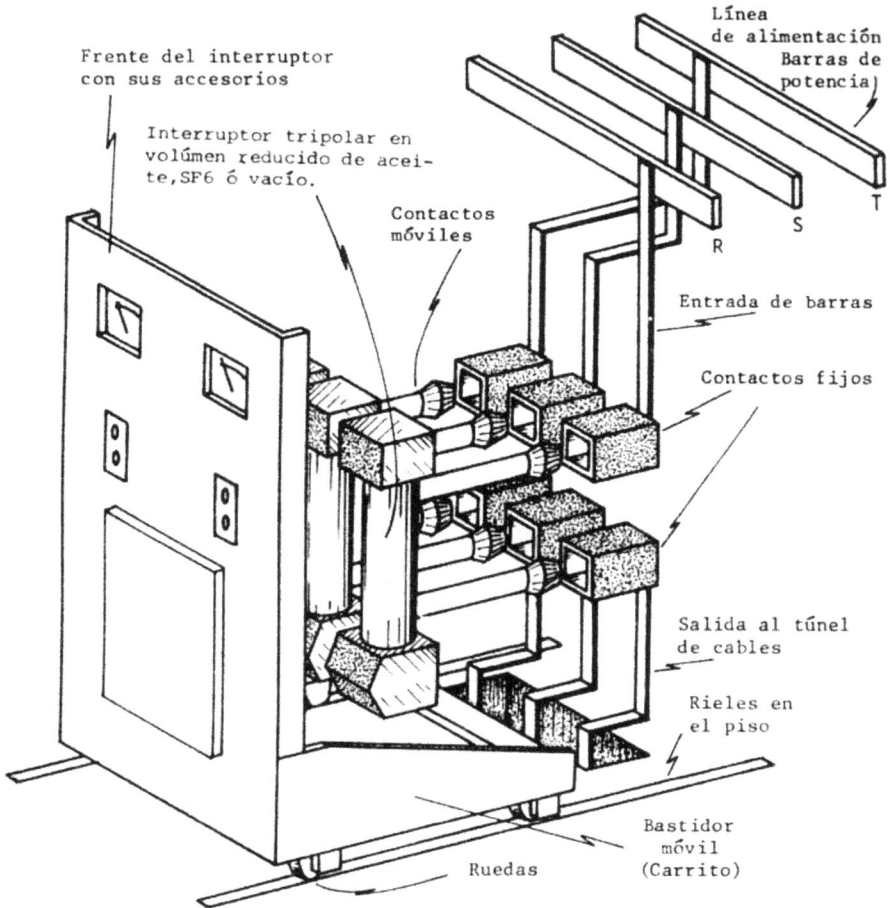

Figura Nº 1.07 Conjunto de conexión interior para media tensión

En ciertos tableros de baja tensión en donde la potencia puesta en juego es poca se utilizan cables, en otros de mayor envergadura se hace necesario emplear conductores prismáticos o con ciertos tipos de perfiles de cobre o aluminio, debidamente soportados por aisladores o placas aislantes diseñadas y construidas especialmente.

Cuando los niveles de tensión se pueden considerar como de media y

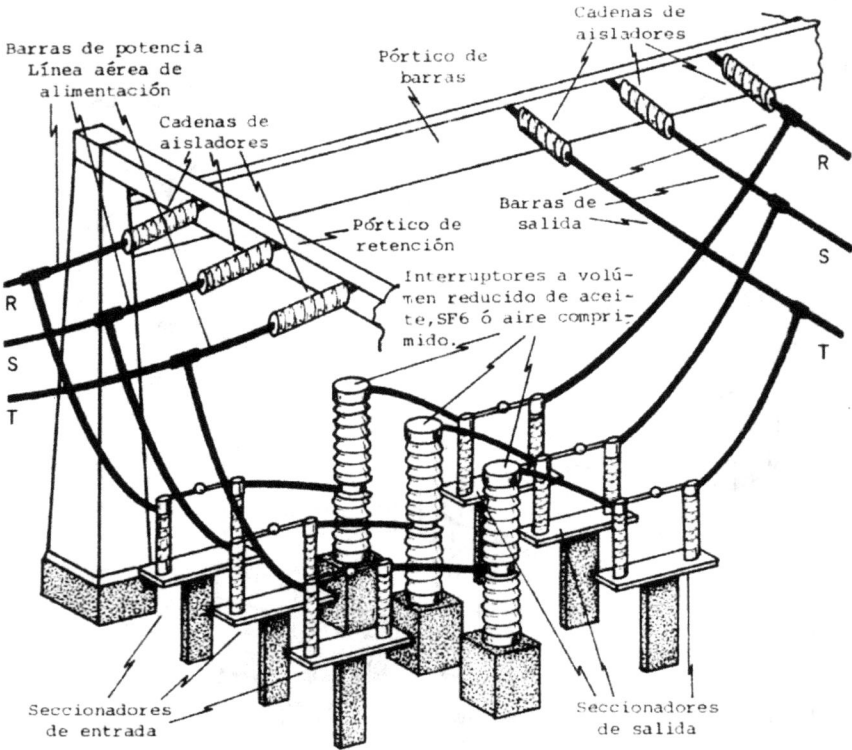

Figura N° 1.08 Conjunto de conexión intemperie para alta tensión

alta tensión, las formas constructivas son distintas. Si bien se emplean barras de sección rectangular (*Figuras N° 1.06 y 1.07*), también se lo hace con otras cilíndricas y también con caños de cobre o aluminio.

Para el caso de alta tensión, en las instalaciones del tipo intemperie como son la mayoría de los centros de distribución (playas de maniobras) y estaciones transformadoras se utilizan los conductores empleados en las líneas aéreas tendidos entre columnas (o pórticos) y soportados por aisladores *Figura N° 1.08*. En este último caso a las barras se las suele denominar como "**antenas**", también suele emplearse el término "**barras ómnibus**", más allá de algunas barras que tienen funciones particulares como sería el caso en una central generadora, "**barra de arranque**" o "**barras de tensión auxiliar**".

Siendo las barras por definición, destinadas a la provisión y distribución de la energía eléctrica en las instalaciones eléctricas, son ele-

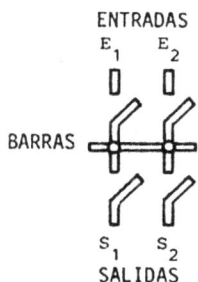

ENTRADAS
E_1 E_2

BARRAS

S_1 S_2
SALIDAS

Figura Nº 1.09 Esquema de un juego simple de barras

mentos que y mediante los elementos de interrupción y seccionamiento deben poder cambiar su configuración en función de las necesidades de las cargas y del suministro de la energía eléctrica. También por razones de seguridad tienen seccionadores de puesta a tierra.

En consecuencia veremos ahora las diversas disposiciones que se pueden adoptar. En primer lugar, examinemos la *Figura Nº 1.09* en que se ve un **sistema de simple juego de barras** con dos entradas y dos salidas. Puede observarse que según sean los conjuntos de interrupción que se accionen, la energía puede entrar por uno o dos caminos y salir también por uno o dos caminos. La *Figura Nº 1.10* es bien explicativa de las diversas posibilidades, según los interruptores que estén cerrados. Por ejemplo, en el esquema tercero de la primera fila, la energía entra por **E2** y sale por **S1**, cumpliendo un camino "cruzado".

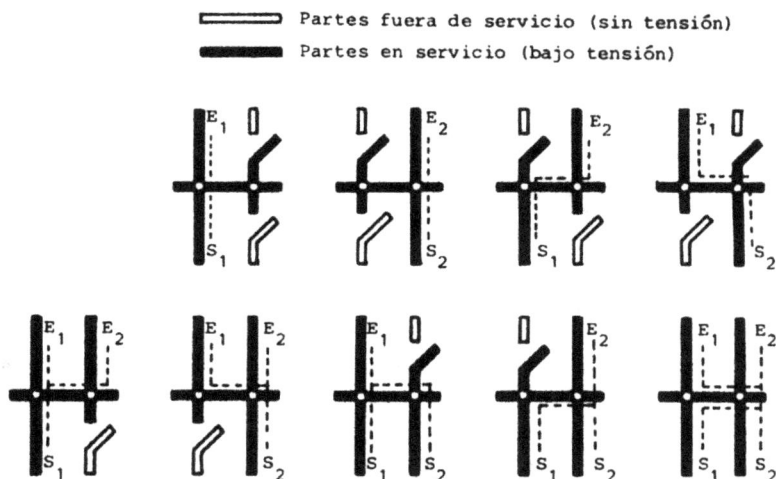

Partes fuera de servicio (sin tensión)

Partes en servicio (bajo tensión)

Figura Nº 1.10 Formas de operación de un juego simple de barras

En la *Figura Nº 1.11* tenemos simple juego de barras con acoplamiento longitudinal, ya que la única barra existente puede abrirse con un seccionador separando circuitos a uno y otro lado.

Este sistema, cuando el interruptor de acoplamiento está cerrado, es igual al visto en *Figura Nº 1.08*. Permite separar completamente dos grandes circuitos y de esta manera proceder a reparaciones y susti-tuciones. *Figura Nº 1.12*.

Pasemos ahora a examinar la *Figura Nº 1.13* que representa un sis-tema de doble juego de barras, que es muy importante. Se trata de una configuración general aplicada a dos entradas y dos salidas, con todos los interruptores abiertos. En la *Figura Nº 1.14* aparecen en total las 12 maniobras posibles con este sistema. La simple ins-pección de estas combinaciones permite a-preciar sus objetivos, pero destaquemos algunas.

Si tomamos la primera a la izquierda, de la primera fila arriba, vemos que permi-te ingresar energía por la entrada **E₁** y re-cuperarla por la salida **S₁**. Si pasamos a-hora a la combinación tercera a contar de la izquierda de la misma fila, vemos que desde el punto de vista funcional es lo

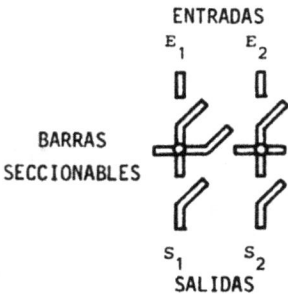

Figura Nº 1.11 Esquema de un juego simple de barras con acoplamiento longitudinal

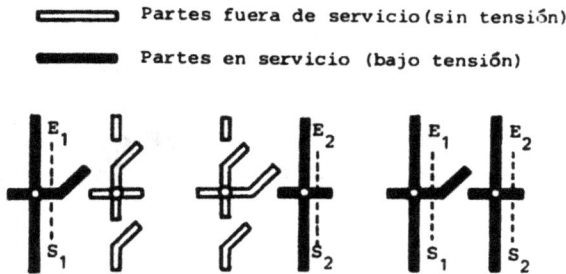

Figura Nº 1.12 Formas de operación de un juego simple de barras con acoplamiento longitudinal

mismo, pero en el primer caso se utiliza el juego de barras **A** y en el segundo, el juego de barras **B**.

Esto nos permite ver que, si bien operativamente estamos cumpliendo el mismo objetivo, en el primer caso dejamos libre el juego de barras **B**, lo que permite su inspección y mantenimiento, como así mismo, eventuales reparaciones.

Otros dos casos interesantes aparecen en las figuras primera y segunda a contar de la izquierda de la última fila. En la primera ingresa energía por entrada **E₁** y sale a través de **S₂**, mientras que hace lo propio otra fuente por **E₂** y sale por **S₁**.

Lo mismo acontece con la figura segunda, pero con una diferencia, ya que las barras usadas por un camino de la energía no son las mismas que en la configuración primera. Por otra parte, obsérvese que en ambos casos, las energías parecen "cruzarse" dentro del sistema de operaciones. Véase también que en la última figura de la última fila ingresa energía

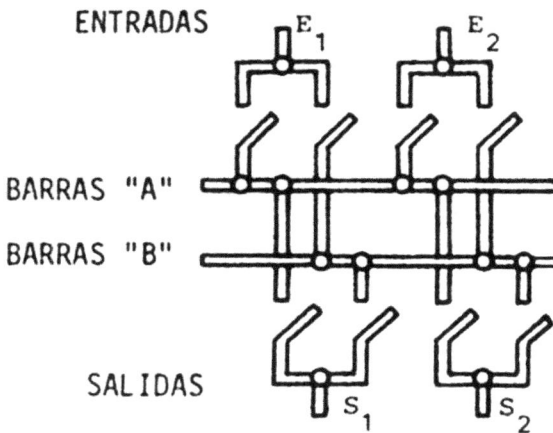

Figura Nº 1.13 Esquema de sistema con doble juego de barras

desde dos fuentes E_1 y E_2 y sale para dos suministros S_1 y S_2. Esto obliga a que el juego de barras **B**, que es el empleado, deba permitir hacer la operación de "puesta en paralelo" sobre las mismas barras o ya las fuentes E_1 y E_2 deben estar en paralelo con varias restricciones.

Las citas que terminamos de hacer permiten apreciar que el sistema con doble juego de barras, si bien permite una serie de maniobras muy ventajosas, lleva implícito un cuidadoso estudio de toda la instalación, particularmente de los sistemas de protección que se tratarán mas adelante en este texto.

La *Figura Nº 1.15* nos presenta otro sistema de operación, que tiene un agregado con relación al anterior y que se lo denomina sistema con doble juego de barras y **acoplamiento transversal**.

Esta última figura muestra la configuración básica a interruptores abiertos, que se nota igual a la de *Figura Nº 1.13*, pero con el agregado de un interruptor que permiten conectar los dos juegos de barras con lo que se denomina **interruptor de acoplamiento de barras**. Con esta configuración son posibles todas las maniobras del sistema anterior de la *Figura Nº 1.10*, pero al poderse conectar los dos juegos de barras, es posible hacer muchas maniobras sin interrumpir el servicio eléctrico.

Los esquemas de la *Figura Nº 1.16* de más adelante nos muestra

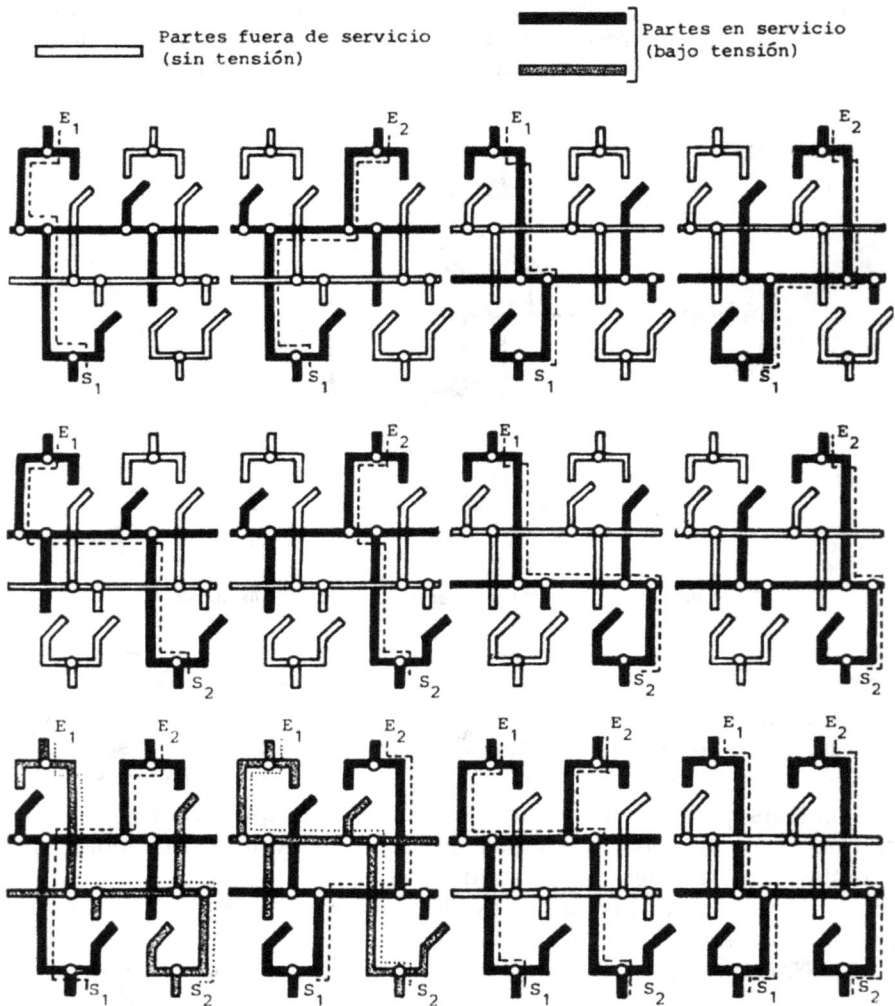

Figura N° 1.14 Formas de operación de un sistema de doble juego de barras

todas las posibilidades. La primer fila, a la izquierda toma la configuración inicial de partida y siguiendo las maniobras desde la **N° 1** hasta la **N° 6**, podemos apreciar como estando en servicio las barras A al principio, finalmente quedan en servicio las barras **B**, sin que en ningún momento fuese necesario interrumpir el servicio de energía a las salidas S_1 y S_2, ni

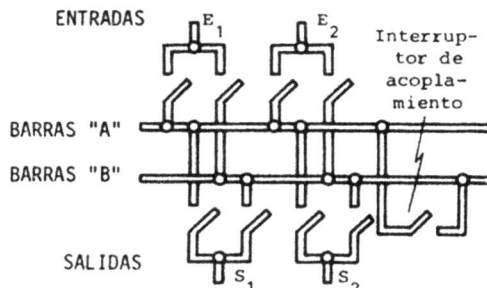

ENTRADAS

E$_1$ E$_2$ Interrup-
               tor de
               acopla-
               miento
BARRAS "A"

BARRAS "B"

SALIDAS
       S$_1$ S$_2$

Figura Nº 1.15 Esquema de un juego de barras con acoplamiento transversal

variar la configuración de entrada **E$_1$** y **E$_2$**.

En algunas configuraciones de este tipo, es también posible emplear al interruptor de acoplamiento como interruptor de reserva para suplir a alguno de los **E$_1$**, **E$_2$**, **S$_1$** y **S$_2$**, bajo condiciones que imponen maniobras con las restricciones propias de este tipo de operación.

1.05. INSTALACIÓN ELÉCTRICA DE INMUEBLES

Si bien los circuitos de los inmuebles destinados a viviendas no son el objetivo de este texto y son tratados con más detalle en la obra **"Instalaciones Eléctricas"** por M. A. Sobrevila - A. L. Farina (edición 2008), nos habremos de referir a ellos brevemente, como introducción, a fin de conservar una línea didáctica de revisión de circuitos, desde los elementales hasta los mas complicados.

Para ello tomamos primero la ***Figura Nº 1.17*** que nos presenta una instalación de vivienda con dos circuitos internos (iluminación y tomacorrientes). Se toma la energía eléctrica de la red pública y con un simple interruptor y protección con fusibles o bien con un interruptor termo-magnético e interruptor diferencial, se ingresa a los circuitos del inmueble.

En la Figura siguiente ***Nº 1.18*** se presenta una instalación más perfeccionada, en la que la protección se hace con un interruptor termo-magnético, mas una protección diferencial. Por detalle sobre estos aparatos, ver la obra antes citada.

Este esquema cuenta con dos salidas. Nótese muy particularmente que en ambos esquemas, existe una "tierra local" (tierra de seguridad) independientemente de la tierra que la misma red tiene (tierra de servicio), para lograr una seguridad efectiva contra contactos casuales.

En la ***Figura Nº 1.19***, nos referimos a la instalación de un inmueble destinado viviendas colectivas La energía ingresa a un juego de barras y de allí a los medidores de energía de cada una de las unidades. A partir de ese punto se reparte a un sector de usos generales, con sus diversos componentes de luz y fuerza motriz (bombas de agua, ascensores, rampas, etc.). Las otras líneas salientes se dirigen a las unidades destinadas a las viviendas individuales, locales u oficinas según se trate.

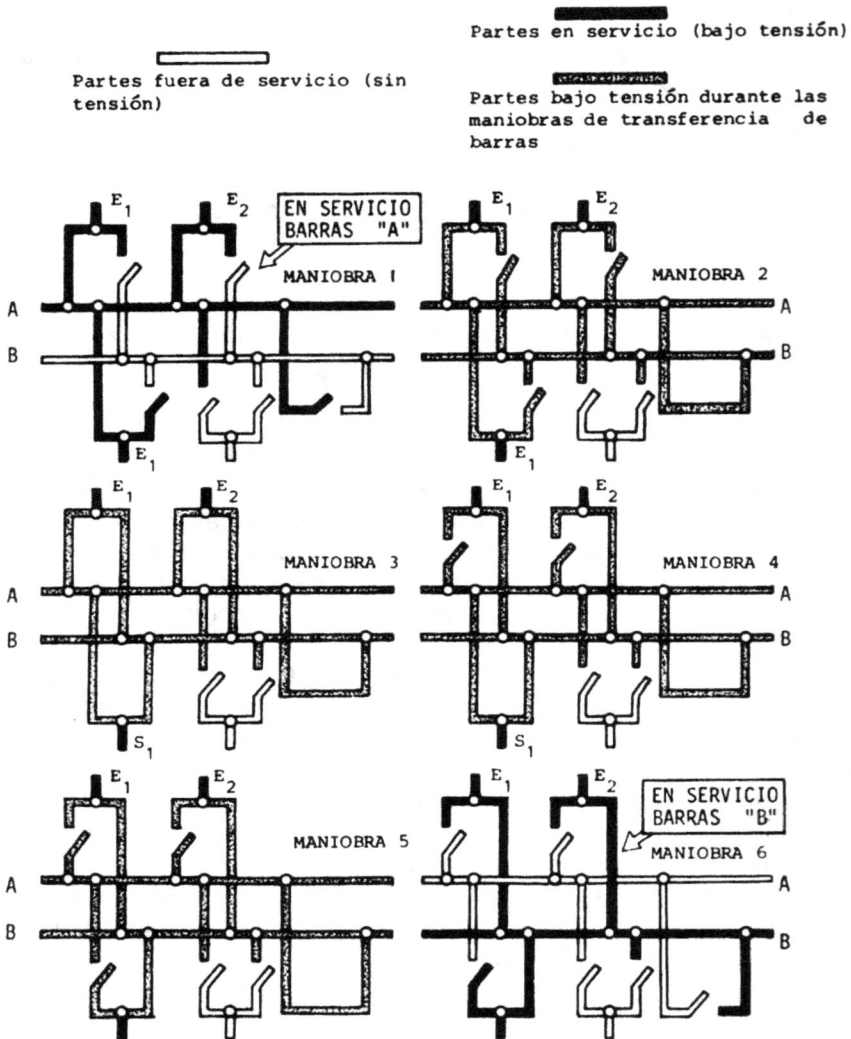

Figura Nº 1.16 Formas de operación de un juego de barras con acoplamiento transversal

La *Figura Nº 1.20* trata el caso de un edificio importante, sea de carácter público como privado. El ingreso de energía se hace a media tensión, en general proveniente de líneas a 3 x 13,2 kV. La medida de la energía se hace por medio de transformadores de medida que adaptan los valores a los normalizados (110 V y 5 A) para los medidores de la energía

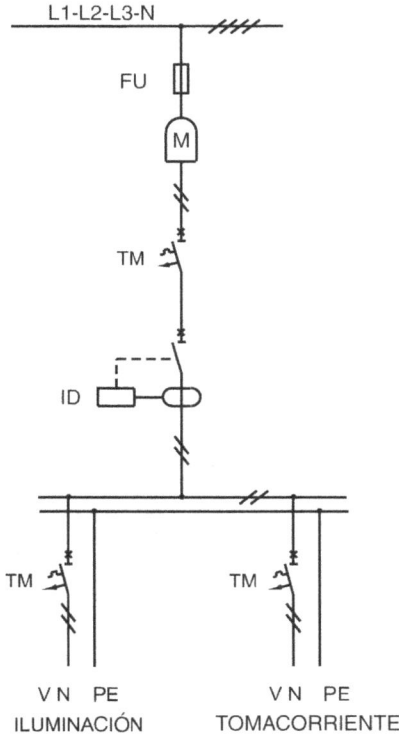

Figura Nº 1.17 Unifilar de la instalación eléctrica de una vivienda protegida con fusibles

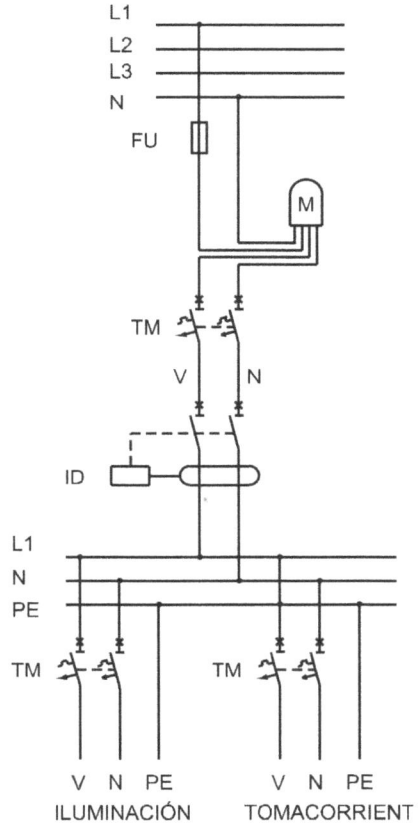

Figura Nº 1.18 Esquema bifilar de la instalación eléctrica de una vivienda protegida con interruptor termo-magnético y diferencial

eléctrica. Luego tenemos un interruptor extraíble que se estudiará más adelante, luego un transformador reductor, otro interruptor extraíble y finalmente las barras de baja tensión, siguiendo un circuito común. Este tipo de instalación requiere una estación trans-formadora típica.

1.06. CIRCUITOS INDUSTRIALES

Dado que las industrias tienen dimensiones muy disímiles, no es posible tratar aquí todos los tipos de circuitos empleados. Sin embargo, describiendo algunos que son típicos, cubriendo una amplia gama de casos tal como se emplean en Argentina. No se ha entrado en detalles sobre el tipo de interruptor empleado en cada caso, para simplificar.

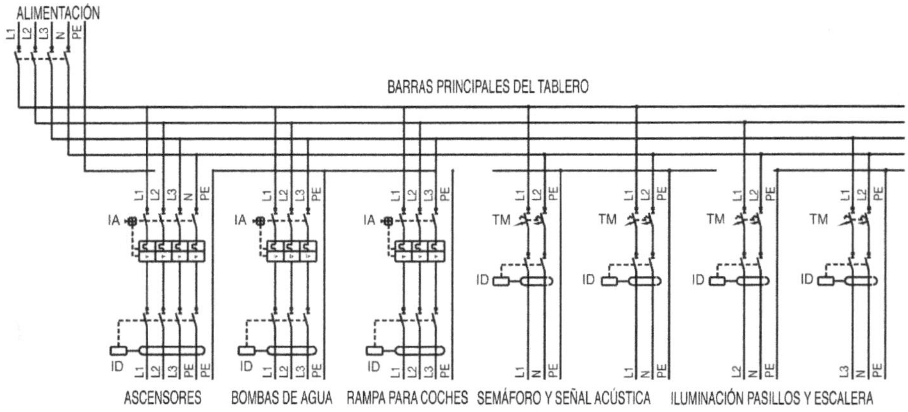

Figura Nº 1.19 Unifilar de una instalación eléctrica de un inmueble para viviendas individuales

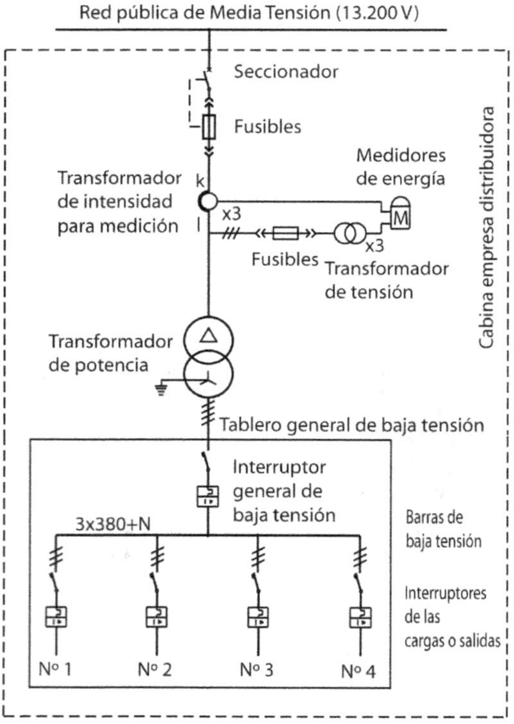

Figura Nº 1.20 Unifilar de una alimentación en media tensión de un inmueble

En la *Figura Nº 1.21* tenemos un caso muy frecuente, de poca potencia y baja tensión. La energía eléctrica ingresa desde la red de distribución a un **tablero principal** y desde allí se alimentan los **tableros seccionales**, que en este caso son 3 (Nº 1, Nº 2 y Nº 3), siendo este número dependiente de la característica y tamaño de la Planta. En este caso, se dice que la conexión a los tableros seccionales se hace en forma **radial**.

Es el sistema más simple y económico y se aplica satisfactoriamente si la planta es geográficamente compacta y si la naturaleza de la carga es tal que la salida de servicio de un sector no interfiera con la producción del resto.

Este sistema tiene un mínimo de flexibilidad y puede ser de difícil mantenimiento salvo que las secciones puedan ser sacadas de servicio ocasionalmente para este propósito.

A partir de una determinada potencia, que fija la empresa distribuidora de la energía eléctrica, el suministro de la misma se hace en media tensión (33 o 13,2 kV) y mediante un transformador que la reduce para los usos corrientes a 380/220 V, como lo muestra la ***Figura Nº 1.22*** que no difiere del esquema mostrado en la ***Figura Nº 1.20***.

Cieras industrias suelen tener exigencias severas en lo que se refiere a continuidad de servicio (cargas críticas), ya que algunos procesos no pueden detenerse sin causar graves daños. Por ello, es conveniente utilizar circuitos en los que es posible que en caso de falla de un circuito, se puede pasar a alimentarlo desde otro en forma rápida y segura e inclusive, en forma automática. Este caso también constituye un sistema radial.

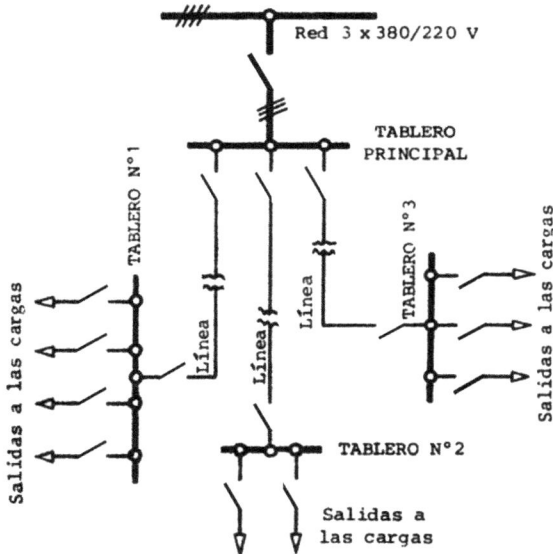

Figura Nº 1.21 Unifilar de una instalación electrica con distribución radial

En la ***Figura Nº 1.23*** tenemos una distribución en baja tensión cerrada o como corrientemente se dice en **anillo** por la forma visual del esquema. Los diversos tableros seccionales se abastecen de energía eléctrica desde una línea que, partiendo del tablero principal, llega otra vez a él, conectando todos los puntos de alimentación.

En caso de avería de un tramo de cable de alimentación o de un interruptor, es posible abriendo interruptores, separar la parte averiada y seguir alimentando al tablero seccional desde otra dirección. Para ello, las líneas deben estar dimensionadas a fin de transportar la corriente de servicio. Esto se estudiará en el último capítulo de este texto.

La figura siguiente ***Nº 1.24*** nos ilustra sobre el esquema de una instalación que recibe alimentación en media tensión, con la que se alimentan dos transformadores reductores.

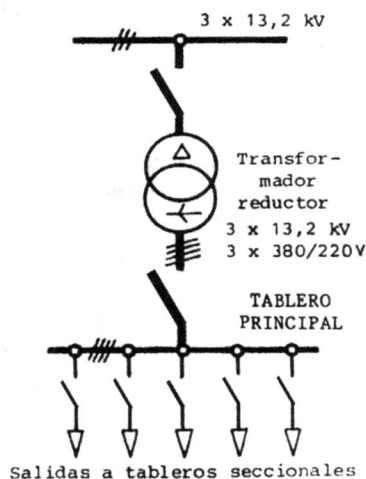

Figura Nº 1.22 Unifilar de alimentación en media tensión y distribución radial en baja tensión

Cada uno de los transformadores alimenta a una barra de baja tensión. Mediante el empleo de un interruptor denominado de **acople** o de **enlace** que une eléctricamente ambas barras de baja tensión, con lo cual se pueden llegar a poner en paralelo ambas máquinas. Esto hace que la corriente de cortocircuito disponible en las barras se duplique. Para poner en paralelo ambos transformadores se deben dar ciertas condiciones que oportunamente mencionaremos.

Sin necesidad de efectuar el paralelo mencionado, el empleo del interruptor de enlace o acople tiene mucha importancia, por que estas máquinas, pueden estar dimensionadas para una potencia capaz de abastecer toda la carga, actuando una

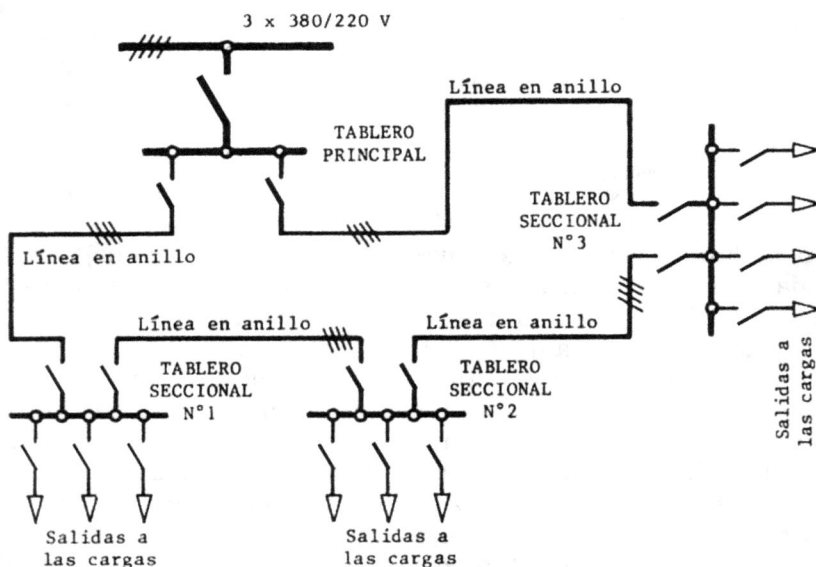

Figura Nº 1.23 Unifilar de una instalación electrica con distribución en anillo en baja tensión

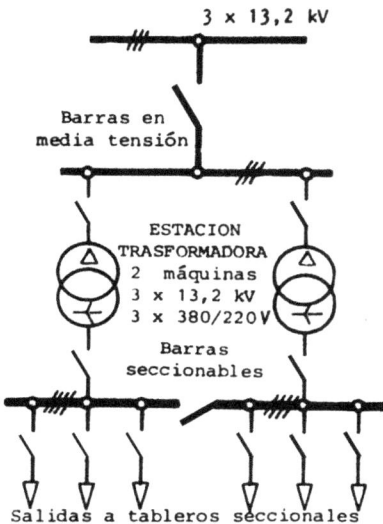

3 x 13,2 kV

Barras en media tensión

ESTACION TRASFORMADORA
2 máquinas
3 x 13,2 kV
3 x 380/220 V

Barras seccionables

Salidas a tableros seccionales

Figura Nº 1.24 Unifilar de una instalación eléctrica con alimentación en media tensión y barras en media y baja tensión

como reserva de la otra, en vez que la suma de potencias de cada uno de ellas sea la carga total.

Las barras seccionables (acople o enlace) en baja tensión, permiten diversas combinaciones. Este tipo de instalación permite también una razonable capacidad de reserva, ya que en caso de avería de uno de los transformadores o de un juego de barras, es posible alimentar solo una parte por medio del transformador restante y mantener ciertos servicios esenciales. La elección de los circuitos a alimentar debe estudiarse cuidadosamente, lo mismo que la potencia de cada transformador.

Aunque en caso de ser estrictamente necesario se puede recurrir a duplicar la potencia de modo que la salida de servicio de uno de los dos transformadores no afecta el normal funcionamiento de toda la Planta.

La figura siguiente *Nº 1.25* representa una instalación más compleja para una industria. En este dibujo se han considerado la entrada de la energía eléctrica en media tensión (3 x 33 kV).

Nótese que hay doble alimentación de ingreso, lo que asegura desde dos vías la entrada de la energía eléctrica desde la red pública. En caso de fallar una alimentación, la red interna continúa alimentada desde el otro extremo. Para ello, hay seccionadores **S** con enclavamiento, es decir, un sistema que impide que los dos estén cerrados al mismo tiempo.

Si ambos seccionadores estuviesen cerrados al mismo tiempo se estaría vinculando eléctricamente a dos fuentes distintas, lo cuál podría alterar las condiciones operativas de ambas.

La energía pasa por un interruptor principal automático de entrada **IA**, luego un seccionador de entrada **S** y de allí a barras a barras de 33 kV. Obsérvese que tanto por una entrada como por la otra y por la entrada central, hay seccionadores de puesta a tierra, es decir, seccionadores cuya misión es poner a potencial nulo la instalación. Estos elementos son imprescindibles, ya que cuando se ha de trabajar en un sector de las instalaciones, queda asegurado que si por un error una persona conecta ese sector, actúan las protecciones y sacan de servicio esa parte, salvando a las personas que en ese momento están tocando, o evitando que se

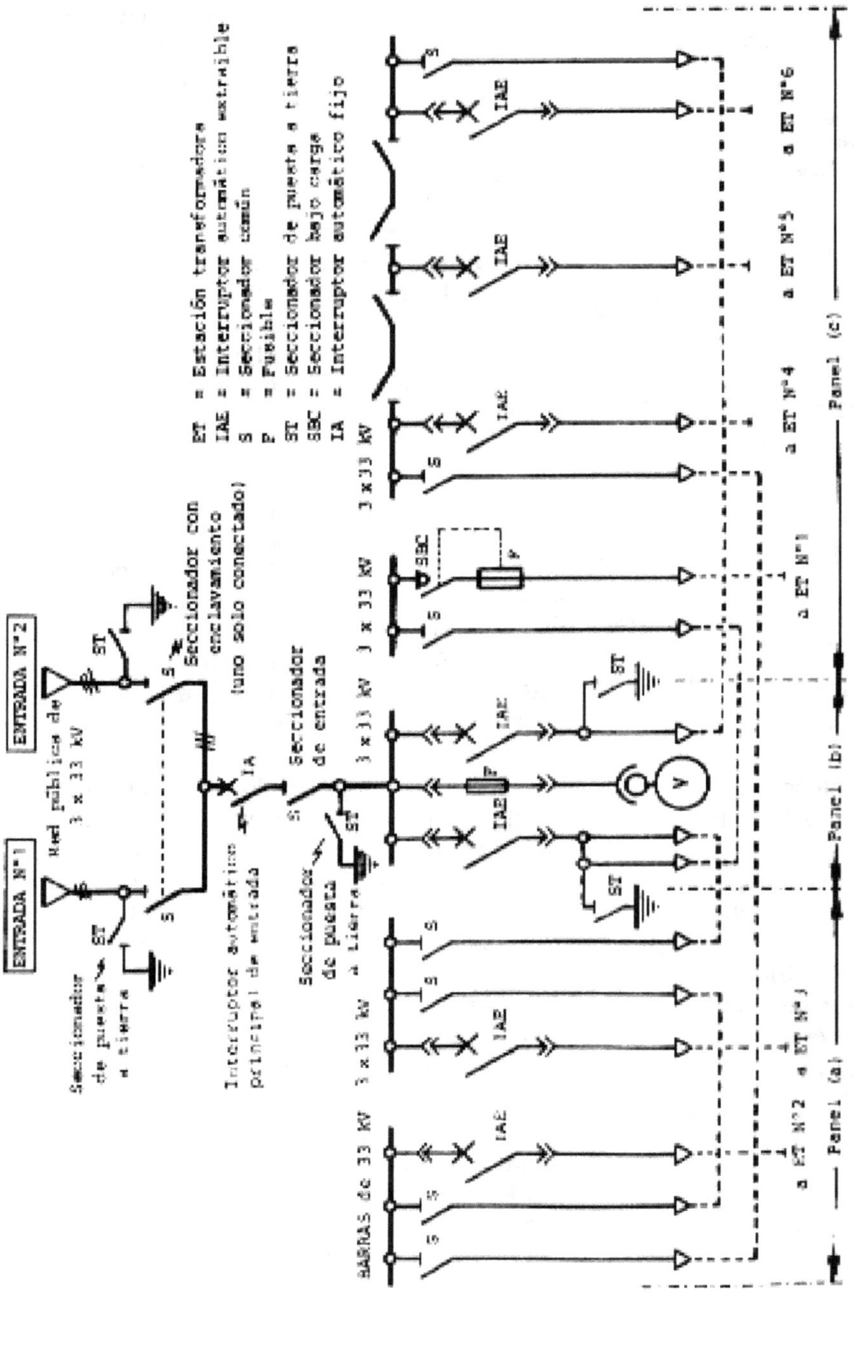

Figura N° 1.25 Unifilar. de la alimentación de un industria media con doble entrada en media tensión

pueda ingresar a sectores de la instalación que están bajo tensión. Los seccionadores de puesta a tierra **ST** son elementos de seguridad.

El resto de la instalación mostrada por este dibujo corresponde a la parte de 33 kV, con sus diversas barras. El sistema está convenientemente fraccionado para atender las necesidades del servicio industrial y asegurar la mayor continuidad del servicio. Las diversas salidas en 33 kV se dirigen hacia las estaciones transformadoras que llevan los números 1 hasta el 6 y quedan señaladas con las letras **ET**. Los interruptores automáticos extraíbles **IAE** vinculan a las diversas barras de 33 kV con las estaciones trasformadoras **ET** instaladas en los lugares de la industria en que están los diversos centros de consumo.

Nótese que un fusible **F** extraíble alimenta un transformador de tensión y ésta, a su vez, un voltímetro para controlar la tensión de entrada. Existen, como se puede ver siguiendo el esquema, vinculaciones entre juegos de barras de 33 kV, para oportunos enlaces o desvinculaciones, según convenga. Una de las salidas a la **ET Nº 1** se ha hecho con seccionador bajo carga **SBC** y un fusible, ambos vinculados (línea de trazos). Para seguir la instalación ahora se deben ver las *Figuras Nº 1.26* y *Nº 1.27*.

En la *Figura Nº 1.26* tenemos las estaciones transformadoras **ET Nº 1**, **ET Nº 5** y **ET Nº 6**, que como bien puede apreciarse, están todas vinculadas en su parte de 33 kV, pudiendo seccionarse en caso de necesidad. Las salidas son con interruptores automáticos termo magnético del tipo extraíble. La *Figura Nº 1.27* indica que una de las líneas de salida de la estación transformadora **ET Nº 3** alimenta un centro de consumos muy importante, ya que a él están vinculados motores de elevada potencia y de servicios importantes. Las diferentes leyendas de la figura ayudan a completar información.

Pasemos ahora a tratar, con ayuda de la *Figura Nº 1.28*, la instalación eléctrica de una industria electro-intensiva, en donde el proceso de fabricación se hace por medio de energía eléctrica y por lo tanto, el precio de la misma es de vital importancia, lo mismo que la continuidad de servicio. La fábrica se alimenta desde dos fuentes independientes: una central propia compuesta por dos grupos generadores y una central eléctrica exterior. El sistema que alimenta a las cargas industriales que hacen el proceso de producción, cuenta con doble juego de barras **A** y **B** que trabajan a 2,3 kV e interruptores automáticos **IA**. Las barras **A** y **B** se pueden alimentar, a través de líneas independientes, desde un único juego de barras de la central propia. Uno de los juego de barras, el **B**, puede ser alimentado desde el exterior, existiendo interruptor de acoplamiento de barras **S** que debe contar con elementos de sincronización para determinadas maniobras. Para los servicios auxiliares hay tres transformadores reductores. El resto, es lo usual.

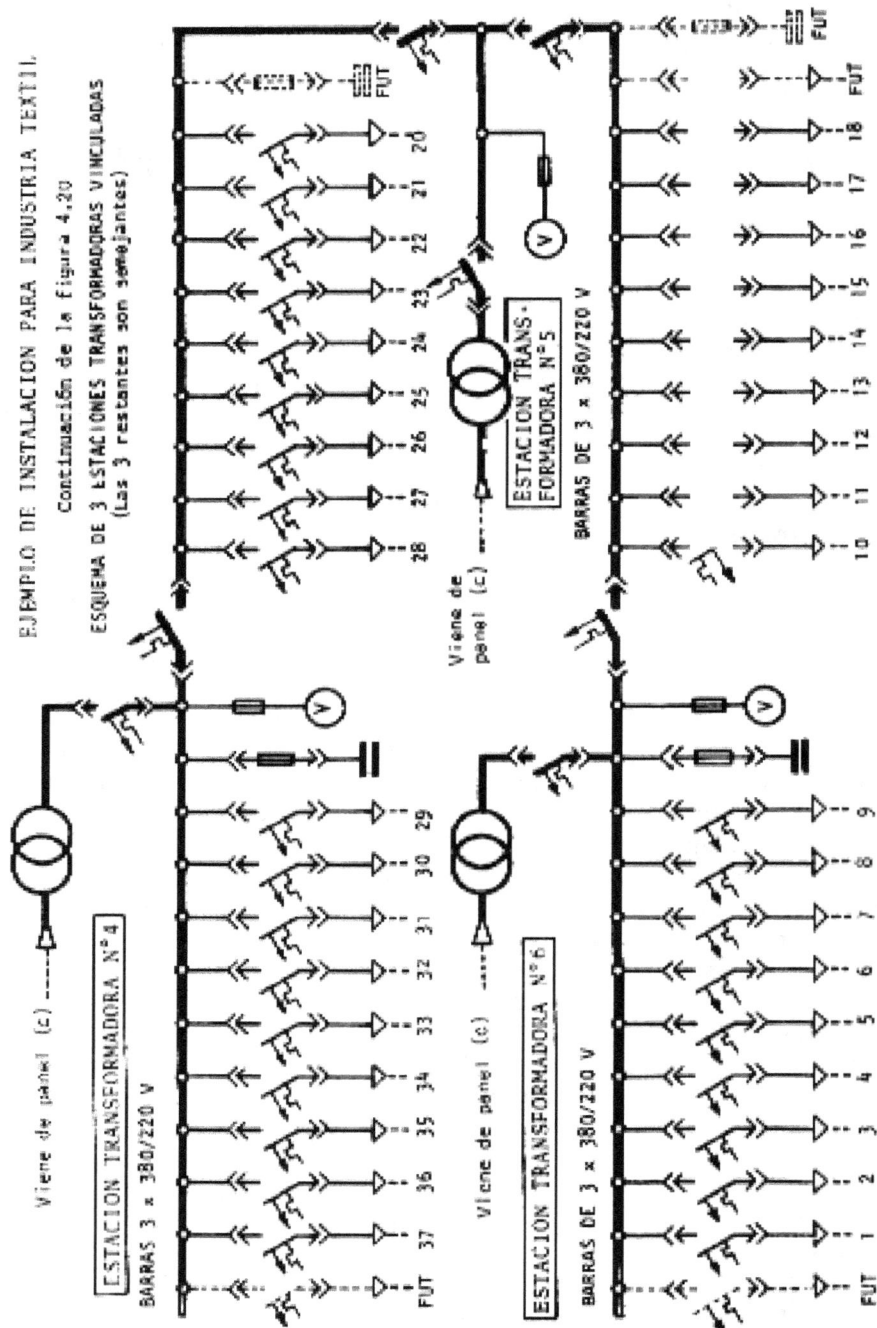

Figura N° 1.26 Unifilar de 3s estaciones transformadoras vinculadas

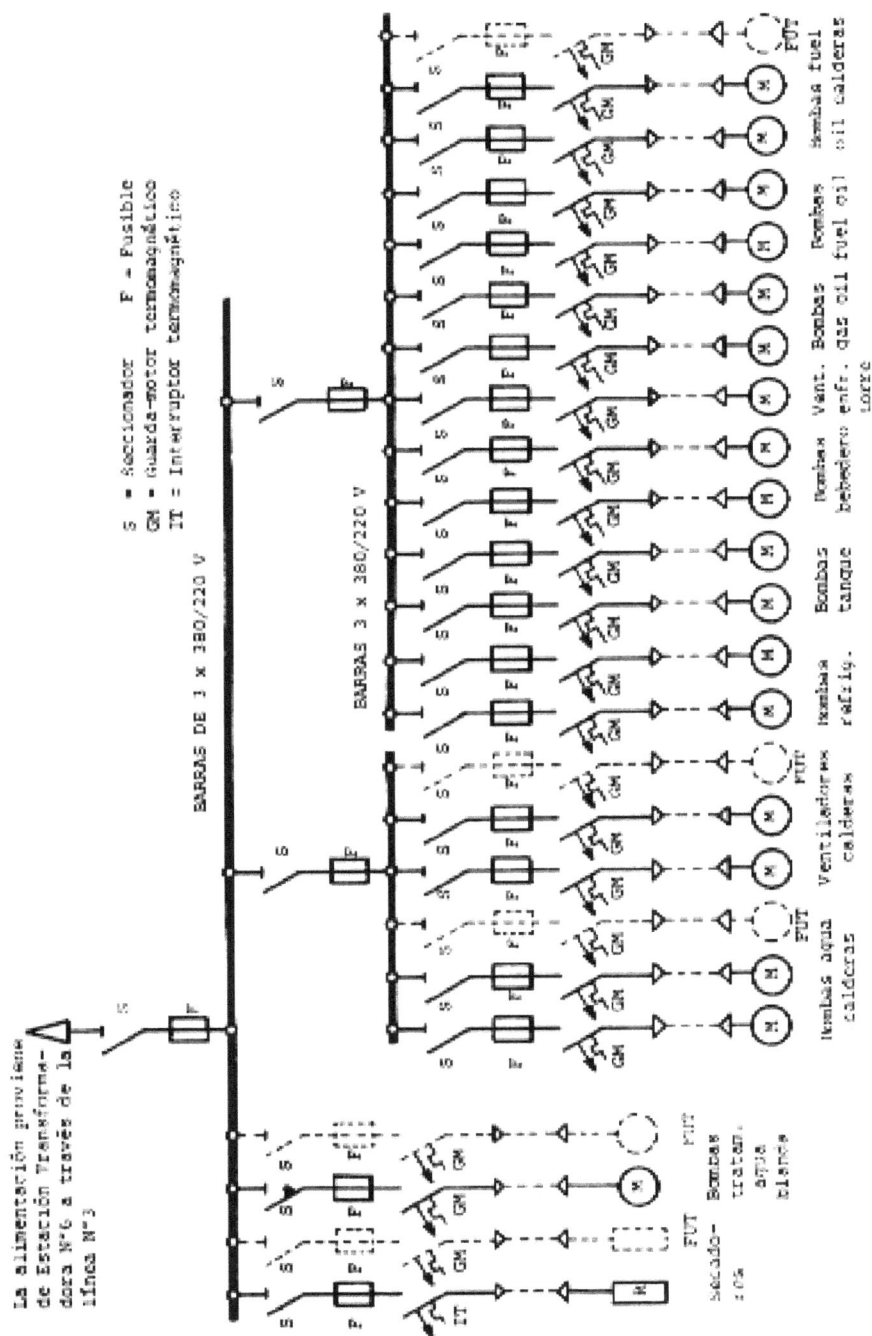

Figura N° 1.27 Unifilar un tablero seccional de baja tensión

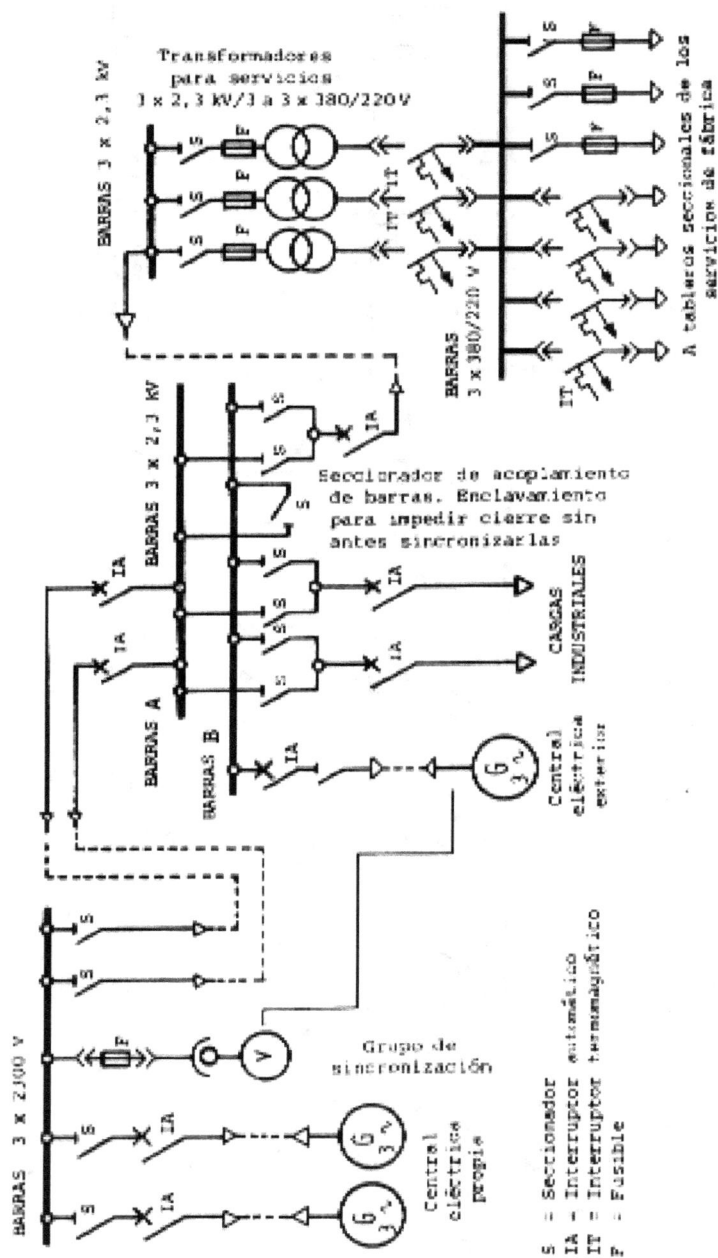

Figura N° 1.28 Unifilar de un gran consumo con generación propia

El caso que vamos a tratar a continuación es el de una industria de alta complejidad, cuyo esquema funcional de principio vemos en *Figura Nº 1.29*.

Un generador de vapor (caldera) produce vapor para la alimentación de partes del proceso industrial y además, alimenta a la turbina que arrastra al generador. Pero por otra vía ingresa energía de la red pública a una estación transformadora principal. Los dos sistemas pueden –bajo ciertas condiciones– interconectarse en 13,2 kV, que es la tensión de generación interna.

La red pública es de 33 kV y requiere un transformador adaptador de 33/13,2 kV. La red de 13,2 kV alcanza todo el centro de alto consumo, donde hay estaciones reductoras a la tensión de utilización. *Figura Nº 1.30*.

En la *Figura Nº 1.31* mostramos la red de baja tensión y las salidas a las cargas. Es de hacer notar que en este tipo de industria, existen servicios catalogados como prioritarios, cuya atención es esencial. Si repasamos el esquema de *Figura Nº 1.31* notaremos que hay ciertas cargas que es posible alimentarlas desde la estación transformadora Nº 1 o desde la estación transformadora Nº 2, como son las CCM Nº 2, CCM Nº 3, CCM Nº 1 y CCM Nº 5, porque así lo imponen las condiciones de diseño de la Planta. La notación CCM significa "centro-control-motores" y son unidades intercambiables de construcción estandarizadas, tal como se ve en las *Figuras Nº 1.32* y *1.33*. Se trata de conjuntos que contienen todos los elementos de accionamiento y protección de motores eléctricos y su construcción compacta y sencilla, permite intercambiarlos fácilmente. Son del tipo **"extraíble"**, vinculándose a la red mediante adecuados

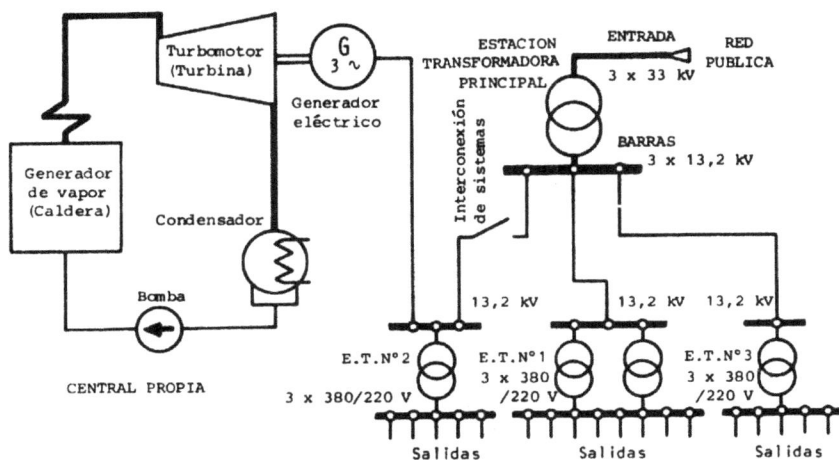

Figura Nº 1.29 Esquema eléctrico de principio para un consumo con generación propia

enchufes. Nótese también la duplicación de transformadores en la estación transformadora **ET1**. Las salidas se logran con interruptores termomagnéticos **IT**.

Merece una descripción el citado "**centro de control de motores**" denominado por sus siglas **CCM**. Se utilizan en las industrias, en donde la simplicidad, el reemplazo de componentes y la continuidad de servicio se constituyen en factores de un buen proyecto.

En las **Figuras Nº 1.32** y **1.33** mostramos las dos soluciones que el mercado provee. Una para doble alimentación, que no es otra cosa que un doble juego de barras, aunque las condiciones no son las mismas que en el caso de la **Figura Nº 1.13**. la otra es para simple alimentación. En el esquema de la **Figura Nº 1.31** se han empleado ambos.

Partiendo de las barras alimentadoras, se encuentra el símbolo que representa al enchufe. A partir de allí sigue lo que representa la "bandeja", que es una estructura metálica extraíble, con correderas para facilitar sus movimientos y los enchufes correspondientes a la cantidad de cables que existan. Vemos que el equipo tiene en el circuito principal, un seccionador, luego un fusible y a continuación, un interruptor termomagnético, con bobina de accionamiento. Este tipo de interruptor acciona separando el circuito en caso de fuerte e indebido crecimiento brusco de la intensidad. Pero además, en caso de una sobrecarga moderada pero de larga duración, también ejecuta el disparo. Sobre todo esto volveremos más adelante en este texto. Este

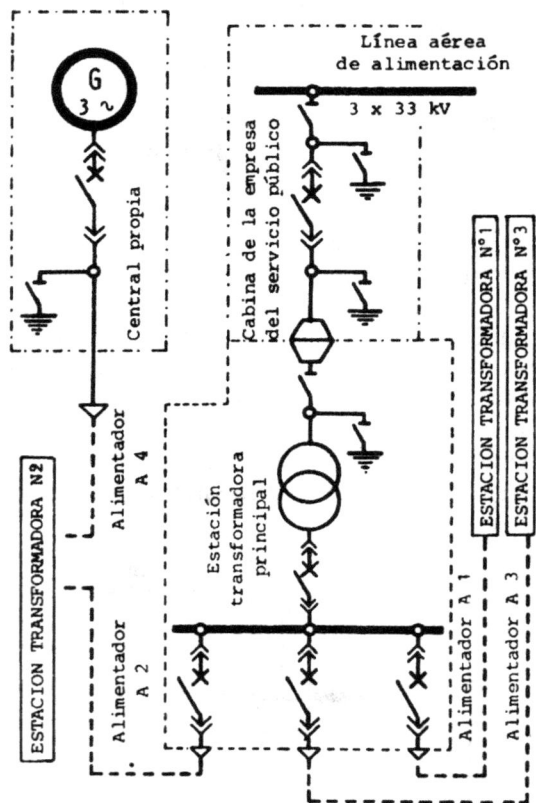

Figura Nº 1.30 Esquema de un consumo con generación propia

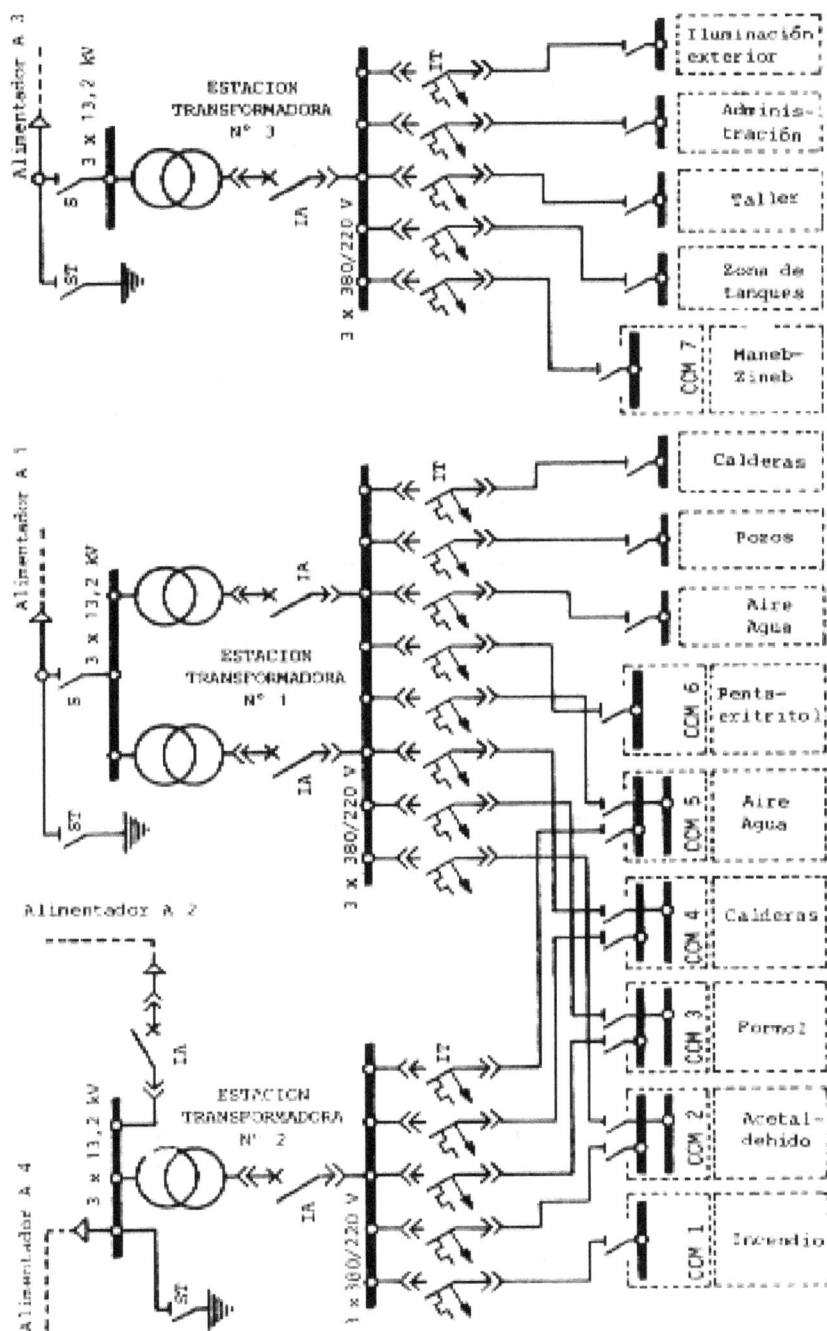

Figura N° 1.31 Esquema de un consumo con varias subestaciones transformadoras

DOBLE
ENTRADA

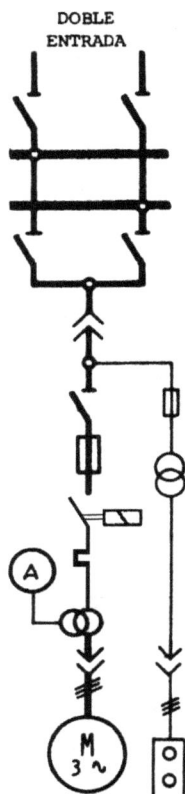

Figura N° 1.32 **Centro de control de motores con doble entrada**

interruptor se abre o cierra por medio de una corriente auxiliar que activa la bobina del sistema electromagnético. Luego sigue en el mismo circuito un transformador de medida que alimenta un amperímetro, llegando así al otro juego de contactos a enchufe. En la parte derecha de cada esquema aparece el circuito de comando que toma energía de la entrada (parte superior), cuenta con fusible de protección, sigue un transformador para que el resto del circuito esté a una tensión lo suficientemente baja como para no ser de riesgo a las personas y finaliza en una botonera de accionamiento, previo pasar por los enchufes. En vez de una botonera el circuito de comando puede llegar hasta un automatismo determinado por las necesidades de accionamiento.

1.07. SISTEMAS ELÉCTRICOS DE GRAN ENVERGADURA

Los sistemas eléctricos de potencia de gran envergadura difieren de los que terminamos de tratar, que son los de consumos y se presentan en las instalaciones de las grandes empresas de servicios públicos. Para formarnos una idea general miremos la **Figura N° 1.34** que nos informa sobre los componentes fundamentales.

Una energía de tipo "latente" como la existente en los hidrocarburos u en una presa o dique –para citar dos ejemplos– se convierte en una central eléctrica. Un sistema de transmisión la lleva hasta los centros consumidores y de allí a los usuarios, que la transforman para fines útiles. En definitiva, un sistema eléctrico de potencia es un conjunto de componentes que se encargan de llevar la energía latente y transformarla inmediatamente en energía eléctrica, por ser ésta la forma más conveniente para el transporte y distribución.

El componente más significativo es lo que en nuestro idioma se denomina central eléctrica o simplemente central. Todavía se emplea el vocablo "usina" (galicismo fuera de uso) o "planta de potencia" (del ingles, "power plant") expresiones ambas que se recomienda dejar de usar. El fin de una central es producir energía eléctrica a partir de una fuente de energía latente, conforme veremos más adelante en este texto.

La energía eléctrica producida en la central se aplica al sistema de

SIMPLE
ENTRADA

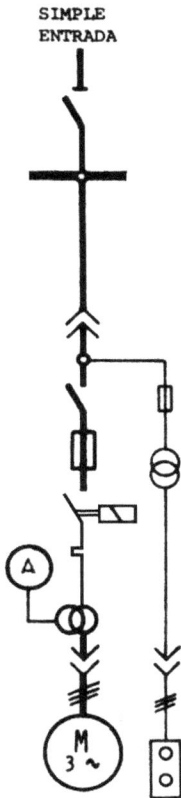

Figura N° 1.33 Centro de control de motores con simple entrada

transmisión que la lleva a los diversos centros consumidores. Como los sistemas eléctricos de potencia han ido aumentando en complejidad, hoy tenemos que hablar de sistemas interconectados, tal como ilustramos en *Figura N° 1.35*. Lo que allí indicamos como sistemas de interconexión, pueden consistir en varios sistemas de transmisión.

Los sistemas interconectados reúnen varias centrales y varios centros de consumo, permitiendo fluir energía desde una central hasta el centro de consumo, permitiendo fluir energía desde una central hasta el centro de consumo que más convenga según el estado de carga de toda la red, sacar o poner en servicio centrales conforme las circunstancias y en fin, accionar con el conjunto en forma de obtener el mejor aprovechamiento económico y las más elevadas condiciones de seguridad y continuidad de servicio. En otros términos, se procura el mejor aprovechamiento de los medios.

Para operar todo este complejo conjunto de componentes, se hace menester disponer de un despacho unificado de cargas, lugar desde donde se puedan tomarlas decisiones que más convengan, una vez examinadas las condiciones en que está operando el conjunto y la situación de las diversas cargas y de las diversas fuentes de energía, teniendo en cuenta las previsiones. El despacho unificado de cargas (en Argentina se lo llama Despacho Nacional de Cargas) recibe toda la información sobre la situación imperante, lo que implica un sistema de comunicaciones muy eficiente, lo mismo que un sistema de transmisión de datos. A ello hay agregar un sistema de informática con una amplia gama de programas a fin de tomar en cuenta los rendimientos de todos los componentes de sistema, de forma en que

Figura N° 1.34 Sistema eléctrico de potencia

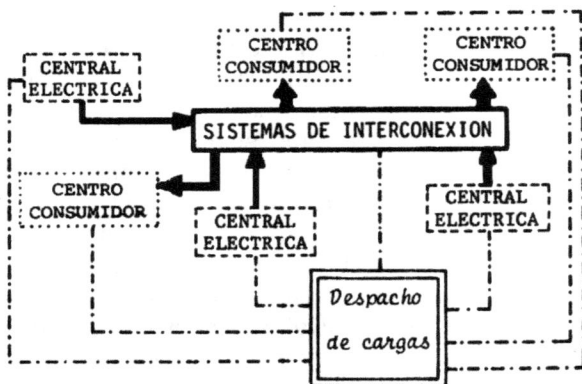

Figura N° 1.35 Sistema interconectado

la operación de cada momento, contemple la mejor utilización de cada uno, su mejor rendimiento, los menores costos de combustibles, los factores de carga y sobrecarga admitidos y demás detalles técnicos que permitan al programa, emitir ordenes que hagan optimo el rendimiento en cada momento.

En las **Figuras N° 1.36** y **N° 1.37** vemos, esquemáticamente un sistema de transmisión en corriente alterna y en corriente continua, que no requieren mayor explicación. El primero es el mas ampliamente empleado, para tensiones que van desde los 13,2 kV hasta tensiones muy elevadas como 500 kV y mas aún. Experimentalmente, se ha llegado a duplicar los valores máximos citados.

Por razones que se explicarán oportunamente, hay una tendencia a transmitir la energía por medio de corriente continua como en el esquema de **Figura N° 1.37**, pero su uso debe estar reservado a grandes potencias, en altas tensiones. El esquema de la **Figura N° 1.36** se puede llamar "clásico". Como la tensión de generación no puede ser muy alta (entre 10 y 25 kV, usualmente), se hace necesaria una estación de elevación a la salida y finalmente, otra estación pero reducidora, a la llegada.

Las estaciones elevadoras y reducidoras son muy corrientes y se ha llegado a un alto grado de tipificación. La tensión de transporte –asunto que trataremos hacia el final de este texto– es un valor inherente a factores tales como la distancia, la potencia y las pérdidas admitidas en el transporte. En consecuencia, una -estación transformadora es el lugar en que no solo se adecua la tensión a los valores requeridos y se hacen óptimo el conjunto, sino que sirve para distribuir la energía en los diversos sentidos en que se requiera.

En la transmisión por corriente continua conforme la idea de ***Figura Nº 1.37***, se requiere un rectificador a la salida, y un inversor o mutador u ondulador a la llegada. En las primeras etapas, estos componentes eran rectificadores a vapor de mercurio controlados, como se verá más adelante.

Las centrales eléctricas convencionales que actualmente se emplean en gran escala –y por mucho años más todavía se han de construir– responden a la idea de la ***Figura Nº 1.38***. La energía latente se transforma en energía mecánica en la máquina primaria, que se encarga de suministrar movimiento rotativo a la máquina eléctrica, que es el

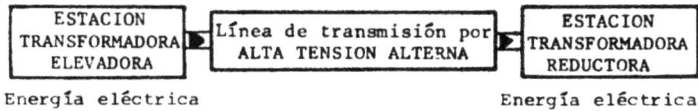

Figura Nº 1.36 Transmisión por corriente alterna en alta tensión

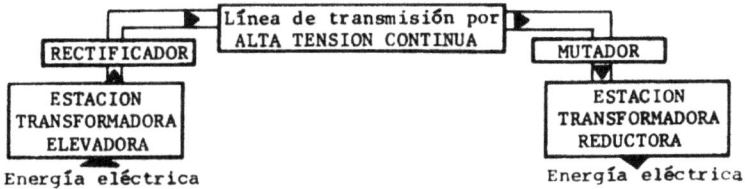

Figura Nº 1.37 Transmisión por corriente continua de alta tensión

alternador. El valor de la tensión de generación es tan alto como lo permita el proyecto del alternador, valor muy vinculado estrechamente a la evolución tecnológica de los aislantes. Desde el alternador, la energía pasa al transformador que adecua la tensión de generación a la tensión de transporte, si es que la energía se ha llevar a otra parte, o a la tensión de utilización se la energía se emplea en las inmediaciones. Moderadamente se están desarrollando sistemas de generación no convencional en donde la energía se trata como vemos en la ***Figura Nº 1.39***.

Un convertidor directo recibe energía y la transforma en energía de corriente continua, lo que obliga a contar con un convertidor de continua a alterna. La moderna tecnología electrónica ha permitido contar con mejores convertidores de continua a alterna, lo que ha favorecido el uso de este tipo de central generadora.

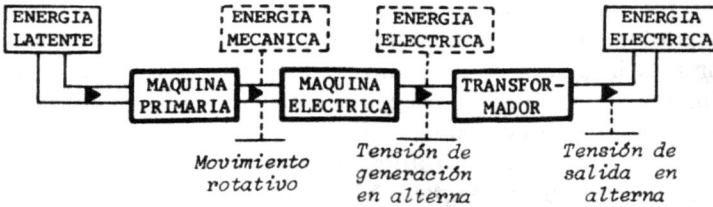

Figura N° 1.38 Esquema de una centra electrica convencional

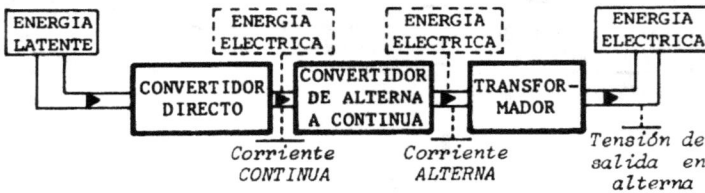

Figura N° 1.39 Esquema de una central electrica no convencional

Para completar sobre estos temas, veamos las **Figuras N° 1.40** y **N° 1.41**, cuyo examen permite apreciar sus componentes y funciones, sin mayor explicación.

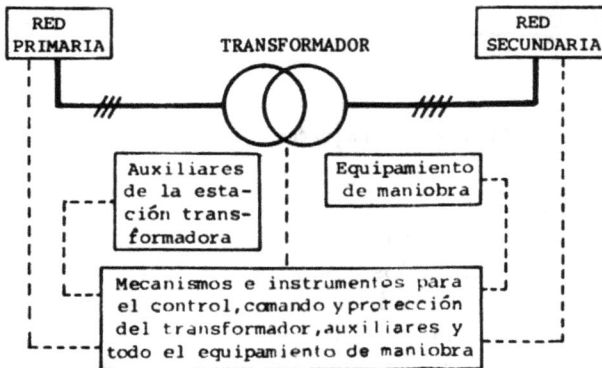

Figura N° 1.40 Esquema funcional de una estación transformadora

Nótese que tanto una estación transformadora como una central eléctrica, necesitan de servicios auxiliares y de un conjunto que se encargue de cumplir con las funciones de control, comando y protección de los diversos componentes, como también, de vincularse con el despacho unificado de cargas.

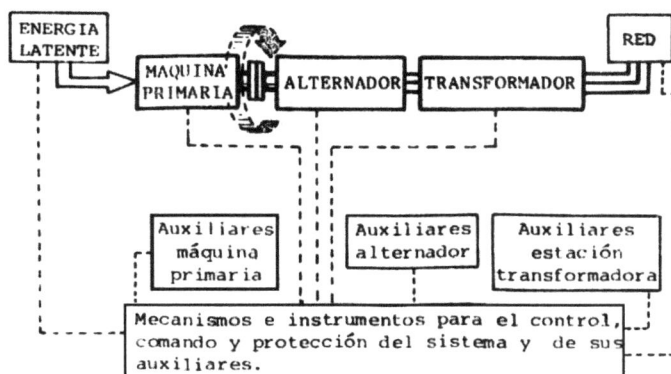

Figura N° 1.41 Esquema funcional de una central eléctrica

1.08. CENTRALES GENERADORAS

Examinaremos los esquemas unifilares de diversos tipos de centrales generadoras, desde los más elementales y progresaremos hacia los tipos más complejos. Para ello tomamos la *Figura Nº 1.42* que representa la disposición de una central con una sola máquina y tres salidas.

La *Figura Nº 1.43* una central con dos generadores, dos salidas y barras en alta tensión **AT** y baja tensión **BT**. Las **AT** son seccionables. Las barras de baja se suelen llamar barras de transferencia. Consultando las normas de representación grafica podemos conocer los diversos componentes.

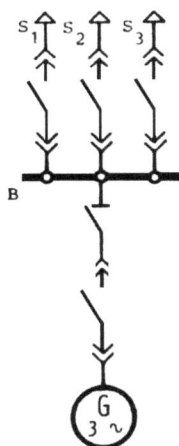

La *Figura Nº 1.44* corresponde a una central con dos generadores, tres líneas de salida y doble juego de barras.

En la *Figura Nº 1.45* se trata de una central con dos generadores, doble juego de barras con acoplamiento y tres salidas a red. Los transformadores de este esquema están directamente conectados a los alternadores, por lo que se los llama transformadores de bloque. En la *Figura Nº 1.46* mostramos una central con una sola máquina y su transformador elevador. De las barras **BSA1** obtenemos tensión para los servicios auxiliares al valor de generación y mediante un transformador de servicios auxiliares **TSA** se obtiene la tensión con que se alimentan dichos servicios auxiliares. De las barras de alta tensión **BAT**, parten tres

Figura N° 1.42 Central con 1 generador y tres salidas

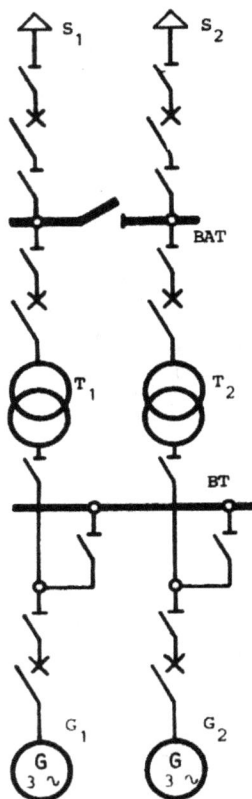

Figura N° 1.44 Central con 2 generadores, doble juego de barras y 3 líneas de salida

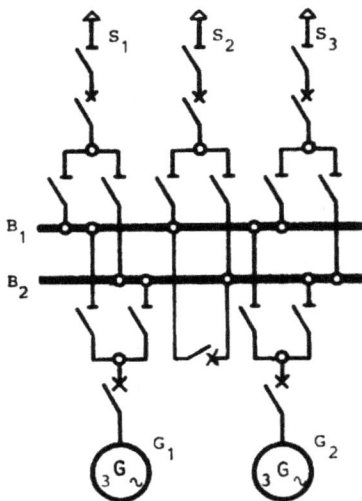

Figura N° 1.43 Central con 2 generadores, barras de AT y BT con dos salidas

salidas en este ejemplo. Este esquema nos introduce en los circuitos más complejos de centrales eléctricas que tienen servicios auxiliares necesarios para el accionamiento de los diversos componentes de calderas, cojinetes, grúas y otros elementos.

En la **Figura Nº 1.47** mostramos el esquema unifilar de una central similar al anterior, pero con la novedad de que las barras **BSA2** ingresan una entrada desde el exterior, mediante la cual es posible alimentar a los servicios auxiliares. Por medio de esta alimentación externa –proveniente de otra central o de un sistema interconectado– es posible alimentar bombas de circulación de calderas, quemadores de combustible y demás elementos de una central térmica o los auxiliares de una central hidroeléctrica. El transformador **TSA2** sirve para poder adaptar la tensión de la fuente externa, a la de alimentación de los servicios auxiliares. En la **Figura Nº 1.46** podemos apreciar otro generador con su transformador de bloque, pero los servicios auxiliares se alimentan desde las barras de alta tensión propias, con su correspondiente transformador. La diferencia con el anterior, es que este esquema requiere, para el arranque una fuente propia, como por ejemplo, un grupo electrógeno auxiliar. El esquema de

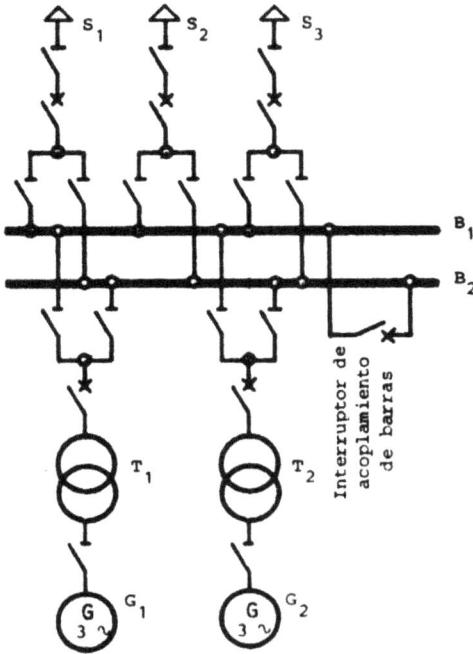

Figura N° 1.45 Central generadora con barras de acoplamiento y salidas a la red

Figura Nº 1.47 arranca con ayuda de una red exterior, mientras que en la **Figura Nº 1.48** requiere de una fuente propia.

La **Figura Nº 1.49** corresponde a una central más importante. Se ha cuidado de mostrar a los circuitos principales de energía con trazo más grueso, mientras que los circuitos de servicios auxiliares se han representado en trazos del-

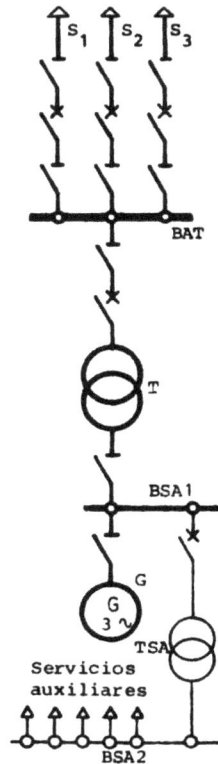

gados. Se trata de dos máquinas generadoras, con sus respectivos transformadores elevadores, que alimentan a un doble juego de barras en alta tensión de salida, B_1 y B_2. Para una mejor operación se ha previsto interruptor de acoplamiento. Los servicios auxiliares por ser importantes, tienen doble juego de barras **BSA1** y **BSA2**. Véase que los servicios auxiliares se pueden abastecer de tres formas distintas:

a) Desde una red exterior, para el arranque u operación de emergencia.

b) Desde las barras de alta tensión propias B_1 o B_2.

c) De los circuitos directos de generadores.

Figura N° 1.46 Unifilar de una central generadora de una sola máquina

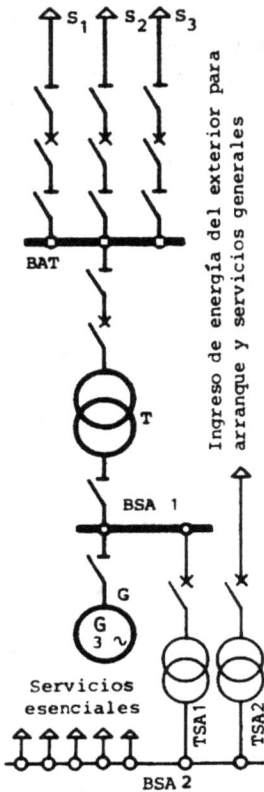

Figura Nº 1.47 Esquema de arranque con fuente exterior

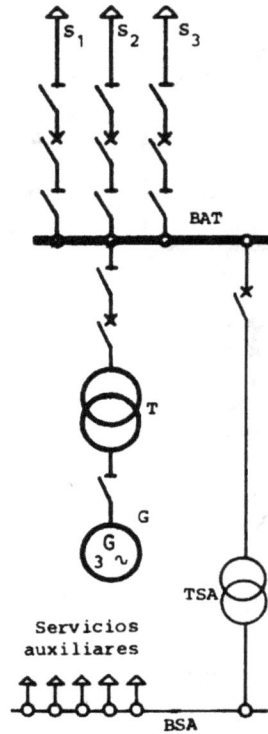

Figura Nº 1.48 Esquema de arranque con fuente propia

Para todos estos casos, adecuados transformadores de servicios auxiliares que señalamos con **TS** proveen la tensión adecuada en cada caso. Nótese muy particularmente, que en este tipo de central –por lo regular térmica– los servicios auxiliares se clasifican en consumos mayores y consumos menores. Los primeros se encuentran en los motores importantes de los servicios de calderas y por causa de su potencia, conviene que sean alimentados en tensiones especiales, por lo regular del orden de 3 a 6 kV.

En la **Figura Nº 1.50** tenemos un grupo generador de mucha potencia. Los circuitos de energía –marcados con trazo grueso– se han previsto a triple juego de barras, para aumentar la seguridad y posibilidades de maniobra. Los servicios auxiliares tienen doble alimentación exterior, además de la propia derivada de la misma tensión de generación. El sistema de excitación de alternador, por su importancia, se alimenta

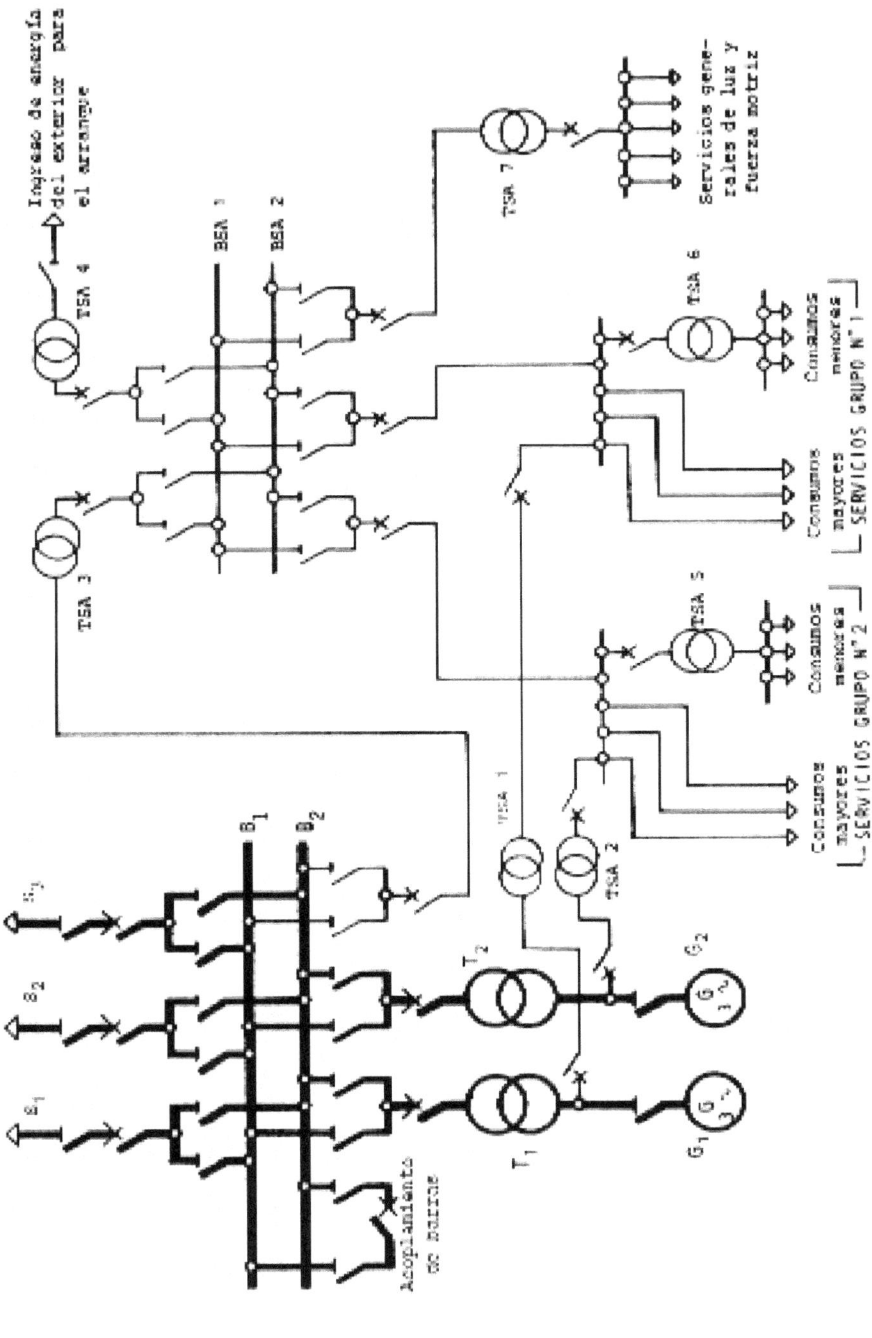

Figura N° 1.49 Unifilar de una central generadora

desde barras propias del generador o a través de las barras de servicios auxiliares, desde las fuentes exteriores, a través de dos transformadores, para mayor seguridad.

Para concluir este desfile de circuitos de grandes centrales generadoras, con bastante complejidad, mostramos en la *Figura Nº 1.51* el esquema unifilar de uno de los grupos generadores térmicos más grandes instalados en Argentina. Se puede apreciar que hay triple juego en los servicios auxiliares de alimentación exterior. No se han dibujado –para simplificar– los servicios de baja tensión, apareciendo en el esquema 6,6 kV, 11,0 kV y 132 kV. la tensión de salida a la red es de 220 kV para conectarse a la red alimentadora de la ciudad de Buenos Aires, que se verá mas adelante. A la derecha, se observa que hay una vinculación con otro grupo generador de la misma central eléctrica de potencia algo superior, de 350 MW, toda componentes de la "Central Costanera".

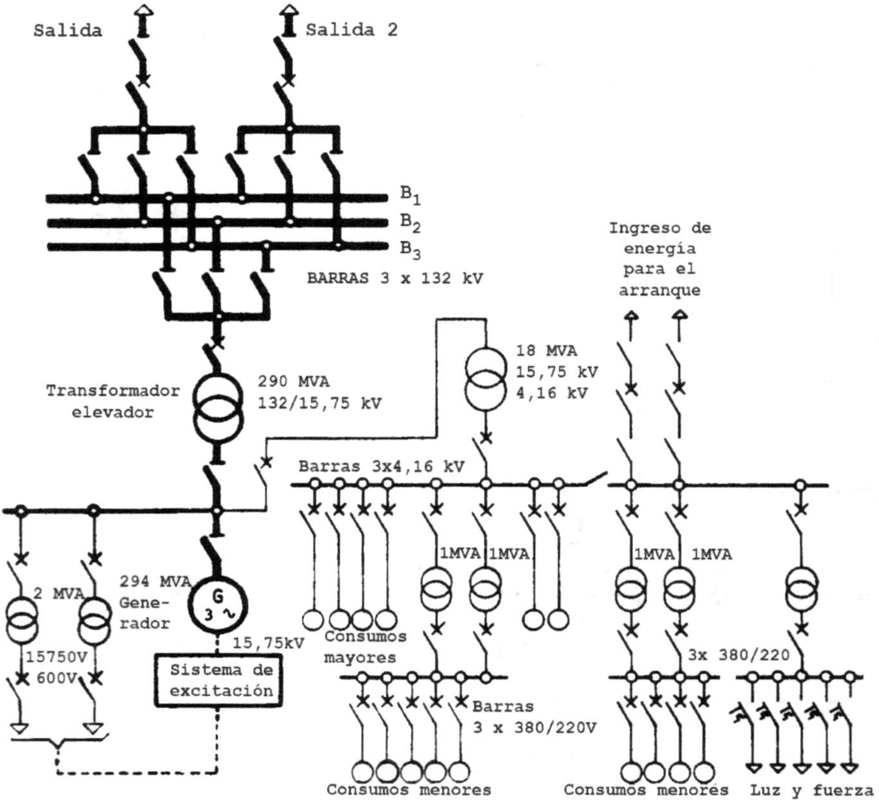

Figura Nº 1.50 Unifilar de un grupo generador de gran potencia

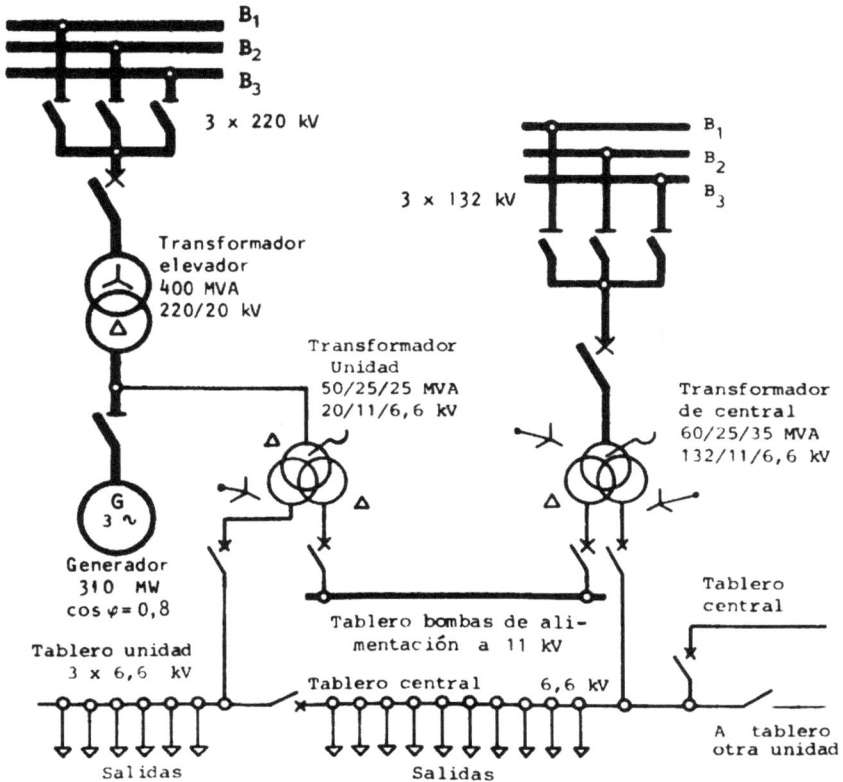

Figura N° 1.51 Unifilar de un grupo generador de mucha potencia

Finalmente, en ***Figura Nº 1.52*** puede verse el esquema de una central nuclear. En este caso, los servicios auxiliares son de mucha importancia, razón por la cual, la central está provista de dos grupos electrógenos de emergencia, ya que este tipo de central no puede permanecer sin energía por razones de seguridad.

1.09. ESTACIONES TRANSFORMADORAS

Así como una central eléctrica es un conjunto de máquinas y equipos que permiten transformar la energía latente de una fuente de energía eléctrica para aplicar a una red, una estación transformadora es un puesto en donde transformadores y equipos permiten recibir energía de una o mas líneas de las redes, a una determinada tensión y la entrega a una o mas líneas de otras redes, por lo regular con cambio de tensión.

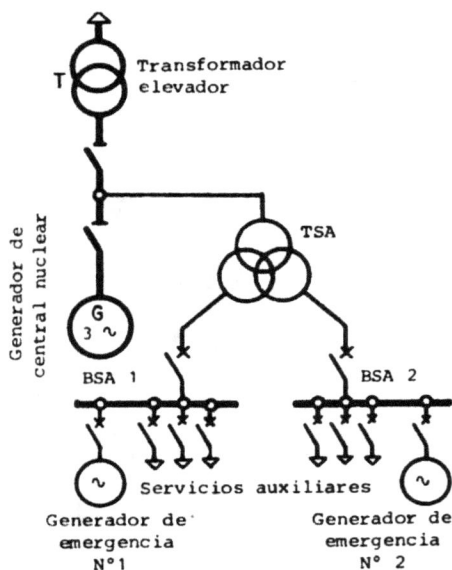

Figura Nº 1.52 Esquema de una central nuclear

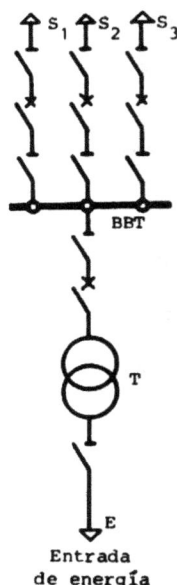

Figura Nº 1.53 Estación transformadora elemental

Los dos conceptos han sido ya expuestos mediante las *Figuras Nº 1.40* y *Nº 1.41* que esquemáticamente nos mostraron los componentes y su funcionalidad.

Repasaremos –mediante esquemas unifilares– la configuración de estaciones transformadoras, comenzando por la *Figura Nº 1.53* que representa un caso muy sencillo. Ingresa energía por una sola línea de alta tensión (o media tensión). Desde allí pasa por el transformador **T** que se encarga de modificar la tensión bajándola y la entrega a las barras de baja tensión **BBT** para, desde allí, partir tres líneas en este ejemplo.

Pasemos ahora a observar la *Figura Nº 1.54* en donde presentamos una estación transformadora para servicio urbano, que recibe alimentación desde dos direcciones, rebaja la tensión y después distribuye a los circuitos simples de clientes. Obsérvese que este tipo de estación emplea seccionadores bajo carga **SBC** y fusibles **F** en los circuitos de alta tensión, mientras que las salidas son seccionadores-fusibles **SF**. Ambos elementos se estudiarán más adelante. Este tipo de estación transformadora se fabrica también en forma normalizada y compacta y se instala en cámaras subterráneas, en las ciudades, recibiendo energía de la red de 13,2 kV para entregarla a la red de 3 x 380/220 V, en las llamada cámaras transformadoras.

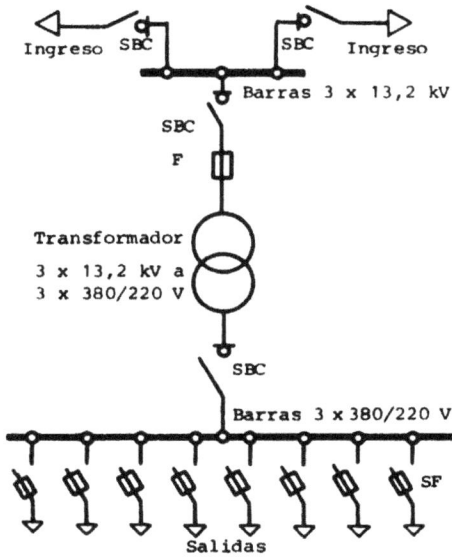

Figura N° 1.54 Estación transformadora para servicio urbano

En la **Figura N° 1.55** se ilustra una estación transformadora de mediana envergadura. Hay dos entradas y cuatro salidas, con dos máquinas transformadoras T_1 y T_2. Las barras en alta y baja, son seccionables y simples.

En **Figura N° 1.56** pasamos a describir una subestación de bastante envergadura, que recibe energía a la tensión de 3 x 220 kV y la devuelve a 3 x 132 kV. Este tipo de transformación es frecuente en los diversos centros de transformación y distribución de la ciudad de Buenos Aires como se verá más adelante. Recibe tensión a 3 x 220 kV por medio de dos líneas y entrega energía a 132 kV, también mediante dos líneas. Tanto en la sección de 132 kV como en la de 220 kV, se ha empleado el doble sistema de barras que ya hemos descrito en **Figura N° 1.13**. Es interesante ver en este dibujo el sistema de servicios auxiliares. Dos salidas alimentan sendos transformadores auxiliares **TA1** y **TA2** que se aplican a una simple barra de 3 x 380/220 V. De esta ultima parte tres salidas. La de izquierda corresponde a un conjunto de corriente continua compuesto por un rectificador con su transformador de alimentación y una batería de acumuladores, que provee corriente continua con una tensión de 220 V a un tablero de esa naturaleza.

Este tipo de servicio, es necesario dado que en caso de corte total a la estación transformadora, se quedan sin servicio todos los sistemas, incluidos los de luz de emergencia, lo que resulta peligroso.

Es de hacer notar que en los esquemas de las centrales eléctricas que ya hemos visto, también hay servicios de corriente continua para los mismos fines, pero no los dibujamos por simplicidad en esquemas como los de **Figura N° 1.49, N° 1.50** y **N° 1.51**. Por otra parte, algunos componentes de las protecciones emplean corriente continua o es necesaria una tensión de características muy estables como la proporciona una batería de acumuladores. Obsérvese también que los servicios auxiliares están clasificados en servicios de emergencia y

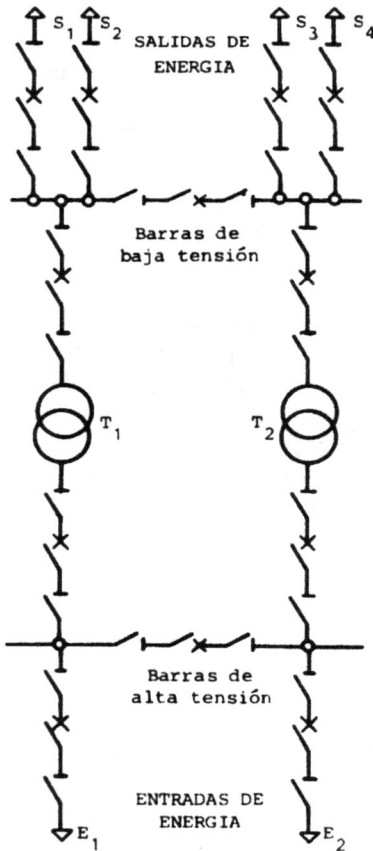

Figura Nº 1.55 Estación transformadora mediana

servicios permanentes, para un mejor ordenamiento.

Hagamos ahora un paréntesis al desfile de esquemas de estaciones transformadoras, para referirnos a las diversas formas en que pueden vincularse las líneas a las barras.

En la **Figura Nº 1.57** aparece otra vez el doble juego de barras, pero difiere de cómo se ha visto en anteriores dibujos. En **Figura Nº 1.56** por ejemplo, las barras se conectan a seccionadores (uno a cada una) y sigue un interruptor automático (disyuntor) para la salida. Cada salida (o entrada, según corresponda) tiene entonces, dos seccionadores y un interruptor.

Esta disposición es muy corriente, pero si se prefiere una mayor seguridad de servicio se usa el esquema de **Figura Nº 1.57** que se llama de duplicación de interruptores. Es una disposición costosa, pero muy seguro para estaciones transformadoras de gran capacidad. En caso de avería de un interruptor o falla en un juego de barras, el mismo sistema provoca el cambio de interruptor y de barra y los seccionadores deben permanecer siempre cerrados. La forma de maniobra es diferente a como vimos en las **Figuras Nº 1.13** y **Nº 1.14**.

En la **Figura Nº 1.58** mostramos la disposición llamada interruptor o medio por salida, que es importante, ya que en Argentina se emplea mucho en la red de 500 kV. Es una variante del esquema anterior, pero con más economía, teniendo en cuenta el alto costo de los interruptores. Las dos salidas se pueden alimentar desde cualquier barra y debe señalarse que el sistema de protecciones resulta algo más complicado.

Pasemos ahora a la **Figura Nº 1.59** que nos indica como es el sistema llamado barra simple y seccionador de derivación, mediante el cual es posible atender el servicio de una línea anulando un interruptor y pa-

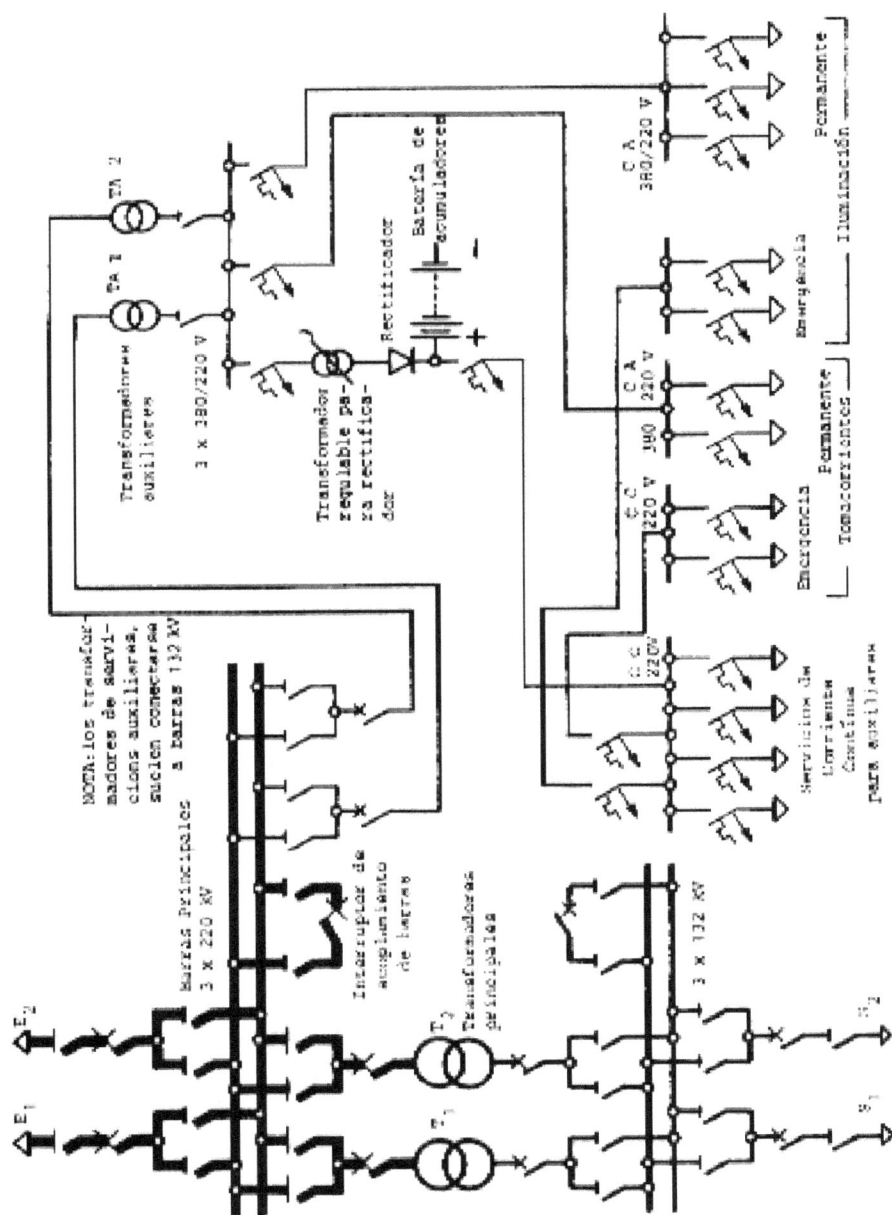

Figura Nº 1.56 Estación transformadora de rebaje

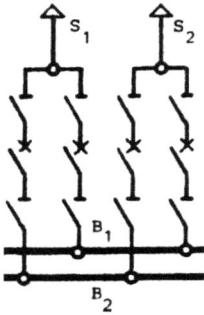

**Figura N° 1.57 Esquema de interruptor
duplicado con doble juego de barras**

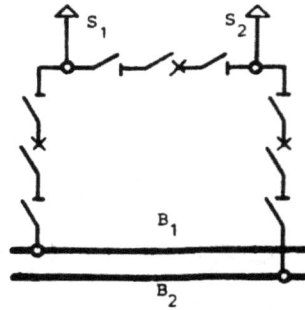

**Figura N° 1.58 Esquema de interruptor
y medio**

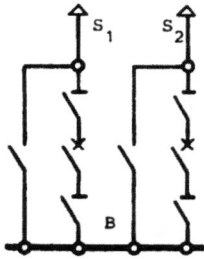

**Figura N° 1.59 Esquema de barra simple y
seccionador en derivación**

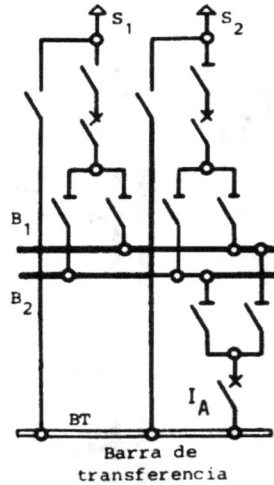

**Figura N° 1.60 Esquema doble juego de barras
mas barra de transferencia**

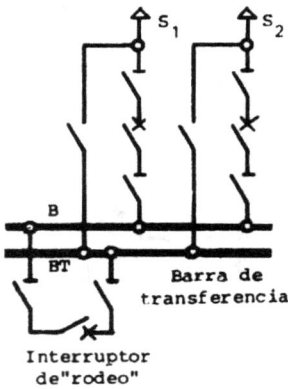

**Figura N° 1.61 Esquema de doble juego
de barras con interruptor de "rodeo"**

sando la energía por el seccionador en forma provisoria. Estando el seccionador en servicio en vez del interruptor, se debe prever que otro interruptor del sistema actúe, ya que la salida está sin protección. El esquema de la *Figura Nº 1.60* es a doble juego de barras más barra de transferencia, a la cual llegan seccionadores desde las salidas. Esta disposición permite, en caso de necesidad, que una línea se alimente desde la barra de transferencia por su seccionador, utilizando como interruptor al que va conectado a la barra de dicha función. En verdad, el interruptor marcado con I_A en el dibujo, es también llamado interruptor de rodeo. Un criterio parecido es el usado en el esquema de *Figura Nº 1.61*, pero aplicado a un juego de barras. En la *Figura Nº 1.62* presentamos el esquema unifilar de una estación transformadora importante, como simple juego de barras, más barra de transferencia. La particularidad de esta estación es que entran dos líneas de muy alta tensión y mediante dos transformadores principales T_1 y T_2 se obtienen tres salidas en alta tensión. Por el otro lado un auto transformador con terciario T_3 permite obtener baja tensión para los servicios auxiliares, pero también suministra media tensión para servicios de carácter local.

Finalmente, en la *Figura Nº 1.63* presentamos el esquema de una estación transformadora compleja y con generación propia en escala menor. Por medio de dos líneas de tensión muy alta llega energía que mediante un doble juego de barras permite alimentar a dos transformadores principales T_1 y T_2 para las tres salidas de alta tensión. Sin embargo, dos transformadores de tres arrollamientos T_4 y **T3** permiten obtener tensión en valores intermedios en barras **BMT**, con dos salidas. En cada uno de estos últimos transformadores, el bobinado terciario permite ingresar energía desde dos grupos generadores menores, que pueden actuar de diversas formas. Pueden, independientemente, alimentar las salidas en media tensión, solos o en paralelo. Pueden, si llegara a faltar tensión muy alta, alimentar limitadamente una salida en alta tensión, a través del doble sistema de barras.

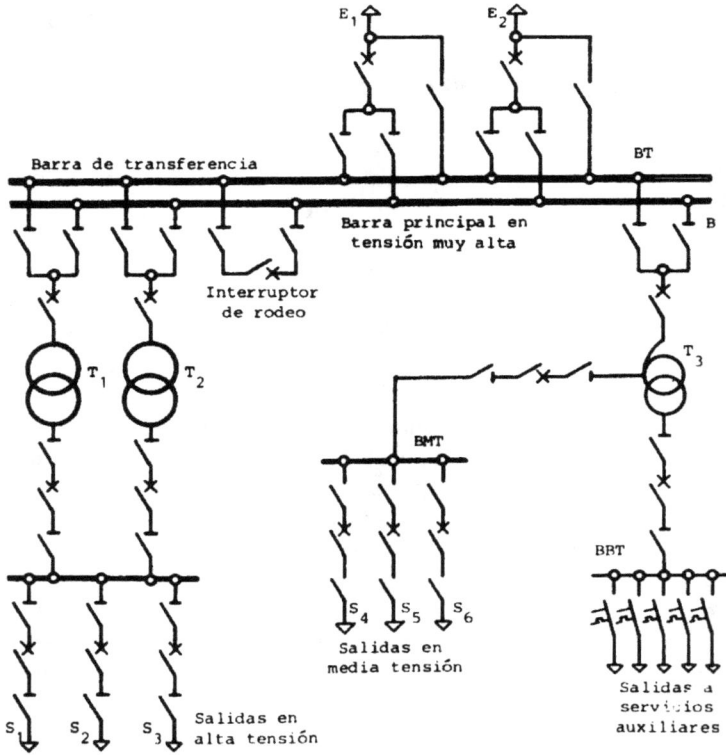

Figura Nº 1.62 Estación transformadora con simple juego de barra y barra de transferencia

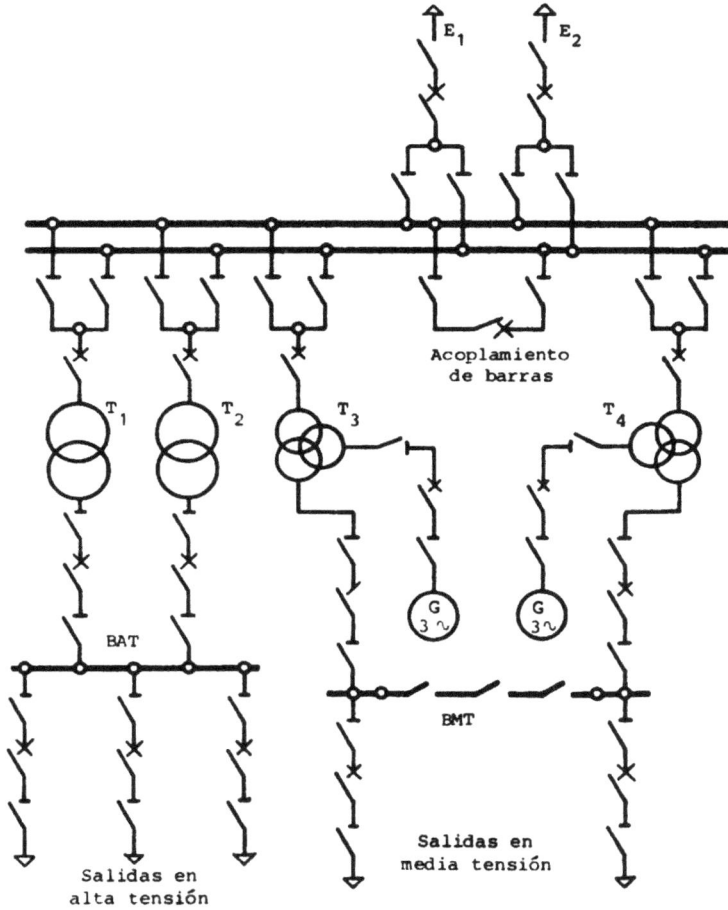

Figura Nº 1.63 Estación transformadora, con generación en escala menor

CAPITULO 2
COMPONENTES Y EQUIPOS

Indice

2.01. INTRODUCCIÓN

Las instalaciones eléctricas son el *"conjunto de componentes, materiales y equipos eléctricos asociados que tienen sus características coordinadas para cumplir un propósito determinado"* según lo expresa el Vocabulario Electrotécnico Internacional. Lo cual nos indica que el conocimiento de las características de estos elementos componentes es de fundamental importancia a los fines de lograr esa coordinación para que la instalación eléctrica pueda cumplir con su cometido funcional y de seguridad.

2.02. APARATOS DE CONTROL

En los sistemas de generación, transformación, transmisión y distribución de la energía eléctrica, se emplea gran cantidad de instrumentos de medida, para poder llevar el control de los procesos energéticos en juego. Resumiremos a continuación los principales aspectos que hacen a estos aparatos con relación a los componentes y equipos.

En la *Figura Nº 2.01* procuramos resumir los grupos de medición más corrientes en las instalaciones de potencia. Las figuras (a), (b), (c) y (d) muestran las conexiones bien conocidas de amperímetros y voltímetros en corriente continua.

Las (e) y (f) los mismos elementos pero en el caso de mediciones en corriente alterna. Las (g) y (h) son para corriente alterna también, pero con sistemas para ampliar el campo de medida. En los dibujos (i) y (j) tenemos un amperímetro y un voltímetro aplicados a su línea, pero por medio de transformadores de medida. Esta forma es ampliamente utilizada en las instalaciones de potencia. En la parte (k) tenemos el divisor de tensión capacitivo, muy empleado actualmente en las redes de media, alta y extra-alta tensión, obteniéndose también para elementos de protección. En el último dibujo (l) mostramos la conexión de un vatímetro, por medio de sus transformadores de medida.

Como hemos dicho, todos estos conjuntos –si se desea conocerlos mejor– se debe recurrir a la bibliografía específica, agregando que, en muchos casos los instrumentos son del tipo digital, como es usual

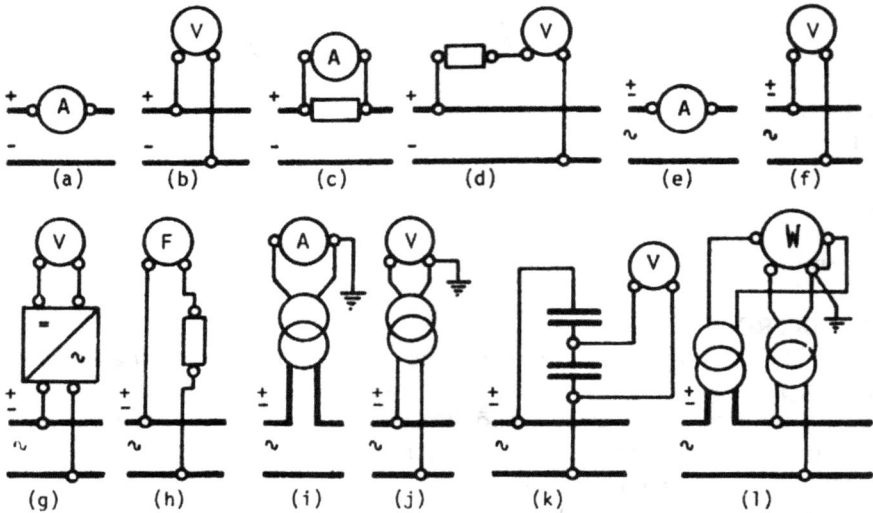

Figura N° 2.01 Esquemas típicos de instrumentos de medidas

llamarlos. Esto último no cambia sustancialmente nada, ya que las diferencias en la forma de entregar la cantidad, no hace modificación alguna a la forma de inserción en la red.

Nos interesamos más por la forma en que estos instrumentos intervienen en los grandes sistemas de potencia, en casos típicos. Por ejemplo, en la **Figura N° 2.02** tenemos –sobre una red trifásica trifilar de alta tensión– la forma de conexión de un conjunto de medición típico. A la derecha de ese mismo dibujo, apreciamos la forma convencional de representación del instrumental por medio del unifilar correspondiente. Es conveniente acostumbrarse a este tipo de representación, porque es la que se emplea corrientemente.

En la siguiente **Figura N° 2.03** mostramos un conjunto de medición mucho más completo, ya que incluye además de voltímetro, amperímetro y vatímetro, un vármetro para la medición de la potencia reactiva y los correspondientes instrumentos para la medición de energía activa y reactiva. Nótese muy especialmente, que los transformadores de medición (de tensión y de intensidad) tienen doble secundario. Uno de los mismos sirve al instrumental, mientras que el otro se emplea para las protecciones.

2.02.01. Transductores o convertidores

Se lo utilizan en ciertos circuitos para convertir la corriente y la tensión obtenida en forma directa o través de transformadores de inten-

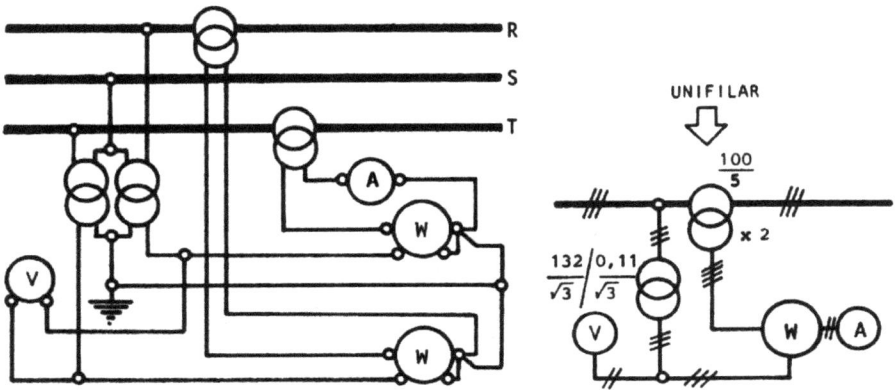

Figura N° 2.02 Sistema de medición trifilar

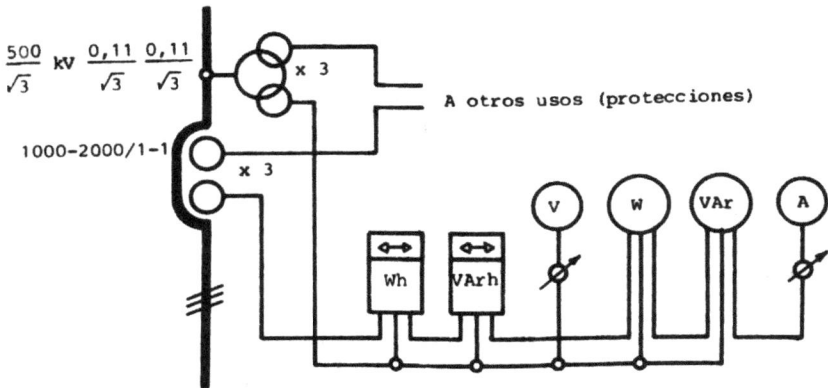

Figura N° 2.03 Sistema de medición

sidad a señales análogas libre de carga, eléctricamente aislada que son compatibles con los exigidos por los sistemas de control y visualización.

Ingresan a los mismos corrientes y tensiones de determinados valores cuando la medición es directa o bien 1 A o 5 A cuando lo se hace a través de trasformadores de corriente y 110 V cuando se lo hace con los de tensión, los transductores o convertidores lo transforman generalmente en una tensión que varía de 0 a 5 V o bien en una corriente que varía entre los 4 y los 20 mA, pudiendo ser otros, dentro de esos valores. La precisión de estos equipos puede variar entre 0,2 % y 0,5 %, según las necesidades.

Estos equipos se pueden comunicar con los sistemas de control (RS232 o RS485) utilizando determinados protocolos de comunicación de acuerdo al fabricante.

Pueden estar destinados a la medición no solo de tensión y corriente sino también de otros parámetros de los sistemas eléctricos.

2.02.02. Analizadores de redes

Con este nombre se designan a los instrumentos, generalmente de tablero, que conectados a los circuitos de tensión y corriente determinan los parámetros del mismo. Esta conexión se hace generalmente a través de transformadores de tensión y de corriente.

La cantidad de parámetros está ligada a las necesidades del usuario ya que la variedad es muy amplia. Los más simples indican las tensiones de línea, de fase, las corrientes de línea y de fase, el coseno de fi, la frecuencia, la potencia activa y reactiva por línea y por fase; para lo cuál disponen en su frente de tres indicadores digitales.

A partir de estos parámetros, existen equipos que indican muchos más como ser componentes armónicos, energía activa y reactiva, etc. Algunos modelos tienen memoria que les permite almacenar durante períodos determinados los parámetros registrados los cuales son recogidos median la conexión a una computadora, en cambio otros se integran a redes internas y permiten ser leídos a distancia.

En estos últimos casos los equipos cuentan con software que hacen que se puedan graficar, ordenar, promediar, etc., los valores obtenidos.

2.03. APARATOS DE MANIOBRA

La energía eléctrica debe encaminarse a través de adecuados circuitos y en la marcha normal, se presentan varias posibilidades de cómo hacerlo. En algunas necesidades, deben vincularse dos o más elementos y en otras, deben intercalarse con el conjunto, nuevos dispositivos. La energía que se genera en las centrales, debe conducirse adecuadamente hacia los centros consumidores, por lo regular, fraccionada, y ello obliga a disponer de elementos de maniobra. Por otra parte, cualquier avería o anormalidad obliga a sacar de servicio una parte o el total de la red, para lo cual es menester disponer de adecuados dispositivos. Estos aparatos de maniobra son los lugares donde el circuito se ha de interrumpir a voluntad o se ha de volver a unir y reciben –genéricamente hablando– el nombre de interruptores. ***La condición más severa para un interruptor, es la apertura de un circuito cuando se encuentra en la condición de corto circuito, es decir, conduciendo una corriente de valor superior al normal.*** Otras veces, el cierre en idénticas condiciones, también causa solicitaciones importantes.

Como simple definición digamos que un interruptor es un aparato que permite abrir o cerrar un circuito eléctrico tantas veces como sea requerido, con el fin de establecer o interrumpir el pasaje de la energía o en otros casos, simplemente se trata de un elemento que interrumpe la continuidad eléctrica, para variar la configuración.

Antes de entrar en el estudio de estos componentes, haremos un repaso de los principales tipos. Muchas de estas definiciones, están normalizadas.

• Interruptor: *"aparato o dispositivo mecánico de conexión capaz de establecer, soportar e interrumpir corrientes en las condiciones normales del circuito, comprendidas circunstancialmente las condiciones especificadas de sobre carga en servicio, así como también soportar durante un tiempo determinado corrientes en condiciones anormales especificadas del circuito tales como las de cortocircuito"*

• Interruptor automático: *"aparato o dispositivo mecánico de conexión capaz de establecer, soportar e interrumpir corrientes en las condiciones normales del circuito, así como establecer, soportar durante un tiempo determinado e interrumpir corrientes en condiciones anormales especificadas del circuito tales como las de corto circuito"*

• Interruptor automático limitador de la corriente: *"interruptor automático en el que el tiempo de corte es particularmente breve a fin de conseguir que la intensidad de cortocircuito no pueda alcanzar su máxima amplitud o valor de cresta"*

• Interruptor-seccionador: *"interruptor que, en su posición de apertura, satisface las condiciones de aislamiento especificadas para un seccionador"*

• Interruptor con fusibles: *"interruptor en que uno o mas polos poseen un fusible en serie, en un aparato combinado"*

• Interruptor-seccionador con fusibles: *"interruptor-seccionador en el que uno o más polos poseen un fusible en serie, en un aparato combinado"*

• Seccionador bajo carga: son aparatos que han sido proyectados para soportar las solicitaciones que se presentan al conectar o desconectar una parte de la instalación bajo condiciones normales de servicio.

• Fusible: *"aparato cuya función es abrir, por la fusión de uno o de varios elementos concebidos y calibrado a este efecto el circuito en que esta insertado".*

Actúan por fusión a causa del calor generado por la misma corriente, cuando ésta sobrepasa ciertos valores o condiciones.

• Fusible-interruptor: *"interruptor en el que el contacto móvil está formado por un elemento recambiable o por porta fusibles con su elemento recambiable.*

• Fusible-interruptor-seccionador: *"interruptor-seccionador en el que el contacto móvil está formado por un elemento recambiable o por porta fusible recambiable"*

• Fusible-seccionador: *"seccionador en el que el contacto móvil está formado por un elemento recambiable o por porta fusibles con su elemento recambiable"*

Las diversas normas internacionales en uso, han intervenido para definir los diferentes valores de intensidad, tensión y potencia que se hacen presentes en el fenómeno de interrupción, a los que habremos de referirnos oportunamente.

2.03.01. Algunas consideraciones teóricas sobre la interrupción de una corriente alterna

En los párrafos iniciales hemos visto diversos aspectos de la funcionalidad de los interruptores. Para comprender mejor su empleo, conviene estudiar diversos aspectos del arco eléctrico y la ionización del espacio que existe donde se produce. En la *Figura Nº 2.04* vemos las tres etapas básicas de un proceso de interrupción. Primero, los contactos están en comunicación. Luego se separan y se produce el arco eléctrico. En la última fase, ya los contactos se han separado lo suficiente y el espacio inter-electródico no permite que el arco se mantenga. El arco es un tramo del circuito en que el espacio se ha tornado conductor y los electrones circulan por un gas ionizado a temperatura alta (2000 a 10000 °C). Si tuviéramos que definir a un arco eléctrico debiéramos decir que es un conductor gaseoso. Este tipo de conductor se comporta en forma muy diferente a un conductor metálico común. En el arco eléctrico, la tensión de arco u_a es inversamente proporcional a la corriente i del arco.

En la *Figura Nº 2.05* se ilustra sobre el comportamiento de los valores. Cuando el arco se inicia, la tensión en el mismo es **u_o**, valor que decae con el aumento de la corriente, y si ésta disminuye, la tensión vuelve a trepar, pero hasta un valor **$u_1 < u_o$**. Para una distancia constante y corriente alterna, se ha observado que la corriente y la tensión se comportan como en la figura anteriormente mencionada.

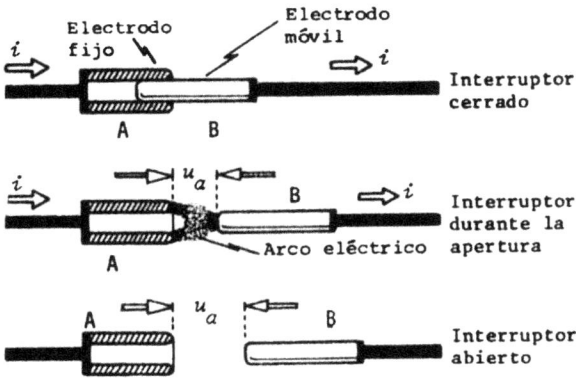

Figura Nº 2.04 **Fases de una interrupción**

La interrupción de una corriente alterna es mucho más sencilla que la interrupción de una corriente continua. La alterna de 50 Hz pasa por valor nulo 100 veces cada segundo, lo que facilita el proceso de corte. Para estudiar este fenómeno, acudamos a **_Figura Nº 2.06_**. La capacidad **C** y autoinducción **L** representan a los valores presentes en un circuito genérico cualquiera.

El fenómeno del arco eléctrico se puede estudiar siguiendo a la **_Figura Nº 2.07_** en donde el proceso se inicia en el instante t_1 con la separación de los dos electrodos. La corriente de la red se debe dividir en dos. Una parte se encamina hacia el arco i_a y el resto hacia el capacitor i_c. Como al ini-

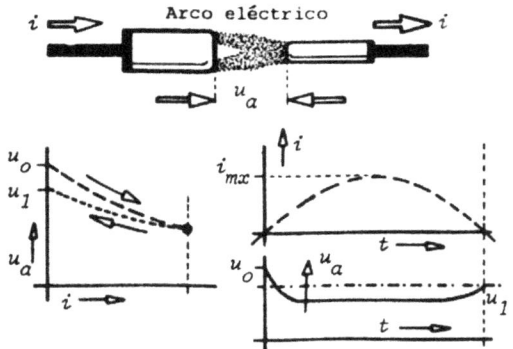

Figura Nº 2.05 **Parámetros de la interrupción**

ciarse la separación todavía la tensión es pequeña en el arco, i_c crece. Se alcanza una situación en que los agentes desionizantes interrumpen el arco, un poco antes de que la corriente llegue a cero. En este punto justamente, la tensión aplicada al condensador crece bruscamente y el circuito formado por **L** y por **C** se comporta como un circuito oscilante serie y parece una oscilación que se amortigua. Véase en **_Figura Nº 2.07_** ya citada, parte superior e inferior, se ha dibujado con trozos a la tensión y la corriente en caso de no producirse la interrupción. En el momento de no concluir el arco, la corriente que señalamos con i_2 es igual a i_c, ya que se cumple en forma aproximada:

$$i = i_c + i_a \qquad (2.01)$$

La tensión en el arco u_a, una vez apagado éste, se transforma en la tensión entre contactos, que crece hasta un valor marcado con u_e en la parte inferior de *Figura Nº 2.07*, momento en que la tensión suministrada por la fuente alcanza su valor máximo. A esa

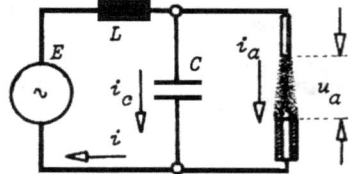

Figura Nº 2.06 Circuito equivalente

tensión aportada por el generador **E** de *Figura Nº 2.06* se debe sumar una tensión propia del circuito **L** y **C** actuando como circuito oscilante libre, en donde la frecuencia es:

$$f_0 = \frac{1}{2 \times \pi \times \sqrt{L} \times C} \qquad (2.02)$$

Esta tensión, que se denomina tensión transitoria de restablecimiento, puede alcanzar un valor, teóricamente, que es el doble de la tensión de base. La rigidez dieléctrica que aparece entre los contactos que se separan luego de pasar por cero la corriente y que señalamos con rd_1 y rd_2 en parte inferior de la *Figura Nº 2.07*, crece luego de ese paso por cero. Esta rigidez debe mantenerse siempre superior a la tensión que aparece entre contactos, para evitar la re-ignición del arco. La curva rd_2 origina un nuevo encendido del arco. La tensión de restablecimiento puede expresarse por medio de:

$$u_r = e + u_t \qquad (2.03)$$

donde u_r es la tensión de restablecimiento, **e** es la tensión provista por la fuente y u_t la componente transitoria amortiguada de frecuencia f_0 que suele ser de 10 a 100 veces mayor que la frecuencia de la red.

En la *Figura Nº 2.08* presentamos el proceso de la interrupción, hasta su extinción. La tensión transitoria de restablecimiento u_r, una vez que las oscilaciones amortiguadas desaparecen, se transforma en la tensión de la fuente **e = u**. El valor **O'N** máximo o sea, el valor máximo de la tensión de restablecimiento en las *Figuras Nº 2.07* y *2.08* puede llegar a duplicar el valor máximo de la tensión normal de la red, como ya hemos dicho.

De lo anterior resulta que la amplitud de un interruptor para cumplir con la extinción del arco depende –en un circuito de corriente alterna– de:

• cuanto más rápido y energético es el proceso de apagado del arco y de la des-ionización del espacio entre contactos.

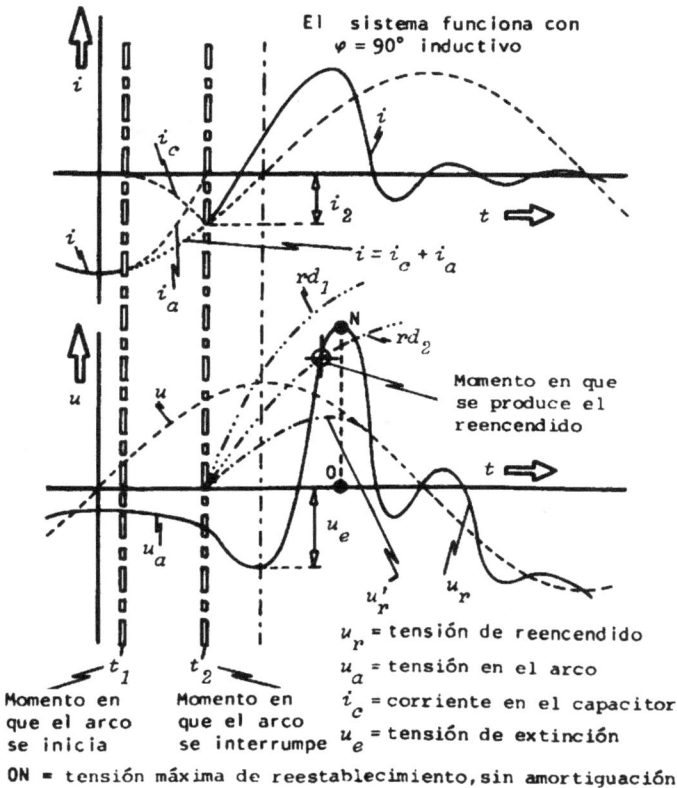

El sistema funciona con $\varphi = 90°$ inductivo

$i = i_c + i_a$

Momento en que se produce el reencendido

u_r = tensión de reencendido

u_a = tensión en el arco

i_c = corriente en el capacitor

u_e = tensión de extinción

t_1
Momento en que el arco se inicia

t_2
Momento en que el arco se interrumpe

ON = tensión máxima de reestablecimiento, sin amortiguación

Figura N° 2.07 Análisis de la primera interrupción del arco

• cuanto más baja es la velocidad de crecimiento de la tensión de restablecimiento, la que a su vez, depende de la frecuencia propia del circuito que se está interrumpiendo y del amortiguamiento de las oscilaciones que se superponen a la tensión del circuito.

En líneas generales, puede decirse que lo primero se logra aumentando la velocidad con que se separan los contactos e interponiendo un medio que favorezca la des-ionización. Lo segundo, por medio de adecuadas reactancias y resistencias amortiguadoras. Se ha estudiado que las condiciones mas gravosas para la interrupción se presentan cuando:
• la corriente está adelantada 90° con respecto a la tensión, como en el caso de líneas de alta tensión a vacío.
• transformadores funcionando a vació

- condiciones en que la red está en cortocircuito
- maniobras de oposición de fases

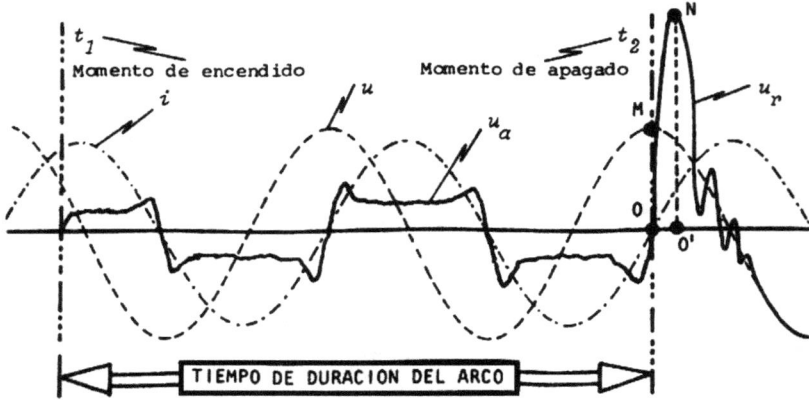

Figura N° 2.08 Proceso de interrupción hasta su extinción

2.03.02. Potencia de interrupción y valores normalizados

La energía que desarrolla en un arco eléctrico se puede expresar por medio de:

$$A_a = \int_0^{Tr} u_a \; i \; \times \; dt \; \sim \; U \times I \times T_{ar} \qquad (2.04)$$

La expresión (2.04) nos señala que la potencia debe obtenerse por integración, dado que tanto la corriente como la tensión no son cantidades constantes durante el proceso de interrupción. No obstante, para los usos corrientes, es admitido que la tensión y la corriente son constantes, por lo que puede admitirse la aproximación expresada en la (2.04). Por lo tanto, todo interruptor debe estar dimensionado como para admitir esa potencia, tanto desde el punto de vista térmico como mecánico.

Por una parte, debe poder evacuar el calor producido por dicha energía y por otra, debe resistir los esfuerzos electrodinámicos que aparecerán. No siendo posible modificar la tensión, que es la de ejercicio, ni la corriente, que depende de las condiciones de las reactancias intervinientes y otros factores de la red, el principal elemento que el proyectista dispone para regular es el tiempo total de interrupción **T**, que es la suma del tiempo de apertura **T$_a$**, más el tiempo de duración efectiva del arco **T$_{ar}$**, o sea:

$$T = T_a + T_{ar} \qquad (2.05)$$

El tiempo de apertura T_a es el que transcurre desde el momento en que el aparato recibe la orden de abrir, proveniente del sistema de protección que estudiaremos mas adelante, hasta el momento en que efectivamente se inicia la separación de los contactos **A** y **B** de la *Figura Nº 2.04*. El tiempo de duración del arco T_{ar} es el que transcurre desde que se inicia la separación de los contactos y el momento en que extingue el arco y que pueden durar varios ciclos completos de la corriente alterna.

En la base a la tensión y la corriente es posible definir un importante valor, al que usualmente se recurre para identificar la capacidad de un interruptor y que es la potencia nominal de interrupción S_{aN}, que se expresa en la unidad MVA. Este valor se indica por medio de:

$$S_{aN} = \sqrt{3} \times U_N \times I_N \qquad (2.06)$$

Todos estos aspectos tan tratados por las normas internacionales en la materia. Los aspectos teóricos de la interrupción han merecido importantes estudios e investigaciones, por lo que es aconsejable –para una más amplia información– consultar tratados especializados y las normas IEC.

La adecuada selección de los interruptores requiere, a su vez, un análisis a la red a la cual sirve. Por ello, es bueno hacer un breve repaso de las condiciones más comunes en que se produce el funcionamiento. Los interruptores de protección son los que actúan en las condiciones mas comprometidas, es decir, deben abrir cuando están sometidos a la tensión máxima y a la corriente máxima, conforme se los definió al principio del párrafo Aparatos de maniobras.

La expresión de la potencia aparente a que están sometidos es:

$$S_{cc} = \sqrt{3} \times U_r \times I_{cc} \qquad (2.07)$$

Los interruptores de maniobra son los que actúan bajo las condiciones nominales, es decir, está sometido a una potencia aparente de:

$$S_n = \sqrt{3} \times U_n \times I_n \qquad (2.08)$$

Pero existen interruptores muy particulares llamados seccionadores o separadores que, de acuerdo a la definición vista, separan, aíslan o independizan una parte de la instalación. Normalmente deben dejar pasar la corriente nominal, pero no han sido dimensionados para interrumpir corriente. Son simples cuchillas de separación, que se operan sin carga y por lo tanto, su potencia de interrupción debe ser nula, es decir:

$$S_s = \sqrt{3} \times U_n \times 0 = 0 \qquad (2.09)$$

Como la corriente debe ser nula, la capacidad de interrupción también lo es. Estos últimos aparatos tienen más bien una función de seguridad y se suelen instalar junto a interruptores con un poder de corte definido. Cuando están cerrado deben poder permitir el paso de la corriente nominal e inclusive, la de corto circuito, pero están incapacitados para abrir en esas condiciones.

En el capítulo anterior vimos algunas aplicaciones y en los circuitos que aparecen frecuentemente. En los seccionadores, por lo regular, los contactos se separan lentamente.

Debemos, para finalizar este tema, indicar que la potencia nominal de interrupción S_{aN} debe guardar adecuada relación con S_{cc} o con S_n.

2.03.03. Clasificación de los interruptores

Estos aparatos se pueden clasificar desde dos puntos de vista:
* Por la forma de interrumpir el arco
* Por la forma de accionamiento

Desde el primer punto de vista, cuatro son los tipos:

* Interruptores en aire: el arco se alarga y se enfría en el aire, aumentando la resistencia hasta alcanzar las condiciones de extinción, dentro de cámaras o celdas.

* Interruptores en aceite: el arco se produce en un baño de aceite, que tiene una rigidez dieléctrica mayor que el aire y a su vez, el arco descompone el aceite generando hidrógeno, que es un medio más refrigerante. Hay interruptores a gran volumen de aceite y a reducido volumen de aceite.

* Interruptores neumáticos: emplean aire o exafluoruro de azufre a presión, mediante una disposición que hace al gas "soplar" el arco, adelgazándolo y anulándolo.

* Interruptores al vacío: el arco se produce en una cámara en donde reina el vacío, lo que disminuye mucho la duración del arco.

Desde el punto de vista de la forma de accionamiento:

* Accionamiento manual: por medio de palancas o manivelas, en instalaciones pequeñas

* Accionamiento a motor: un motor que puede ser de corriente continua o de corriente alterna, hace el accionamiento en forma directa o carga energía en un resorte que por vía indirecta, actúa sobre el interruptor y lo abre.

* Accionamiento neumático: adecuados sistemas de cilindros y émbolos accionan sobre los contactos y los separan. Se requiere una insta-

lación de aire comprimido accionada por una fuente auxiliar de energía, por lo regular duplicada, para seguridad.

La evolución constructiva de los interruptores ha permitido llegar a contar actualmente con aparatos de alta seguridad de funcionamiento en tensiones de 500 kV eficaces. La red argentina está provista con este tipo de interruptor.

2.03.04. Corriente de cortocircuito

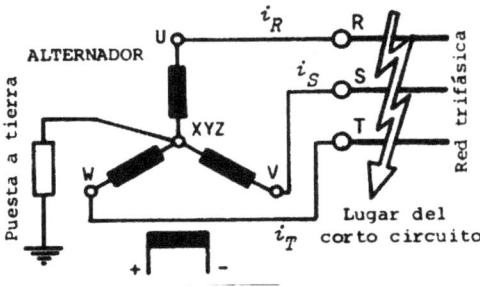

Figura Nº 2.09 Cortocircuito trifásico

El estudio de estado de cortocircuito de una red es vasto y no será tratado aquí. Sin embargo, a los efectos de considerar algunos aspectos relacionados con la aplicación con la aplicación de los interruptores, revisemos el caso de un cortocircuito trifásico sobre un alternador, como en *Figura Nº 2.09*. Directamente en bornes de un alternador se produce una falla de características abarcadoras, en las tres fases de la línea de salida.

Para su estudio, vamos a considerar solamente una fase, ya que las conclusiones permiten obtener una interpretación suficiente para los alcances de este texto. Se puede notar que, en este caso de cortocircuito, interviene solamente la impedancia de una fase del alternador que, se trata de la impedancia sincrónica. Este valor es muy reactivo, en los casos de la práctica.

El fenómeno del cortocircuito debe hacerse partiendo del estudio del caso del transitorio de un circuito con **R** y **L** al que se le aplica una función sinusoidal. El caso nuestro, el cortocircuito de una fase de un alternador, es análogo en sus conclusiones, salvo las condiciones iniciales de la solución. La ecuación representativa del estado transitorio es similar a:

$$I = \frac{\sqrt{2} \times U}{Z_s} \times \left[\operatorname{sen}\left(\omega \times t + \varphi_0 - \varphi\right) - e^{-(R/L) \times t} \times \operatorname{sen}\left(\varphi_0 - \varphi\right) \right] \quad (2.10)$$

Puede verse que la corriente transitoria está compuesta por una corriente alterna sinusoidal, a la que se agrega una componente continua amortiguada. Para el valor inicial **t = 0**, ambas son iguales, pero de sentido contrario.

De la misma forma, podemos considerar que en el caso del alternador, el defasaje es de φ **= 90°** y suponer que el momento límite de comienzo del fenómeno hace que φ_0 **= 90°**, por lo que sale el paréntesis sen **(90 – 90) = 0**. La componente de corriente continua será nula, no así se cumple sen **(0 – 90) = -1**, también para **t = 0**, en que la componente de corriente continua alcanzará su máximo valor. Por lo tanto, en el transitorio se presentan dos casos límite, que están representados en **Figura Nº 2.10**. Ambos casos, pasado el tiempo suficiente, se transforman en una corriente de cortocircuito eficaz $\mathbf{I_{CC}}$, valor máximo $\mathbf{2^{1/2}}$ $\mathbf{I_{CC}}$ (1,732 x Icc), cuyo valor puede obtenerse de:

$$I_{cc} = \frac{E}{Z_s} \qquad (2.11)$$

Siendo $\mathbf{Z_S}$ q $\mathbf{X_S}$. Sin embargo, sabemos que esta reactancia no es constante, ya que el instante inicial debe considerarse la reactancia sub-transitoria $\mathbf{X''_S}$ de menor valor y que interesa en el caso que estamos tratando.

En base a todo esto y conforme las normas de la Comisión Electrotecnia Internacional (IEC), la capacidad de un interruptor debe referirse a dos valores:

• **Capacidad de interrupción simétrica:** está dada por el valor eficaz de la componente de corriente alterna en el momento de iniciarse el cortocircuito, es decir, cuando actúa solo la reactancia sub-transitoria y vale:

$$I_s = \frac{E}{X''_s} \qquad (2.12)$$

• **Capacidad de interrupción asimétrica o total:** está proporcionada por el valor eficaz de la corriente total interrumpida y es:

$$I_{as} = \sqrt{I_s^2 + I^2} \qquad (2.13)$$

En el uso corriente y conforme normas, se considera despreciable la componente de corriente continua cuando su valor no supera el 20 % del valor máximo de la componente simétrica de alterna. Para interruptores cuyo tiempo de operación es de 0,06 segundo, que equivale a 3 ci-

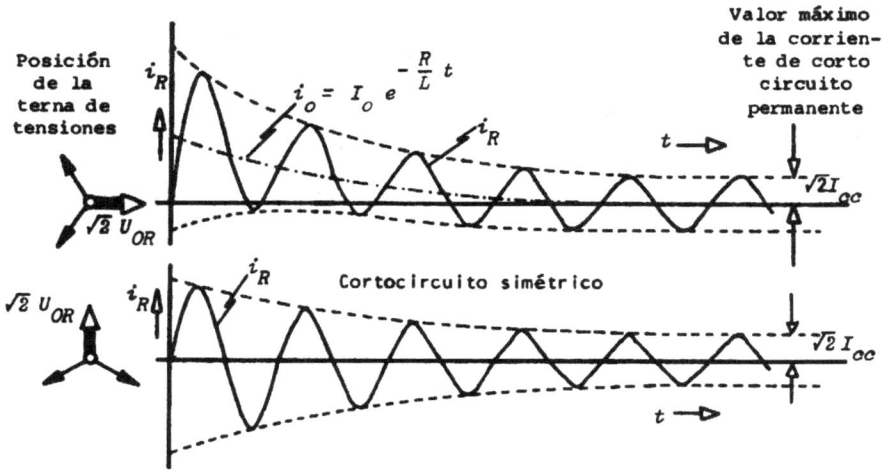

Figura N° 2.10 Cortocircuito asimétrico

clos completos de la corriente, interesa solo la componente simétrica. El tiempo de operación es $\mathbf{T_a}$ es el de formula (2.05).

En caso de que el interruptor cierre estando la red en cortocircuito, se produce otra forma operación crítica, semejante a la de apertura y que, en general, se debe especificar.

2.03.05. Formas contructivas de los interruptores

Por medio de una serie de dibujos, repasaremos los principales tipos de contactos que se emplean en interruptores. Para bajas intensidades, en aire, la *Figura Nº 2.11* nos enseña algunos tipos usados. Los dos primeros, a la izquierda, son del tipo llamado a cuchilla, en donde un contacto móvil entra entre dos contactos a presión.

El tercero y cuanto son a puente, siendo el último constituido por láminas flexibles. En la *Figura Nº 2.12* enseñamos un contacto flexible a puente, pero provisto de contacto auxiliar, que cierra "antes" que los principales y abre "después" que ellos. Con esta sencilla disposición, el arco se produce necesariamente entre los contactos auxiliares, de fácil reposición, ya que son los únicos que se desgastan. Los contactos auxiliares, de fácil reposición, ya que son los únicos que se desgastan. Los contactos principales se mantienen en mejores condiciones al cumplir solamente la función de contacto, pero no de sostener el arco.

La *Figura Nº 2.13* indica el croquis de dos contactos deslizantes. En la parte izquierda se lo ve en posición de trabajo. En la central a punto de separarse y en la derecha, separándose con producción de arco. Esa

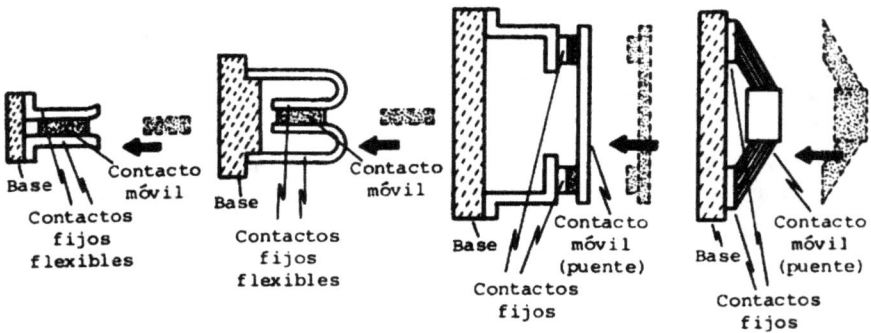

Figura Nº 2.11 Tipos constructivos de interruptores

forma constructiva permite que el daño causado por el calor de la chispa, se produzca en una región de los contactos, mientras que la parte de trabajo, que es la superior, permanece limpia. Además, la forma de diseño mecánico hace que los contactos se deslicen entre sí al operar, provocando una acción de limpieza.

En la **Figura Nº 2.14** tenemos el dibujo de los que se denominan contactos a tulipa. La parte fija son láminas flexibles, como en los de cuchilla, pero formando un contorno cerrado.

Pasemos ahora a tratar los diversos tipos de interruptores. En la **Figura Nº 2.15** mostramos un interruptor en aire a células desionizantes. Para comprender mejor el mecanismo de interrupción, se debe aclarar que un arco eléctrico de corriente alterna, se apaga en su primer paso por el valor cero, si su tensión no sobrepasa los 200 V aproximadamente. Esto se debe a la formación rapidísima de un estrato aislante des-ionizante en el contacto que actúa como cátodo en ese momento. La formación prácticamente instantánea de esta capa aislante es el inicio del proceso de des-ionización en el resto del arco, fenómeno que se ve favorecido con el enfriamiento del arco y con el movimiento del medio en que se produce. Por esta causa, los interruptores de este tipo fraccionan el arco en arcos mas pequeños o arcos elementales que gozan de la propiedad dicha y además, el arco se enfría y se lo desplaza, alejándolos de los contactos. Sobre estas ideas se han

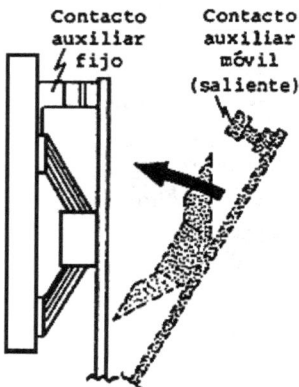

Figura Nº 2.12 Contacto flexible

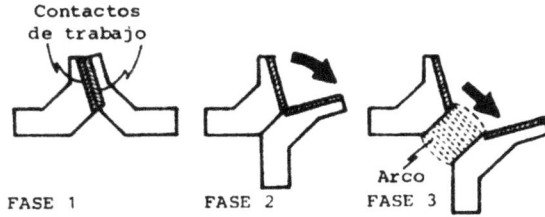

Figura Nº 2.13 Contactos deslizantes

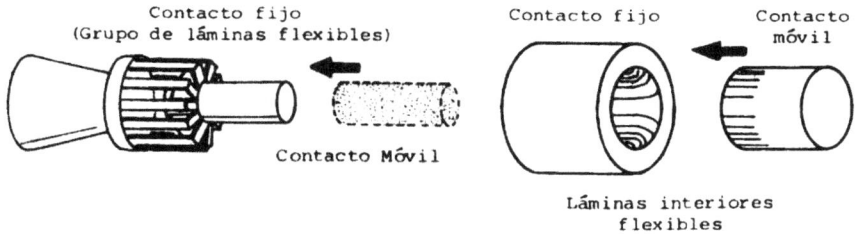

Figura Nº 2.14 Contactos a tulipa

desarrollado los interruptores llamados "deión".

En la parte izquierda de ***Figura Nº 2.15*** tenemos un corte, en el que **CF** es el contacto fijo y **CM** el contacto móvil. Cuando **CM** se aleja de **DF** se forma el arco, que se ve sometido a una acción física similar a la de una chimenea, por el calor del mismo arco produce. El aire caliente empuja al arco, el que se alarga y se eleva, pasando de los contactos a las placas fijas de los costados. Las placas siguen dando continuidad por ser metálicas y estar conectadas. Con ello se logra el primer efecto, que es alargar el arco y llevarlo hasta las cámaras, donde se fracciona en arcos de menor tensión. Pero se agrega a esto el efecto electromagnético.

En la figura de arriba, a la derecha, se ven de costado a las chapas que por estar vinculadas a la llamada "bobina sopladora", actúan como las caras de un electroimán. Por esto, cada filete de corriente se comporta como un conductor que recibe una fuerza f que tiende a "soplarlo" hacia arriba, dado que este electroimán es excitado por la misma corriente a interrumpir. La perspectiva inferior aclara el dibujo. Pero además, en el camino de los arcos pequeños, hay pequeñas bobinas de acción radial. Como cada par de placas está a una diferencia de potencial por el mismo arco, circula corriente por estas pequeñas bobinas y producen campos radiales que se aprecian en la figura superior, extremo derecho. Las fuer-

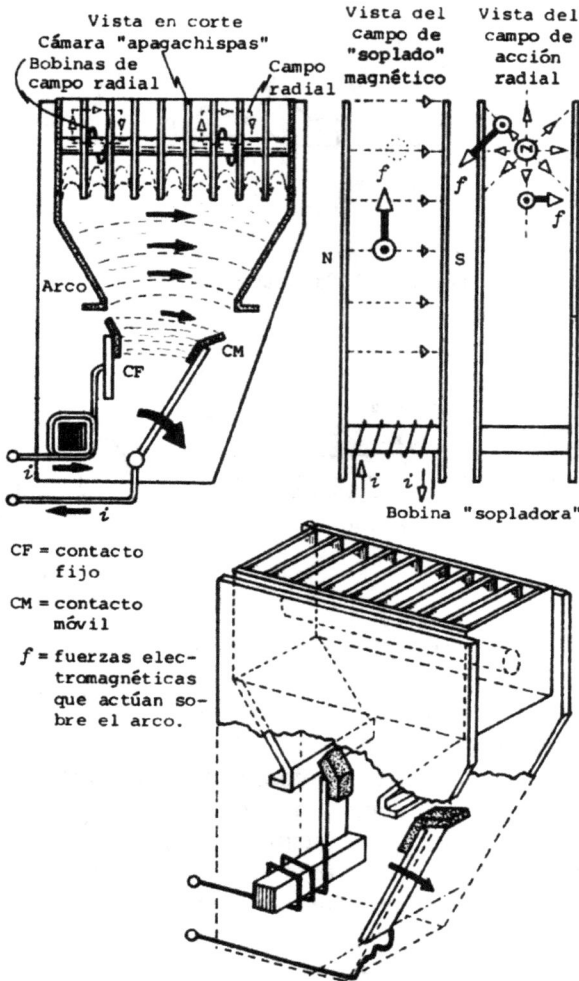

Figura Nº 2.15 Interruptor en aire

zas *f* allí tienden a dispersar los arcos. Este tipo de interruptor en aire se suele construir hasta unos 15 kV y los hay para corriente alterna y continua. En la **Figura Nº 2.16** se ve a uno de este tipo, sobre un carro desplazable, con adecuados enchufes a tulipa.

Para formarnos una idea sobre las magnitudes en juego en este tipo de interruptor, (en aire) veamos en la **Tabla Nº 2.01** que sigue los valores de un tipo comercial para interruptores de baja tensión con corriente nominalres mayores a los 100 A.

TABLA N° 2.01
CAPACIDAD DE RUPTURA DE INTERRUPTORES
TERMOMAGNÉTICOS AUTOMÁTICOS DE BAJA TENSIÓN

IEC 60 947-2			
RANGOS DE CORRIENTE NOMINAL O ASIGNADO (In) [A]	**TENSION DE AISLAMIENTO (Ui) [V]**	**750 ca**	
	TENSION DE EMPLEO (Ue) [V]	**690 ca**	**500 cc**
CAPACIDAD DE INTERRUPCION (Icu) [kA]			
100 a 250	25 – 36 – 50 – 70 – 150		
400 a 630	36 – 70 – 150		
630 a 1 600	50 – 70 – 150		
800 a 6 300	42 – 65 – 85 – 100 – 130		

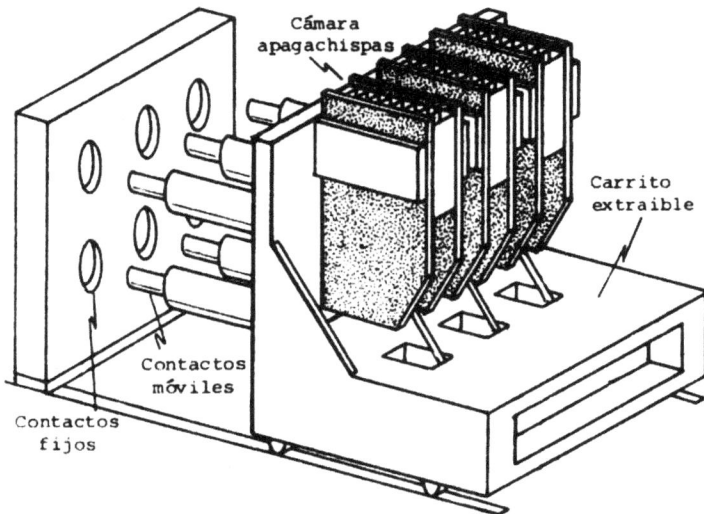

Figura N° 2.16 Interruptor extraíble

Vamos ahora a tratar los interruptores de reducido volumen de aceite, (señalando que todavía es posible ver los de gran volumen de aceite que fueron dejados de fabricar. En la ***Figura N° 2.17*** tenemos, en corte, el esquema de un polo de dicho tipo de interruptor. En la parte inferior, se presenta la silueta de este en su versión sobre carrito extraíble. El contacto fijo está en la parte superior y es del tipo a tulipa y el contacto móvil es una espiga que se desplaza verticalmente, accionada por un sistema de palancas. En la parte superior, un recinto almacena y también permite la salida de gases. Al separarse los contactos se produce el arco, en una serie de cámaras o laberintos de forma particular, lo que permite refrigerar y agitar el arco. Los gases producidos en la interrupción, escapan por el recinto superior indicado. El conjunto se suele montar sobre un bastidor rígido, el que tiene versiones para fijación en tableros, sobre pared o sobre carro extraíble. Los accionamientos pueden ser de tipo manual o a motor. Cuando el contacto móvil se desplaza para separarse del contacto fijo, dicho contacto pasa por un laberinto de pequeñas cámaras que desplazan al arco, favoreciendo su apagado. Este tipo de interruptor resulta muy apto para tensiones medias. En la actualidad si bien hay muchos instalados van siendo reemplazados en general por los de vacío y en menor proporción por los que tienen aislamiento en SF6.

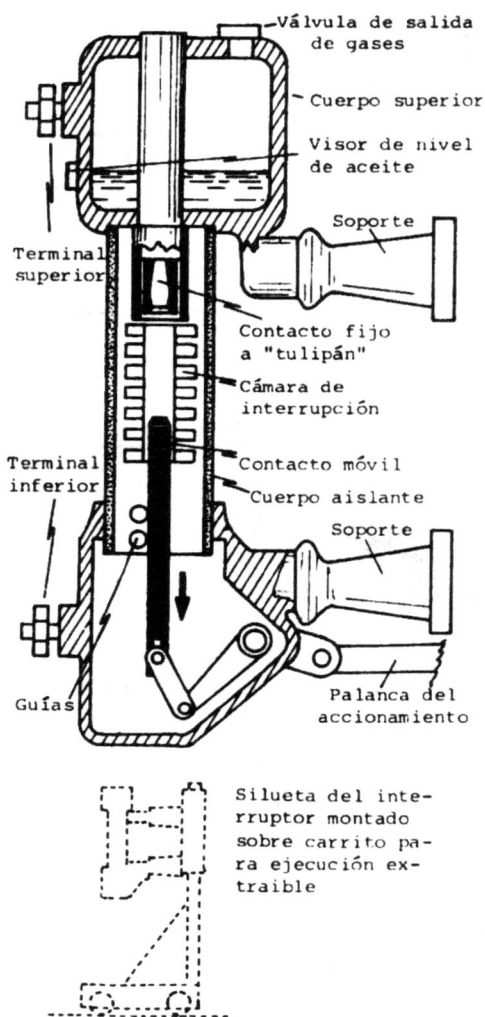

Válvula de salida de gases
Cuerpo superior
Visor de nivel de aceite
Soporte
Terminal superior
Contacto fijo a "tulipán"
Cámara de interrupción
Terminal inferior
Contacto móvil
Cuerpo aislante
Soporte
Guías
Palanca del accionamiento

Silueta del interruptor montado sobre carrito para ejecución extraible

Figura N° 2.17 Interruptor de reducido volumen de aceite

TABLA Nº 2.02
CARACTERÍSTICAS DE INTERRUPTORES DE MEDIA TENSIÓN
DE VACÍO

IEC 62 271			
FRECUENCIA NOMINAL [Hz]	50 – 60		
TENSION NOMINAL [kVrms]	7,2	12	17,5
TENSION DE AISLAMIENTO [kVrms]	20	28	38
TENSION DE AISLAMIENTO [kVcresta]	60	75	95
CORRIENTE NOMINAL [Arms]	630 – 1 250 – 2 500		
CAPACIDAD DE RUPTURA [kArms]	25	31,5	40
TIEMPO DE OPERACION [ms]	**APERTURA**	50	
	INTERRUP.	65	
	CIERRE	70	

Estos tipos de interruptor se emplean en interiores. Para uso en exterior, como las tensiones son mayores, se utilizan otros modelos. En la *Figura Nº 2.18a* mostramos el aspecto exterior de un interruptor tripolar para intemperie, del tipo para 132 kV y 500 kV. En la *Figura Nº 18b* se muestra la silueta del interruptor, indicando en qué lugar se encuentran sus elementos funcionales.

La "cámara de extinción" esta en la parte superior del interruptor, junto con los terminales de empalme a la red. En la parte inferior tenemos mecanismos para accionamiento y maniobra, que son del tipo hidráulico, con acumuladores oleo-neumáticos que almacenan una reserva de energía suficiente como para accionar el interruptor en caso de falla del sistema eléctrico auxiliar. Todo el conjunto es apto para intemperie, en condiciones de extrema rigurosidad. El conjunto interruptor propiamente dicho está montado sobre bastidores (cada polo) en forma de asegurar las distancias requeridas por las normas para esas tensiones. Tanto la cámara de interrupción de cada polo, como los elementos de maniobra, están dentro de una columna aislante de porcelana. Las características comerciales de un aparato de este tipo son Tabla Nº 2.03.

TABLA Nº 2.03
CARACTERÍSTICAS DE LOS INTERRUPTORES
DE ALTA TENSIÓN AISLAMIENTO SF6

TIPO	TENSION NOMINAL [kV]	NIVEL DE AISLAMIENTO [kV]	CORRIENTE NOMINAL O ASIGNADA [A]	PODER DE RUTURA [kA]
1	147 – 170	> 750		31,5–40–50–63
2	245 – 300 – 362	> 1 050	2 000–3 150–4 000	31,5–40–50–63–80
3	362 – 420 – 525	> 1 050		

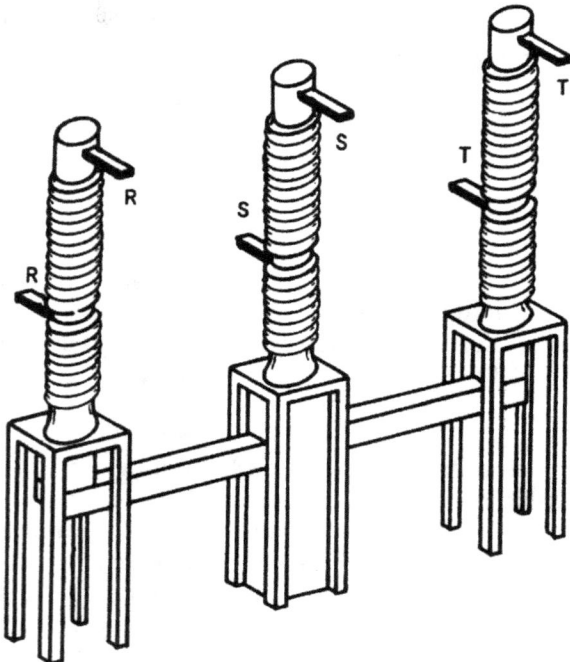

Figura Nº 2.18b Componentes de un interruptor para alta tensión

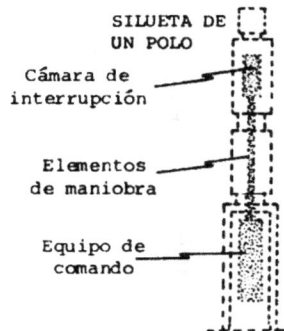

SILUETA DE UN POLO

Cámara de interrupción

Elementos de maniobra

Equipo de comando

Figura Nº 2.18a Esquema de un interruptor para alta tensión

Conforme la clasificación que dimos pasemos ahora a tratar los interruptores neumáticos. En primer lugar tenemos los interruptores de aire comprimido, basados el antiguo concepto de soplar un arco para apagarlo. En este tipo de aparato, en el momento de la apertura de los contactos, se aplica un enérgico chorro de aire, el que lo alarga y lo refrigera y, contemporáneamente, des-ioniza la zona de interrupción y favorece la restitución de la rigidez dieléctrica.

Este tipo de interruptor requiere un sistema de aire comprimido de absoluta seguridad. Se han desarrollado diversos modelos, algunos en que el arco se desarrolla en una cámara de extinción y en otros la chispa se desarrolla en la misma atmósfera. En la *Figura Nº 2.19* mostramos el corte de una cámara de extinción de los tres momentos fundamentales. Al retroceder el contacto móvil, comprime el aire en una cámara que lo rodea, generando un fuerte chorro en la zona neurálgica de la chispa. Toda la cámara esta a presión, mediante una instalación de aire comprimido adecuada, como la *Figura Nº 2.21*.

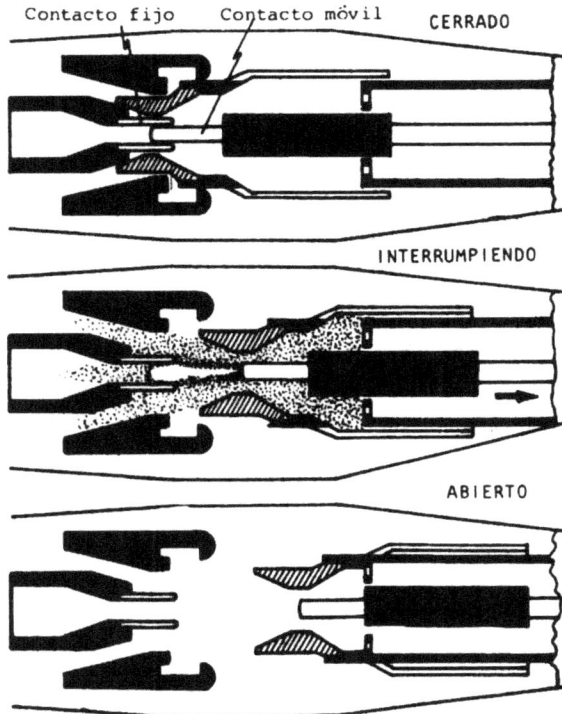

Figura Nº 2.19 **Proceso de interrupción**

También se han desarrollado interruptores en que la cámara de interrupción tiene contactos fijos, como mostramos en el croquis de *Figura Nº 2.20*. Esta disposición hace que los dos contactos sean fijos, pero en vez sea móvil una pieza que hace el contacto. Al desplazarse ésta, comprime aún más al aire y lo arroja sobre el foco mismo del arco.

Se debe observar que este tipo, el aire luego de afectar al arco, se encamina para su escape por la parte interior de los mismos contactos, por lo que estos deben ser huecos.

En la actualidad, se está reemplazando el aire por el gas exafluoruro de azufre SF_6, porque está verificado que sus propiedades son favorables. El exafluoruro de azufre SF_6 tiene una mayor rigidez dieléctrica que el aire –una dos o tres veces la del aire a la presión ordinaria e igual a la del aceite a la presión atmosférica– a lo que se suma la aptitud de captar electrones libres para formar iones negativos de masa relativamente elevada, capaces de obstaculizar el encendido del arco. Los trabajos de experimentación han demostrado –a igualdad de condiciones– que la capacidad de interrupción es de cerca 100 veces la del aire, por ser esta aproximadamente la relación de la velocidad de restablecimiento de la rigidez dieléctrica. Otros gases tienen también esa propiedad, pero por lo regular, conteniendo carbono, lo que es negativo. El gas exafluoruro de azufre SF_6 es estable y aunque tiene tendencia a formar otros productos, eso no daña al interruptor y en general, se recompone. El gas SF_6 es moderadamente tóxico, por lo que se requieren sistemas estancos.

Por lo regular se emplea un sistema de alimentación a 15 atmósferas, mientras que la descarga de los módulos interruptores tiene unas 2 atmósferas. La Tabla Nº 2.03 muestra las características de los utlizados en alta tensión.

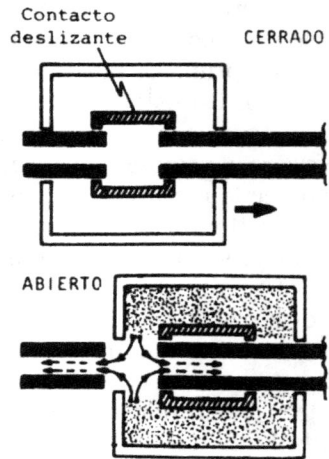

Figura Nº 2.20 Cámara de interrupción

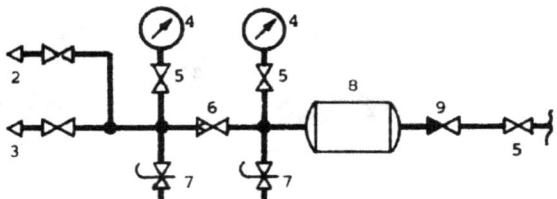

Figura Nº 2.21 Instalación de aire comprimido

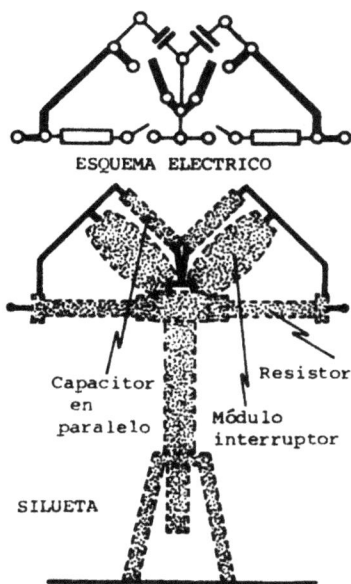

ESQUEMA ELECTRICO

Capacitor en paralelo

Resistor

Módulo interruptor

SILUETA

Figura Nº 2.22 Interruptor para alta tensión

La disposición física de los interruptores neumáticos, sea los de aire comprimido como los de SF$_6$, se puede ver en *Figura Nº 2.22*, aplicada a dos módulos interruptores en serie. Efectivamente, este tipo de interruptor se arma sumando módulos, hasta alcanzar la tensión deseada. Pero además, como muestra la parte superior de *Figura Nº 2.22*, se aplican resistencias de amortiguamiento **R$_A$** y sus correspondientes contactos auxiliares **C$_A$**, que disminuyen la tensión máxima de restablecimiento. Estas resistencias entran inmediatamente después de la apertura. Pero como tiene elementos en serie, es conveniente que las tensiones parciales aplicadas a cada componente, sean iguales. Esto se logra por medio de capacitores en paralelo **C$_P$**.

El criterio de fabricar módulos de interrupción normalizados ha permitido alcanzar tensiones elevadas de servicio colocando varios de ellos en serie. En *Figura Nº 2.23* vemos ejemplos. Para una visión de las magnitudes en juego.

Para finalizar esta somera descripción de los interruptores, tratemos ahora los del tipo de vacío, cuyo esquema vemos en *Figura Nº 2.24* la interrupción de la corriente se hace en un recinto o cámara sellada, de

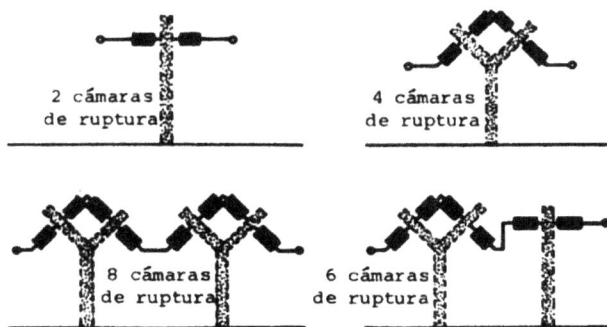

2 cámaras de ruptura

4 cámaras de ruptura

8 cámaras de ruptura

6 cámaras de ruptura

Figura Nº 2.23 Cámaras interruptoras

vidrio o cerámica, conteniendo los contactos de trabajo, uno fijo y sellado a la estructura y el móvil mediante un fuelle de acero. Rodeando los contactos hay un escudo metálico sellado. El grado de vacío es 10^{-7}mm de mercurio. Este tipo de interrupción todavía no tiene un alto grado de desarrollo y las aplicaciones alcanzan los 15 kV.

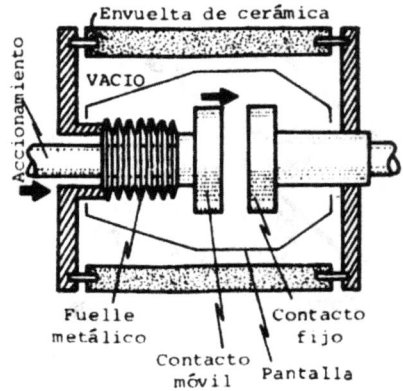

Figura Nº 2.24 Interruptor de vacío

2.03.06. SECCIONADORES

En el capítulo Nº 1 hemos apreciado muchas aplicaciones de los seccionadores en sistemas de potencia. Veamos ahora algo más sobre sus formas constructivas y demás características.

En la **Figura Nº 2.25** tenemos un simple polo de seccionador a cuchilla. En la parte inferior derecha vemos el aspecto de un polo, en que se

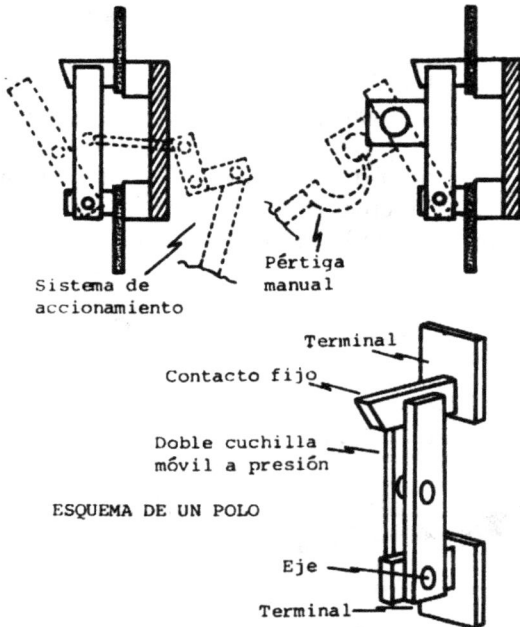

Figura Nº 2.25 Seccionadores de baja tensión

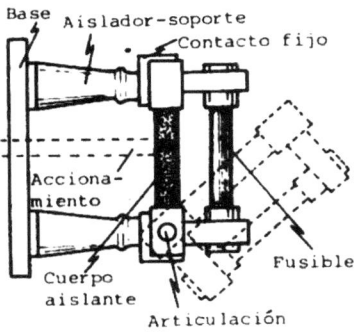

Figura Nº 2.26 Seccionador fusible para media tensión

aprecia que una doble cuchilla a presión aprisiona un contacto fijo. El accionamiento puede hacerse por medio de un sistema mecánico o por medio de una pértiga en forma manual. En la parte superior de *Figura Nº 2.25* vemos los dos casos. Algunos modelos tienen incorporado un fusible, como en *Figura Nº 2.26*.

Comercialmente también se encuentran conjuntos de seccionador combinado con fusible, como se ve en *Figura Nº 2.27*, que se emplean en las tensiones medias.

Los seccionadores se pueden obtener en dos tipos básicos: los seccionadores comunes, que no pueden ser abiertos cuando pasa corriente; y los seccionadores bajo carga, que se pueden abrir pasando corrientes moderadas, por lo regular, las nominales de la red, pero no las de cortocircuito.

También hay seccionadores de puesta a tierra, que tienen por finalidad cortocircuitar, bajo corriente casi nula, partes de una instalación y también existen los seccionadores con cuchilla de puesta a tierra, que son la combinación de un seccionador común y de un seccionador de puesta a tierra. Para tener una idea de las magnitudes en juego, en tensiones medias, mostramos las Tablas **Nº 2.04** para un seccionador común y la **Nº 2.05** para uno bajo carga.

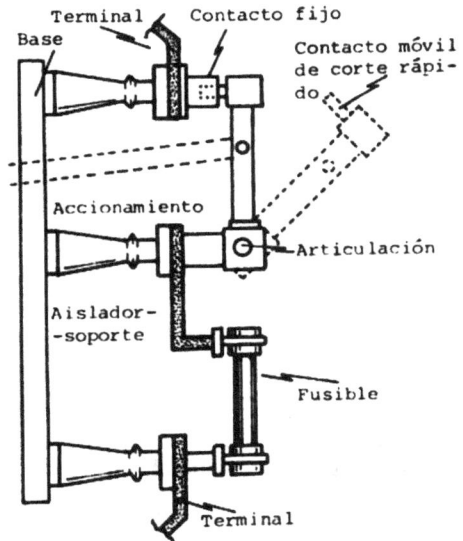

Figura Nº 2.27 Combinación seccionador-fusible para media tensión

TABLA N° 2.04
SECCIONADORES DE MEDIA Y ALTA TENSIÓN

TENSIÓN NOMINAL [kV]	13,8	33	66	132	220
TENSIÓN MÁXIMA [kV]	17	34,5	72,5	145	245
CORRIENTE NOMINAL O ASIGNADA [A]	800				
	1 250				
	1 600				
	2 000				
TENSIÓN DE ENSAYO A TIERRA Y ENTRE LOS POLOS [kV]					
A FRECUENCIA INDUSTRIAL	40	75	140	275	460
A IMPULSO	95	110	325	650	1 050
TENSIÓN DE ENSAYO SOBRE LA DISTANCIA DE SECCIONAMIENTO [kV]					
A FRECUENCIA INDUSTRIAL	60	100	160	315	530
A IMPULSO	110	195	375	750	1 200
INTENSIDAD ADMISIBLE DE BREVE DURACIÓN [KA]	31,5				

TABLA N° 2.05
CARACTERÍSTICAS ELÉCTRICAS DE SECCIONADORES
BAJO CARGA PARA MT

TENSIÓN NOMINAL	kV	15
TENSIÓN MÁXIMA DE SERVICIO		17,5
INTENSIDAD NOMINAL	A	630
PODER DE INTERRUPCIÓN COS FI = 0,7		500
CORRIENTE DE BREVE DURACIÓN 1 SEGUNDO	kA	15
CORRIENTE DE CORTOCIRCUITO VALOR DE CRESTA		38
PODER DE CIERRE		38

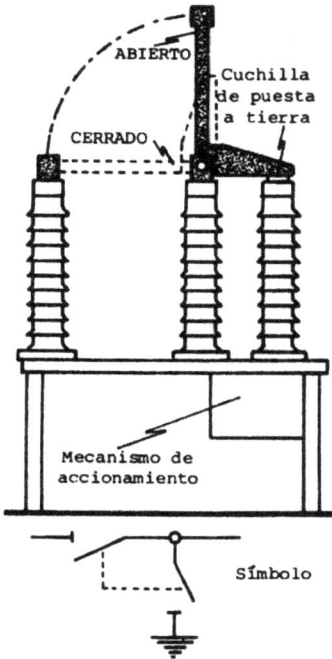

Figura N° 2.28 Seccionador de alta tensión

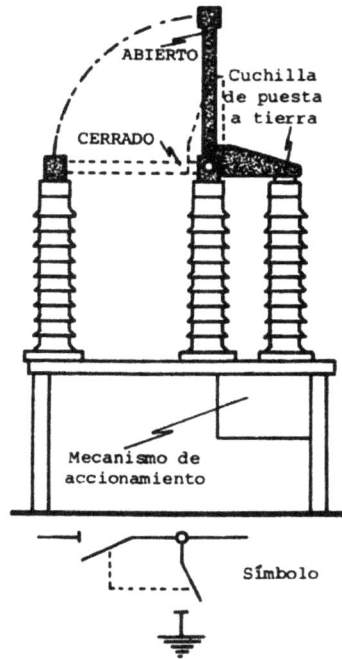

Figura N° 2.29 Seccionador con cuchilla de puesta a tierra para alta tensión

Pasemos ahora a tratar los seccionadores para tensiones altas. En la **Figura N° 2.28** muestra un seccionador a dos columnas y en la **Figura N° 2.29** un seccionador a dos columnas con cuchilla de puesta a tierra, que son muy fáciles de comprender viendo el dibujo. Estos últimos se usan muy frecuentemente a las salidas de líneas, para asegurarse que cuando está abierto el seccionador, la instalación está conectada a tierra y se puede trabajar con seguridad.

En **Figura N° 2.30** tenemos un seccionador a tres columnas en donde la central es giratoria y pone la cuchilla central transversal en posición de abierto, mientras que los anteriores alzan la cuchilla. En la **Figura N° 2.31** mostramos el seccionador a dos columnas rotativas, fácil de comprender mediante el dibujo. Estos tipos de seccionadores aquí citados son para instalación a la intemperie y su construcción se basa en columnas aislantes, generalmente, de porcelana. Por lo regular se montan sobre bastidores metálicos y basamento de cemento.

En las **Figuras N° 2.32** y **2.33** se ven dos modelos de seccionadores del tipo a pantógrafo. Son para intemperie, y el contacto fijo "cuelga" de

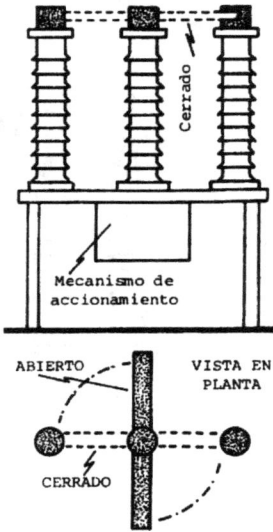

**Figura Nº 2.30 Seccionador rotativo
para alta tensión**

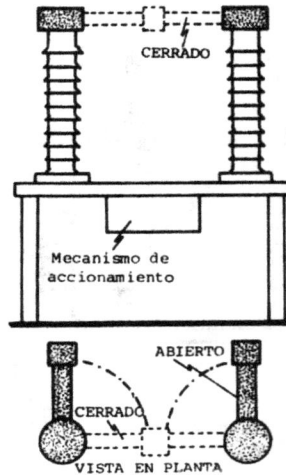

**Figura Nº 2.31 Seccionador rotativo para media
y alta tensión**

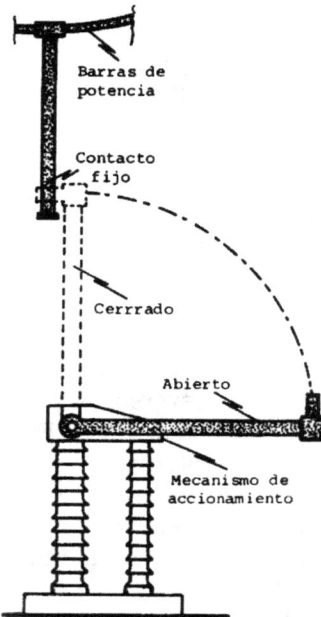

**Figura Nº 2.32 Seccionador semi pantógrafo
para alta tensión**

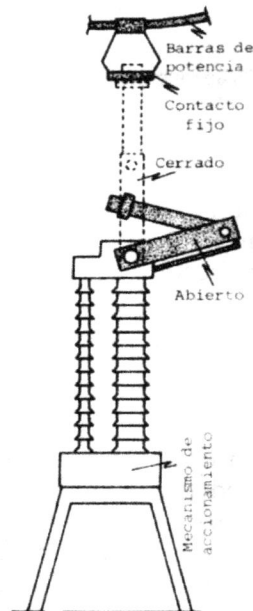

**Figura Nº 2.33 Seccionador pantógrafo
para alta tensión**

las mismas barras de potencia. Estos seccionadores economizan espacio en las estaciones de transformación.

2.03.07. FUSIBLES

El fusible es un elemento de protección, consistente en un tramo de hilo o cinta metálica conectado en serie con el circuito a proteger y en consecuencia, recorrido por la corriente del mismo. Su dimensionado hace que la corriente caliente a dicho hilo o cinta en forma tal que cause la fusión del mismo, a penas se supere el valor nominal de la corriente.

La fusión de esta válvula origina la interrupción o apertura del circuito a proteger. La fusión esta acompañada de varios fenómenos que determinan el proyecto del componente. Este tipo de protección se emplea en tensiones que no superan las de 30 a 40 kV como máximo. Son muy corrientes en circuitos de tensión baja.

Es interesante decir que la fusión del alambre o cinta, depende no solo del valor de la corriente que lo atraviesa, sino también del tiempo de actuación. Desde el punto de vista de su construcción, podemos decir que se clasifican en:

• *Fusibles a cartucho*: un cartucho aislante de porcelana contiene al hilo fusible. El conjunto se coloca en una base especial. El cartucho no es renovable, precisamente, para evitar que sea reparado, y está relleno de cuarzo o arena, para facilitar el apagado por falta de oxígeno. Se usan en circuitos domiciliarios e industriales de baja tensión.

• *Manijas fusibles extraíbles*: el elemento fusible se coloca en una pieza especial, que se enchufa a presión entre los contactos de una base. La lámina fusible es renovable, mediante repuestos normalizados.

• *Fusibles extraíbles en cuerpo de porcelana o aislante*: el elemento fusible está alojado en un cuerpo cilíndrico aislante, lleno de cuarzo o arena, que se sujeta por medio de pinzas a la base

• *Seccionadores fusibles*: es una combinación de un seccionador munido de fusible, cumpliendo las dos funciones.

En la ***Figura Nº 2.34*** mostramos un fusible extraíble en cuerpo de porcelana y en la ***Figura Nº 2.35*** vemos, a la izquierda la silueta del cuerpo aislante y dentro, el elemento fusible. Al centro y a la derecha otros tipos de elemento fusible. En la ***Figura Nº 2.36*** tenemos la manija extractora, en la que se coloca el cartucho fusible, para alojarlo en su base, o quitarlo, cuando hay que renovarlo.

En la ***Figura Nº 2.37*** de la página siguiente se muestra a un seccionador-fusible, que tiene las dos funciones, como es fácil apreciar por medio del croquis.

En la ***Figura Nº 2.38*** que le sigue, tenemos las curvas características de diversos fusibles. Se observa que se han empleado escalas loga-

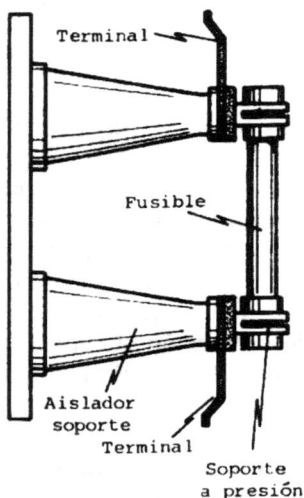

Figura N° 2.34 Fusible de media tensión

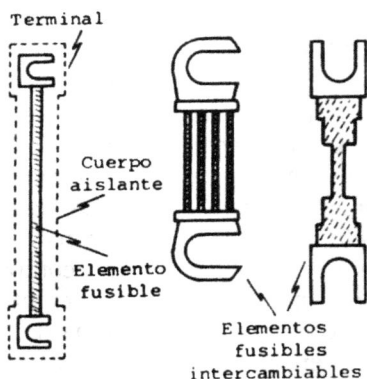

Figura N° 2.35 Fusible de baja tensión

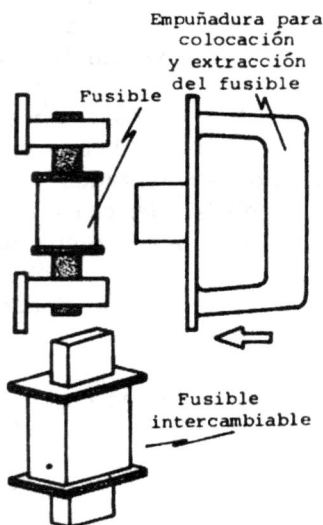

Figura N° 2.36 Fusible limitador para baja tensión

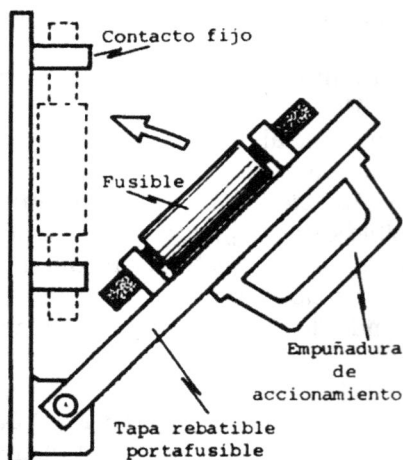

Figura N° 2.37 Seccionador fusible

rítmicas, para facilitar la representación. Estas curvas nos enseñan que el tiempo de fusión disminuye, cuando aumenta la corriente que pasa por el fusible. Este comportamiento es útil en muchos tipos de instalaciones, particularmente, motores.

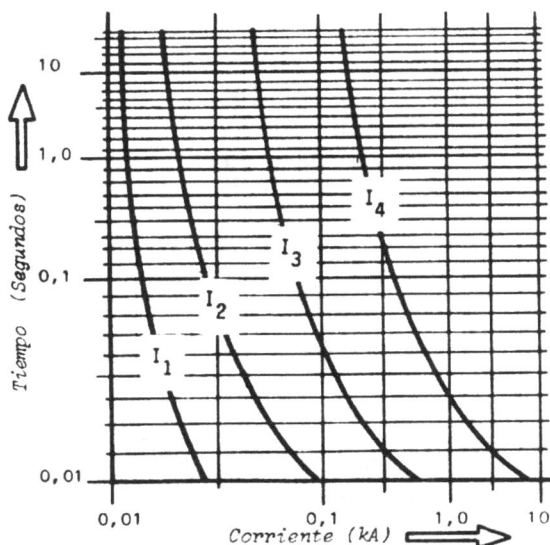

Figura N° 2.38 Curvas características de fusibles

2.04. MÉTODOS DE PROTECCIÓN

Las instalaciones de potencia están expuestas a contingencias que las comprometen e incluso, pueden constituir un riesgo para las personas. Por otra parte, un buen servicio eléctrico debe tener una continuidad ininterrumpida. Por lo tanto, toda instalación debe contar con aparatos que preventivamente estén dispuestos a sacar de servicio la parte averiada o que presenta riesgo.

Sobre la base de esto, podemos clasificar a los métodos de protección en preventivos o represivos. Los primeros constituyen las normas de buena fabricación y ensayo de todas las máquinas y equipos, destinadas a lograr una calidad optima, impidiendo por la naturaleza misma de ellos, que se produzcan situaciones anormales.

Los segundos deben intervenir, cuando se produce un fallo y deben sacar de servicio la parte de la instalación dañada o peligrosa. Las formas preventivas están íntimamente ligadas al buen proyecto y buena ejecución, mientras que las formas represivas son ingeniosos mecanismos que actúan evitando males mayores una vez producida la falla.

En general, las formas represivas actúan sobre los interruptores que cortan la alimentación y dejan sin tensión a sectores del sistema eléctrico. Nuestro propósito es tratar los métodos represivos, dado que los métodos preventivos están ligados al proyecto y dimensionado de los elementos.

Dentro de las protecciones que estudiaremos, aparecen dos conceptos iniciales que es menester afirmar.

Tiempo de intervención y la selectividad.

Lo primero es el lapso que transcurre desde que se inicia la falla hasta el momento en que la parte fallada queda sin servicio, mientras que lo segundo es el criterio para elegir el sector que ha de quedar fuera de servicio.

Ambos conceptos están ligados a la continuidad de servicio o como también se suele llamar, la calidad del servicio. El perfeccionamiento de las protecciones ha llegado a un alto grado de evolución, a tal punto que las redes atendidas por sistemas bien planeados, sufren escasas interrupciones se servicio.

En la *Figura Nº 2.39* hemos dibujado un imaginario sistema consistente en dos generadores, que alimentan una barra de baja tensión, dos transformadores, una barra de alta tensión y de éstas parten dos líneas alimentadoras. Incorporados a este sistema, existen varios interruptores que serán los encargados de sacar de servicio las partes o zonas afectadas por algún defecto. En la misma figura se han dibujado, mediante contornos, diversas áreas que encierran componentes. Esas áreas simbolizan las partes protegidas. Por ejemplo, el generador de la izquierda esta encerrado por una línea imaginaria que también comprende a un interruptor marcado con el número **1** los interruptores **2** y **3** son los de entrada y salida del transformador y el interruptor **4** comanda la línea de salida. Se puede notar en el dibujo que hay superficies que se superponen y esto involucra un concepto en materia de protecciones. Por ejemplo, el interruptor **6** y también el **5** son los que maniobran las respectivas barras y en caso de accionar, lo hacen no solo por un defecto en las mismas, sino también por un defecto en las partes adyacentes. El interruptor numero **2** se abrirá cuando ocurra una falla en la entrada del transformador y también, cuando ocurra una falla en las barras de baja tensión. Igualmente, el interruptor número **4** abrirá cuando se produzca una falla en la línea y también cuando ocurra algo en las barras de alta tensión. En muchos casos, la apertura del interruptor número **4** es seguida por la apertura del interruptor número **6**, pero después de un tiempo definido.

Las combinaciones de tiempos son importantes y responden a:
- la calidad del servicio
- la estabilidad del sistema, en su totalidad
- los daños de un cortocircuito, sea por acción térmica como mecánica
- la seguridad de las personas y cosas.

En términos generales, las protecciones afectan a:

- máquinas rotantes
- barras
- transformadores
- líneas de transmisión

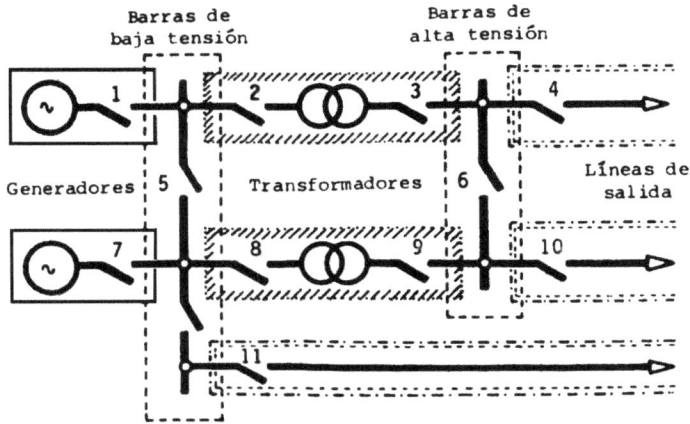

Figura N° 2.39 Sistema eléctrico

2.04.01. Relevadores (relés)

El elemento funcional de las protecciones es el relevador, también llamado relé. Hay muchos tipos de relevadores y su clasificación se puede hacer desde varios puntos de vista. Para introducirnos en el tema, ensayamos la siguiente definición:

Relevador: es un aparato que descubre y localiza una falla, bajo la influencia de una corriente que es consecuencia de la misma falla.

El relevador esta destinado a producir la apertura o maniobra de un interruptor, en general, por medio de un relevador secundario que actúa sobre los elementos de desenganche del interruptor mismo. Para formarnos una idea sobre la forma de trabajo de un relevador, veamos la ***Figura N° 2.40***, que representa la protección de una línea. Si la corriente en la misma sobrepasa un valor establecido como límite, el transformador de intensidad entrega a la bobina del relevador una corriente suficiente como para hacerlo actuar electro-magnéticamente. Se produce así el cierre del circuito auxiliar conectado a una fuente para ese fin, corriente que actúa sobre los mecanismos de disparo del interruptor, conforme sea su forma constructiva. Se observa entonces que un sistema de protección consta de:

- Sistema de protección

* relevador
* transformador de medida
* fuente auxiliar de energía

En protecciones complejas, intervienen más elementos. Por lo regular, los contactos del relé (relevador) no se fabrican como para soportar la corriente auxiliar de accionamiento del interruptor y por lo tanto, se hace necesario un relevador intermedio o relevador secundario.

La **Figura Nº 2.41** presenta el circuito de esta solución. El transformador de intensidad (que puede ser uno por fase u otras combinaciones) alimenta al sistema de actuación del relevador. Cuando éste cierra sus contactos, se establece una corriente auxiliar que acciona la bobina del relevador intermedio, el que a su vez, cierra dos pares de contactos. Uno de ellos conecta una lámpara de señales (alarma óptica) y también una alarma acústica. El otro par de contactos se encarga de accionar el electroimán del mecanismo de disparo del interruptor. El símbolo **I >** indica en el relevador de protección, que éste actúa cuando la corriente toma un valor I o superior. El pequeño dibujo inferior señala que dicha acción se ha de producir con retardo, a tiempo inverso ⊢⟍⊢ . Este simbolismo es el de las normas IEC ya citadas en el Capítulo Nº 1. Por lo tanto, los símbolos están indicando que se trata de un relevador de máxima intensidad a tiempo inverso. En muchos circuitos de protección, los relevadores funcionan alimentados por tensiones continuas en vez de alternas, debido a su carácter de electrónicos. Para ello, es menester dotar al circuito de adecuados transductores, por lo regular, convertidores de alterna a continua. Los relevadores se pueden clasificar en la forma que sigue.

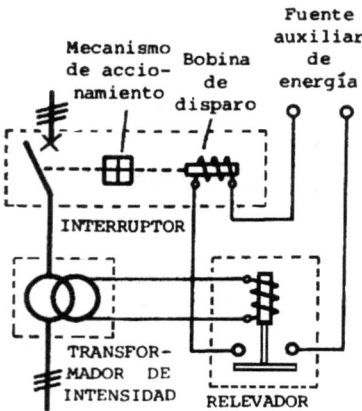

Figura Nº 2.40 Protección de una línea de media tensión

* **Relevadores de medida.** Con actuación por valores máximos y mínimos: primarios y secundarios.
* **Relevadores todo o nada (on - off).** Auxiliares y de señalización.
* **Relevadores que responden a variables físicas.** Temperatura, presión, caudal, potencia, etc.

Es necesario señalar que los relevadores pueden tener una actuación instantánea o temporizada.

Los relevadores reciben información eléctrica (señal eléctrica) o tam-

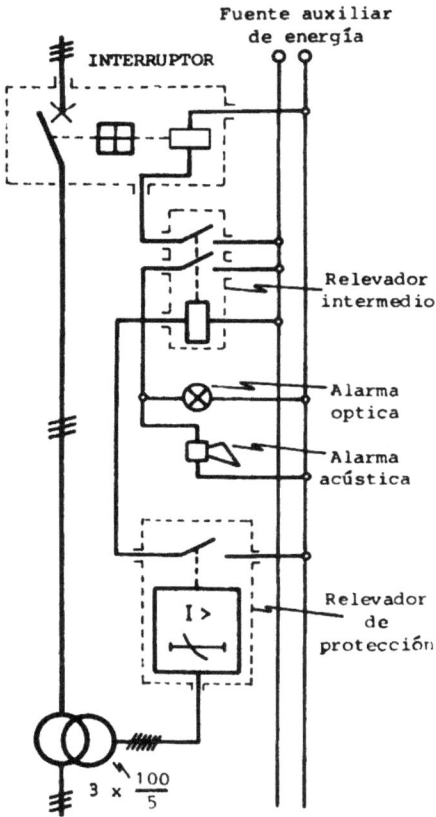

Figura Nº 2.41 Circuito de la protección de la figura Nº 2.40

bién de otro carácter para actuar o enviar una orden de acción. Las magnitudes que hacen actuar a los relevadores pueden clasificarse del siguiente modo:

- **Eléctricas:** corriente, tensión, frecuencia, impedancia, potencia activa y potencia reactiva.
- **No eléctricas:** temperatura, presión de fluidos, velocidad, caudal, presión diferencia, etc.

Los relevadores se encargan de abrir o cerrar contactos, por lo que otra forma de clasificarlos es relevadores normalmente abiertos y relevadores normalmente cerrados, tal como se aprecia en ***Figura Nº 2.42***, parte superior. Estos contactos son de muy delicada construcción y así se comprende que no puedan dimensionarse para soportar corrientes elevadas. Por otra parte, deben ser fácilmente reemplazables. Los contactos se sujetan a láminas flexibles y son de metales inoxidables, con punto de fusión elevado, como el tungsteno o las aleaciones de plata.

En los relevadores electrónicos, no se produce en verdad el cierre de los contactos en el sentido estricto de la palabra, sino que los circuitos actúan en forma de compuerta, dejando pasar la corriente o no, según la excitación que reciban del elemento de control. Pero la "funcionalidad" de los contactos mecánicos, o electrónicos, es la misma.

Los relevadores electrónicos requieren, por lo regular, un amplificador adicional para su funcionamiento, además de un convertidor de alimentación. Esto se verá más adelante. Por lo tanto, los relevadores pueden clasificarse en:

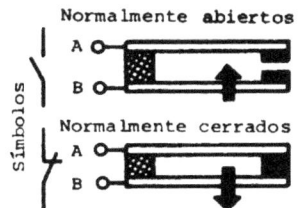

Figura Nº 2.42 Contactos

- electromagnéticos
- electrodinámicos
- inducción
- térmicos
- electrónicos

En la **Figura Nº 2.43** se puede apreciar la disposición de los relevadores electromagnéticos. La corriente en la bobina excitadora produce un campo en el circuito magnético y las fuerzas accionan las armaduras móviles. Estas armaduras producen el cierre de los contactos o la apertura según sea el modelo. Los símbolos agregados en **Figuras Nº 2.42** y **2.43** son los de las normas IEC. Pero es posible encontrar relés que actúan por acción combinada de tensión y corriente o de dos corrientes, que son los llamados relés vatimétricos, en contraposición con los anteriores, que son relés amperimétricos o relés voltimétricos. Se corresponden con el esquema de **Figura Nº 2.44** la pieza móvil es basculante y se excita por medio de una bobina que la abraza y que recibe corriente. La pieza basculante actúa en un entrehierro de forma particular que está bajo la acción de otra bobina, cuya excitación depende de la tensión. Según sea la fase y los valores de la corriente en los terminales bi_1 y bi_2, la pieza oscilante se desvía hacia uno u otro lado, cerrando o no los contactos. Este relevador tiene propiedades detectoras de potencia activa y también propiedades direccionales en cuánto al sentido de circulación de la energía. Los relevadores electrodinámicos funcionan bajo el mismo principio de los instrumentos electrodinámicos. Su funcionamiento es similar al caso anterior.

En la **Figura Nº 2.45** vemos un relevador a inducción, que funciona bajo el mismo principio que los contadores a inducción. Al aplicar una tensión (o corriente) a la bobina de acción se forma una cupla que hace girar el disco y se cierran los contactos, por lo regular, un tiempo después de aplicada la tensión (o corriente). La acción del relevador se produce con retardo.

Tomemos la **Figura Nº 2.46** para estudiar al relevador térmico, en que se aprecian dos modelos. En el de la izquierda, la corriente pasa por los contactos t_1 y t_2, atravesando una lámina bimetal, que es soldadura o unión perfecta de dos chapitas de metales de diferente punto de dilatación. La corriente a controlar pasa por el bimetal y por efecto Joule, lo calienta y lo deforma. Ese movimiento ocasiona el cierre de los contactos c_1 y c_2 en el segundo modelo de la derecha, la corriente a controlar pasa por un resistor que por efecto Joule calienta al bimetal, lo deforma y acciona los contactos de cierre.

Debido a su continuo desarrollo, trataremos ahora a los relevadores electrónicos de estado sólido en algunos de sus modelos básicos. Se trata de una tecnología en rápida evolución de tal manera que solo trataremos circuitos fundamentales, en base a los cuales, se han desarrollado muchos otros.

En la ***Figura Nº 2.47*** vemos el circuito de un divisor de tensión con estabilizador mediante diodo zener. En esta obra admitiremos conocer la

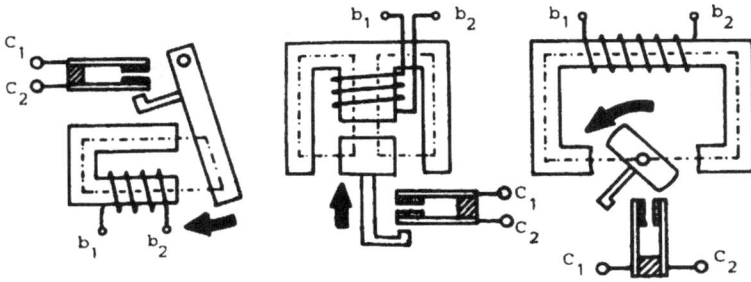

Figura Nº 2.43 Relevadores electromagnéticos

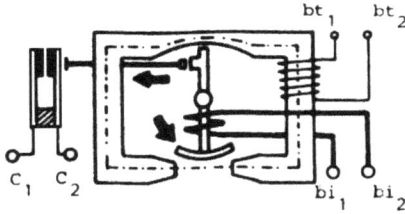

Figura Nº 2.44 Relevador basculante

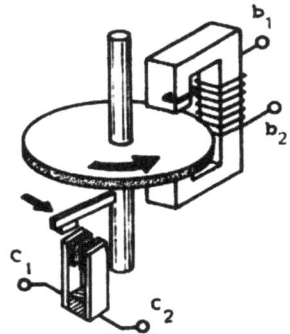

Figura Nº 2.45 Relevador a inducción

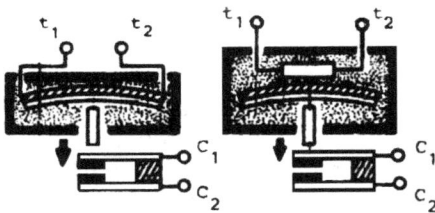

Figura Nº 2.46 Relevador térmico

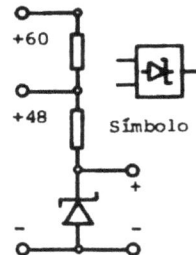

Figura Nº 2.47 Circuito divisor de tensiones

función de los componentes, para interpretar la funcionalidad del circuito. Los relevadores de estado sólido funcionan –en su gran mayoría– alimentado por corriente continua. Si la acción proviene de una señal alterna, deberá intercalarse un conversor alterna-continua, de símbolo ~/=.

En **Figura N° 2.47**, entrando con una tensión continua (60 o 48) V, tenemos una salida estabilizada de 24 V siendo el consumo, para 48 V de 3,5 W y de 4,6 W para 60 V.

En la **Figura N° 2.48** tenemos un aparato conversor de alterna a continua, en el que, la tensión de entrada ingresa a un transformador que la adapta para aplicarla a un rectificador a puente. Un condensador actúa como filtro de armónicas, a la salida. La tensión alterna de entrada depende de modelo elegido, habiendo entre 24 y 500 V eficaces. Toman de la red aproximadamente de 10 a 30 VA. La tensión de salida es del orden de 24 V el relevador transistorizado auxiliar que podemos considerar como básico, responde al esquema de principio de la **Figura N° 2.49**. El circuito de entrada trabaja con tensiones del orden de 10 a 30 V, con un consumo del orden 2 W, mientras que los contactos de trabajo toleran corrientes alternas o continuas del orden de los 5 A. Bajo tensiones que pueden llegar hasta 500 V en alterna. Desde el punto de vista electrónico se trata de un amplificador, y mediante un transformador de entrada, se pueden aplicar tensiones diversas.

También es común el relevador transistorizado temporizado, que responde el esquema de principio de **Figura N° 2.50**. La regulación del tiempo se logra por ajustes de la resistencia **R** de un circuito **R-C** que actúa por medio de su constante de tiempo. Los márgenes de ajuste son variados en los modelos comerciales., pudiendo encontrar los que pueden ajustarse entre 0,5 y 1,5 segundo como límite inferior y hasta 60 segundo como máximo, con una tolerancia de ± 2 %.

Debe observarse que, tanto en **Figura N° 2.49** como **2.50** se muestra –abajo– el esquema simbólico, que ilustra sobre la funcionalidad del conjunto, en lo que corrientemente se denomina, esquema de bloques, ya que cada cuadro indica simbólicamente, la función que cumple el bloque, sin que sea trascendente como es el circuito interiormente, desde el punto de vista circuital o electrónico. Para mostrar el criterio, en la **Figura N° 2.51** presentamos un esquema de bloques para un relevador de tensión, compuesto por: transformador de entrada; rectificador; estabilizador; regulador; amplificador y relevador de salida. En base a estos criterios, se encuentran en la actualidad una gran variedad de relevadores, para la mayor parte de los usos corrientes. Sin embargo, debido a que los relevadores antiguos están instalados en cantidades muy grandes y funcionan corrientemente, siendo previsible una larga vida útil, es conveniente todavía conocerlos bien. Para finalizar esta somera visión de los relevadores transistorizados, veamos la ***Figura Nº 2.52*** que nos muestra por medio de un diagrama de bloques, una protección de máxima corriente para circuitos trifásicos.

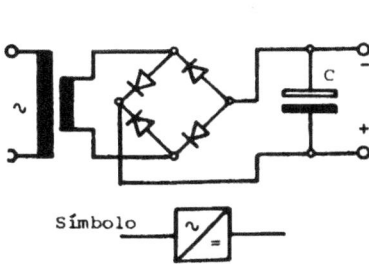

Figura Nº 2.48 Conversor ca-cc

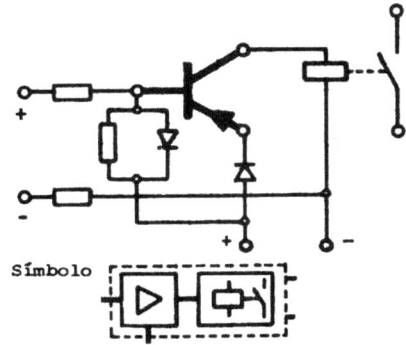

Figura Nº 2.49 Relevador auxiliar

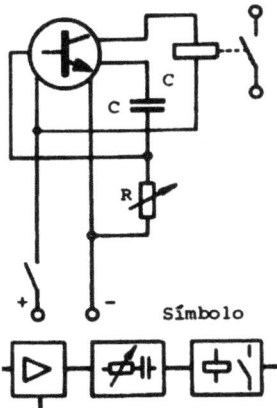

Figura Nº 2.50 Relevador temporizado

Conviene –a esta altura del relato– hacer ver al estudiante que las protecciones mediante relevadores, han pasado por varias etapas:

• relevadores electromagnéticos, electromecánicos o térmicos
• relevadores de estado sólido
• relevadores asociados a ordenadores (computadoras)
• relevadores que accionan por sistemas de técnica numérica.

Los relevadores –y conjuntos de relevadores– de estado sólido han agregado rapidez, sensibilidad y selectividad, factores que reunidos en un proyecto, otorgan a la instalación de alta potencia, seguridad de servicio. Hacia el comienzo de los años 80 se inicia el empleo del microprocesador asociados a las protecciones. La protección se torna exacta y selectiva como para proteger líneas y otros componentes. La computadora permite leer directamente en un visualizador (pantalla) la información necesaria, haciendo los tiempos más cortos, mediante un rápido análisis de la perturbación. La computadora permite también introducir parámetros estadísticos en la coordinación de aislamiento y determinar mejor la naturaleza de una falla. Actualmente, los

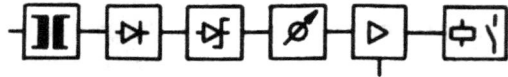

Figura Nº 2.51 Esquema en bloques de un relevador de tensión

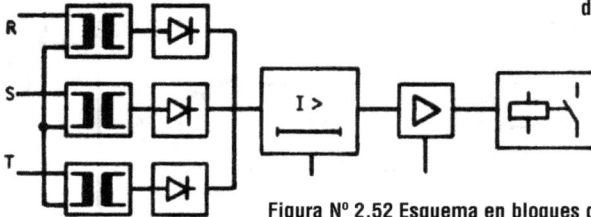

Figura Nº 2.52 Esquema en bloques de una proteccion de máxima corriente

relevadores de estado sólido han hecho común la electrónica analógica y ahora están permitiendo la introducción de la lógica digital. Sistemas modernos permiten en contados milisegundos, determinar si es necesario desconectar o no una estación transformadora o simplemente uno de sus transformadores.

Al momento de escribir estas líneas, la microelectrónica y la optrónica se estudian para su aplicación inmediata. Pero no obstante, debe señalarse que la aparición del microprocesador en combinación con las protecciones, no implica que el ingeniero de la energía eléctrica deba –necesariamente– penetrar en su tecnología. Por una parte, se trata de una verdadera especialidad destinada a los que la siguen y por otra parte, se penetra en la diagramación y programación de una computadora, para que actuando bajo ciertos estímulos, haga determinadas operaciones y comparaciones con datos de su propia memoria y luego tome resoluciones, que finalmente serán señales que irán a relevadores como los que hemos visto. Pero este conjunto de maniobras, no significan otra cosa que un programa de computación, en donde la salida (output) actúa como señales sobre relevadores, los que deben estar preparados para admitir la técnica de impulsos (digital).

Siendo el tiempo de actuación un factor importante, podemos hacer la siguiente clasificación:

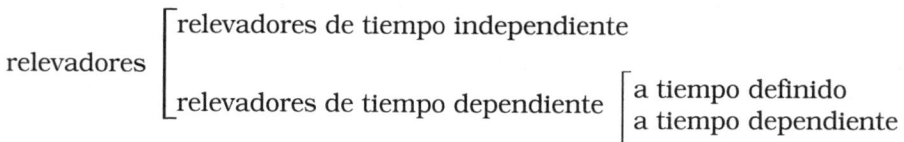

relevadores $\begin{cases} \text{relevadores de tiempo independiente} \\ \text{relevadores de tiempo dependiente} \begin{cases} \text{a tiempo definido} \\ \text{a tiempo dependiente} \end{cases} \end{cases}$

La temporización o retardo puede ser de diversa naturaleza y se logra con mecanismos como los de **Figura Nº 2.45** o los de **Figura Nº 2.50** hay también otros modelos que actúan por acción de resortes o mecanismos de tipo neumático, hoy ya superados.

En **Figura Nº 2.53** vemos la curva de un relevador de tiempo dependiente o tiempo inverso. Este particular accionar ha dado lugar a los relevadores de imagen térmica. Se adaptan a la curva de sobrecarga de una máquina o componente.

La curva del relevador "se adapta" a la curva del aparato a proteger. Esta combinación de relevador y curva de sobrecarga del aparato al que se debe cuidar hace que el relevador actúe antes de alcanzar las condiciones límites.

Otra forma de relevador interesante es la que responde al dibujo de la **Figura Nº 2.55**. Se trata de la combinación de varios relevadores a tiempo independiente, formando un relevador a tiempo dependiente, a escalones definidos. En la ilustración se trata a tres relevadores instantáneos, con bobinas de acción B_1, B_2 y B_3 en serie, calibradas para que actúen a valores crecientes I_1, I_2 y I_3. la bobina **B** es la que actúa finalmente sobre el interruptor y lo hace abrir. Cuando la corriente alcanza el valor I_1 pone en marcha un pequeño motor que a velocidad constante, acciona un contacto que va cerrando sucesivamente C_1, C_2 y C_3. Si la corriente es menor que I_2 y por lo tanto que I_3, el motor deberá ejecutar la carrera completa antes de poder accionar la bobina B. Se deduce que con corrientes mayores, la acción se produce antes.

Es muy común en las instalaciones el relevador de distancia o de impedancia, que responde el esquema de la **Figura Nº 2.56**. El aparato recibe información de la corriente y de la tensión a la salida de una línea. Si aparece una falla en la línea, la corriente aumenta y la tensión disminuye, valores que dependen de la distancia a que ocurre la avería. Esto origina una acción desigual a las dos bobinas que actúan sobre la pieza móvil, cerrando los contactos. En la **Figura Nº 2.57** vemos una forma de empleo. A lo largo de la línea se instalan varios, por lo regular, cercanos a barras o puntos importantes. Si ocurre la falla en el lugar marcado, el relevador instalado en el punto **C** actúa en el tiempo t_2. para el caso de que ese relevador no actúe, operará el del punto **B** en el tiempo mayor t_3. Esos tipos de relés han sufrido mejoras y son confiables.

Pasemos ahora a estudiar los relevadores diferenciales, en base a la **Figura Nº 2.58** que representa un esquema de principio, aplicable a diferentes elementos. En ese dibujo el llamado elemento a proteger puede ser el bobinado de un alternador, el bobinado de un transformador, una línea, etc. la corriente a la "entrada" del componente la llamamos I_e y a la salida I_s. Si ese componente funciona correctamente, se debe cumplir que:

$$I_e = I_s \qquad (2.14)$$

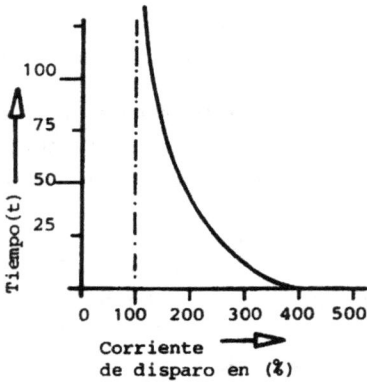

Figura N° 2.53 Curvas de un relevador de tiempo inverso

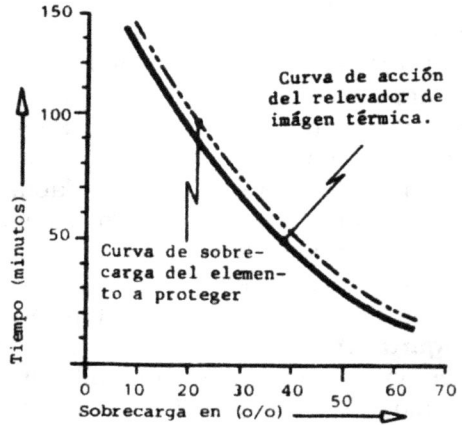

Figura N° 2.54 Curvas de sobrecarga de una máquina

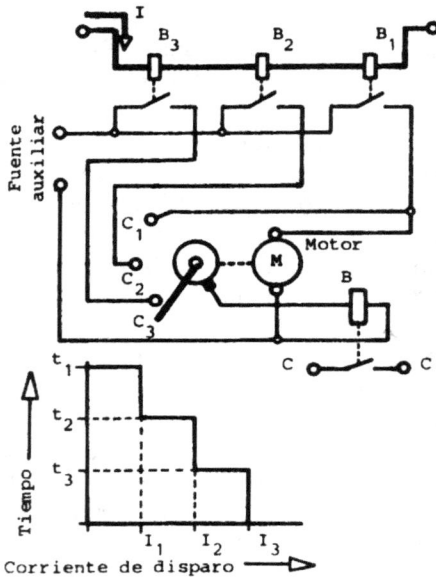

Figura N° 2.55 Relevador a tiempo independiente

Pero si el componente es afectado por una falla que origina una fuga de corriente que llamaremos con I_f, la anterior se transforma en:

$$I_e + I_f = I_s \qquad (2.15)$$

Como consecuencia de esto, las corrientes suministradas por los transformadores de corriente marcados con **TI** y que deben ser exactamente iguales, no producirán en el circuito secundario las mismas corrientes. Dichos en otras palabras, si se cumple exactamente que $I_e = I_s$ los circuitos secundarios de los **TI** están en oposición y no existe corriente posible en ese circuito. Pero si se cumple la (2.15) porque hay una falla, el circuito secundario se comporta como un puente

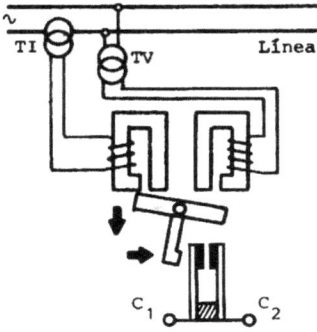

Figura N° 2.56 Relevador de distancia o de impedancia

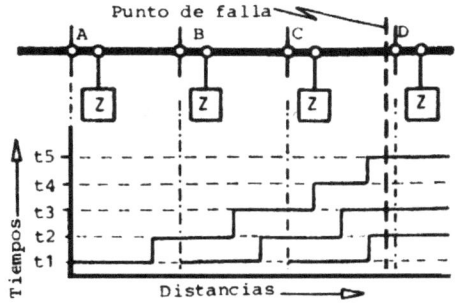

Figura N° 2.57 Actuación de un relevador de impedancia

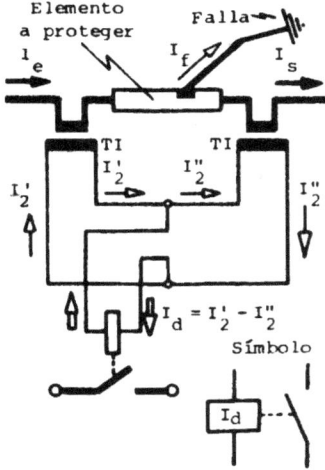

Figura N° 2.58 Relevador diferencial

desequilibrado y aparece una corriente I_d llamada corriente diferencial, que acciona el circuito de disparo del interruptor o las alarmas. El defecto **If** es corriente que sea una falla de aislamiento de los bobinados. En el caso de un transformador, como la corriente de entrada difiere de la de salida por relación de transformación, es suficiente tomar adecuados transformadores de medida, para cumplir la protección diferencial.

La ***Figura N° 2.59*** muestra la forma común de proteger un alternador de poca potencia. Los símbolos abajo a la izquierda, son suficientemente explicativos. El esquema funcional inferior derecho, es la forma simplificada de señalar los planos. Conviene estudiar la representación multifilar y verificarla con una unifilar. Las protecciones son: máxima corriente instantánea; máxima corriente a tiempo retardado; diferencial y mínima tensión. Cualquiera de las cuatro actúa sobre el relevador diferencial, el que acciona sobre el interruptor, desconectándolo. Al mismo tiempo, retira la excitación, por medio de otro circuito de mando.

El sistema de protecciones requiere de una fuente auxiliar, por lo regular, de corriente continua. La ***Figura N° 2.60*** es, en verdad, una continuación de la anterior, ya que muestra como actúa una falla en el circuito

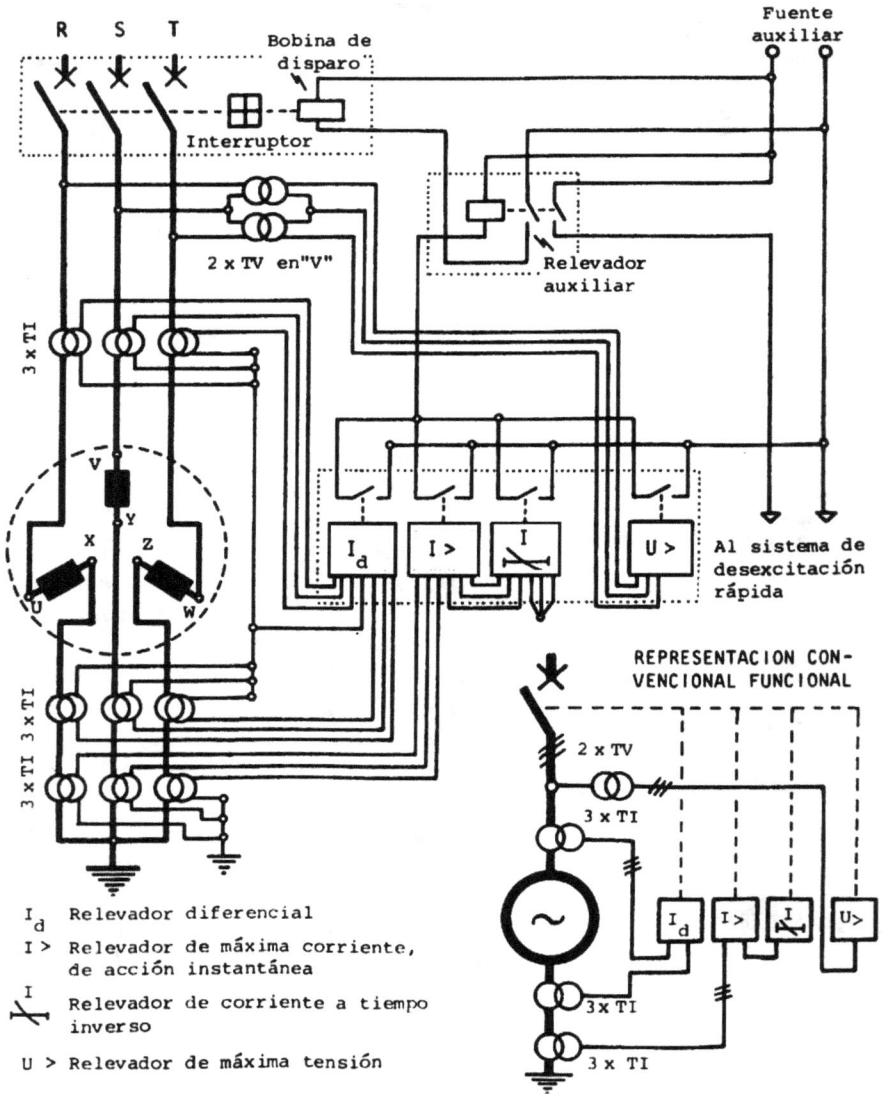

Figura N° 2.59 Aplicación de los relevadores

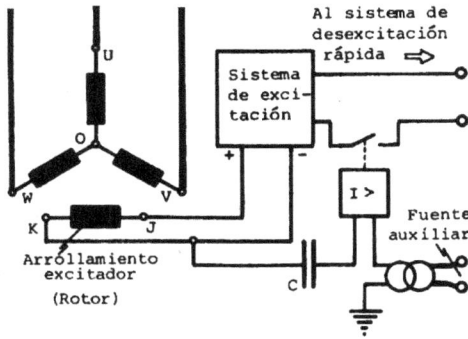

Figura Nº 2.60 Protección de una máquina

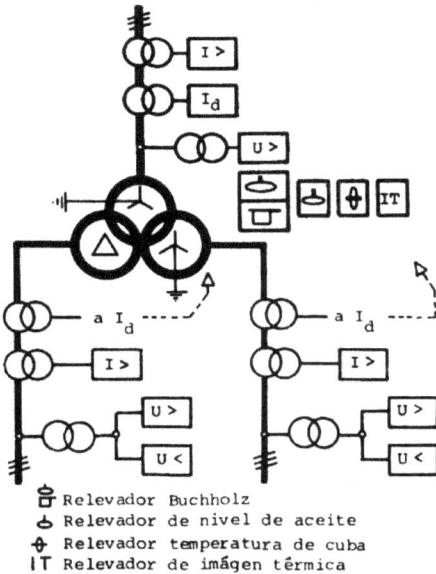

☐ Relevador Buchholz
☐ Relevador de nivel de aceite
☐ Relevador temperatura de cuba
IT Relevador de imágen térmica

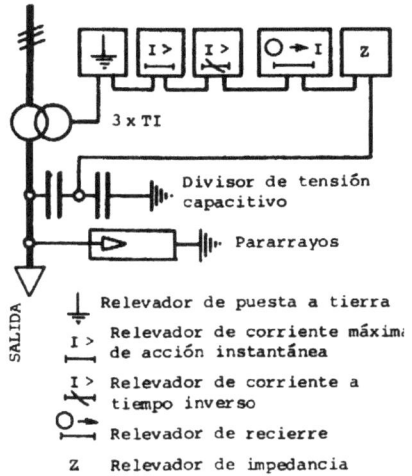

Divisor de tensión capacitivo

Pararrayos

Relevador de puesta a tierra

$I >$ Relevador de corriente máxima de acción instantánea

$I >$ Relevador de corriente a tiempo inverso

Relevador de recierre

Z Relevador de impedancia

Figura Nº 2.61 Proteccion de un transformador de tres arrollamientos

Figura Nº 2.62 Protección típica de una línea de salida de media tensión

del rotor. En alternadores más importantes, se emplean más protecciones, que no detallamos aquí. En la ***Figura Nº 2.61***, en base al esquema unifilar, mostramos las protecciones más corrientes de un transformador de tres arrollamientos. El relevador Buchholz es un dispositivo que protege al transformador de anormalidades en su interior con su cuba con aceite.

La falta de nivel de aceite y su temperatura, también tienen su relevador de protección, además del diferencial, máxima corriente, mínima y máxima tensión. Los símbolos pertenecen a las normas IEC.

En la **Figura Nº 2.62** tenemos las protecciones corrientes de una salida de alta tensión. Se puede observar que los relevadores reciben alimentación de los transformadores de intensidad **TI**, mientras que el relevador de impedancia, recibe también del divisor de tensión, por lo estudiado anteriormente. Sobre el pararrayos, se verá mas adelante. Queda por explicar el relevador de recierre. Este aparato tiene por misión efectuar la operación de volver a cerrar el interruptor, cuando éste ha abierto, ya que en las líneas pueden ocurrir fallas transitorias.

Estas ocasionan la apertura del interruptor, pero se puede volver a cerrarlo, dado que la falla puede haberse disipado. Los relevadores de este tipo, en verdad, "prueban" más de una vez, haciendo la operación de apertura y cierre, según un ciclo establecido y normalizado.

2.04.02. PROTECCIÓN CONTRA SOBRETENSIONES TRANSITORIAS

Es conocido que las líneas de transmisión de alta tensión, cuentan con el llamado hilo de guardia, que no es otra cosa que un pararrayos continuo. Cuando se produce una descarga atmosférica, la corriente producida encuentra primero a este conductor, evitando que el rayo caiga sobre los conductores activos de la línea.

La **Figura Nº 2.63** indica en forma aproximada, la distribución de la corriente descarga, en las torres próximas a la más afectada. En la **Figura Nº 2.64** mostramos una torre de alta tensión metálica, en la que se aprecia que los hilos de guardia forman una virtual "carpa", dentro de la cual quedan contenidos los conductores de las tres fases. Esto surge de adecuados estudios de campos eléctricos. Para que esta protección sea efectiva, debe estar conectada a tierra, como se ve en esa misma **Figura Nº 2.64**. La puesta a tierra de torres de transmisión de energía y de estructuras de estaciones de transformación es una verdadera especialidad y en la **Figura Nº 2.65** mostramos un detalle de la forma de poner a tierra una estructura metálica, en la parte derecha y en la parte izquierda del dibujo, una red de puesta a tierra para una estación transformadora, con su edificio y demás áreas. La puesta a tierra se hace con jabalinas o picas, que son electrodos enterrados en el piso mediante una adecuada tecnología que asegura un perfecto contacto. Las soldaduras y empalmes, se hacen por medio de materiales especiales para estos fines.

Para ser algo más explícitos, clasifiquemos a las sobre-tensiones que se producen en las redes en la siguiente forma:

• **Sobre-tensiones permanentes de baja frecuencia:** se producen debido a desequilibrios en las carga de una red que ocasionan una irregular distribución en las caídas de tensión.

- **Sobre-tensiones transitorias de alta frecuencia:** debido al establecimiento o corte de la corriente en un circuito que contiene autoinducciones, capacidades y resistencias.

- **Sobre-tensiones transitorias unidireccionales:** se producen a consecuencias de las descargas atmosféricas que caen sobre la instalación y se propagan.

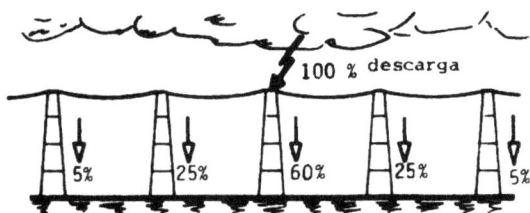

Figura Nº 2.63 Distribución de las corrientes de descarga

Las sobre-tensiones del primer tipo son causadas en situaciones anómalas de la red, tales como cortocircuitos. La salida de servicio de una fase –por ejemplo– deja a las restantes en condiciones que pueden ser asimétricas y por lo tanto, con tensiones diferentes a las normales. Este tipo de falla puede provocar sobre-tensiones de frecuencia igual a la de la red o también, de una frecuencia que se corresponda con la oscilación propia del circuito. También las sobre-tensiones pueden ser entre fases o entre una fase y tierra, por lo que dependen de si la instalación está con el neutro colocado a tierra directamente, o por medio de una reactancia o el neutro está aislado. No corresponde a los fines de este texto estudiar esto.

Las sobre-tensiones del segundo tipo ocurren cuando se interrumpen o conectan circuitos en forma subita. Se trata de un transitorio. Para su estudio, se considera que los componentes y líneas tienen sus constantes concentradas, para simplificar. Por aplicación adecuadas ecuaciones integro-diferenciales, es posible encontrar las condiciones en que ocurren estos fenómenos.

Las sobre-tensiones del tercer tipo aparecen cuando una perturbación de origen atmosférico afecta una línea o parte de instalación. Se

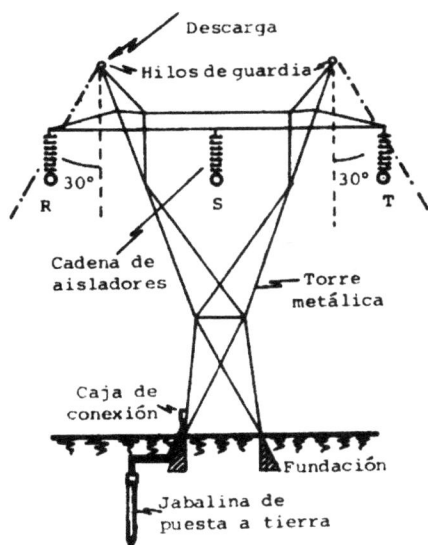

Figura Nº 2.64 Torre metálica de alta tensión

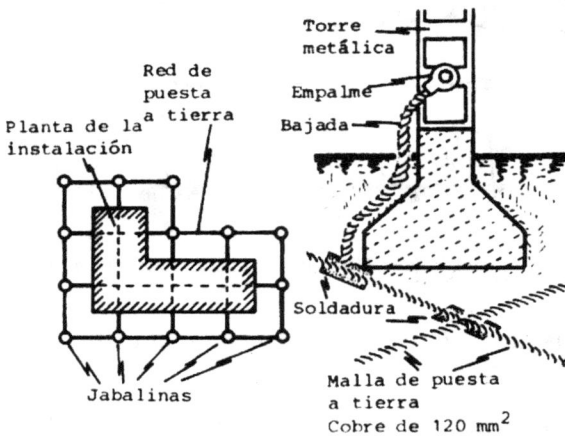

Figura Nº 2.65 Puesta a tierra de una torre metálica

trata de un impulso de tensión unidireccional, como se muestra en el gráfico de la *Figura Nº 2.66*. Se ve que se trata de fenómenos de corta duración y elevada tensión. Los tres tipos de sobre-tensión podríamos resumirlos como se muestra en la Tabla **Nº 2.06**

La onda de una tensión de impulso –que es la forma más gravosa de solicitación– lo vemos en la *Figura Nº 2.66*, pero es necesario advertir que, por su importancia, se ha normalizado y es posible reproducirla en laboratorio, como e indica en esa misma figura. Como hemos dicho, la forma de proteger a las instalaciones es por medio de los hilos de guardia y una efectiva puesta a tierra.

Los fenómenos relatados han desarrollado una técnica que se denomina coordinacion de aislamiento y que consiste en una serie de medidas preventivas para evitar que se produzcan descaras disruptivas o superficiales en los componentes de una instalación de potencia, como consecuencia de sobre-tensiones.

TABLA Nº 2.06
TIPOS DE SOBRETENSIONES

SOBRETENSIONES DEBIDO A:		
DESEQUILIBRIOS	**MANIOBRAS**	**DESCARGAS**
1,2 x Tensión nominal	2 x Tensión nominal	Altos valores de impulso
Segundos - minutos	Medio período a frecuencia nominal	Microsegundos (10-6 s)

Para esto último, conviene distinguir a los aislamientos de dos tipos:
• **Aislamientos internos:** son las independientes de las condiciones atmosféricas. Son los aislamientos de las máquinas y equipos.

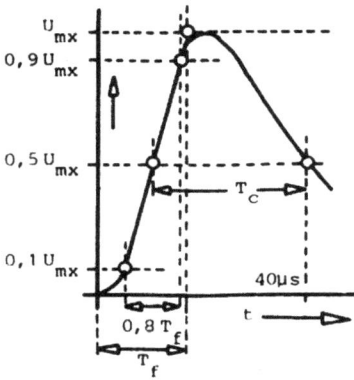

Figura Nº 2.66 Impulso de tensión unidireccional

• **Aislamientos externos:** son los que dependen de las condiciones atmosféricas, como presión, temperatura, humedad y los elementos expuestos a la intemperie. Se ven afectados por factores como las lluvias y la contaminación. Son: las cadenas de aisladores, aisladores terminales de transformadores y otros.

La citada coordinación de aislamiento es la adecuada combinación de las características de operación de los elementos de protección –como por ejemplo, los pararrayos con las cualidades– de los diversos aislamientos. Estas cualidades son, por lo regular, curvas tensión tiempo, que no trataremos aquí.

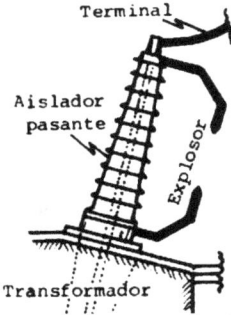

Figura Nº 2.67 Descargador a cuernos

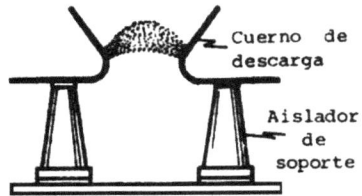

Figura Nº 2.68 Otro tipo de descargador a cuernos

Con relación a las tensiones normalizadas, debemos decir que es necesario distinguir dos valores muy corrientes.

• **Tensión nominal (Un):** es el valor eficaz de la tensión entre fase y fase para la cual se proyecta, construye y se prueba un componente del sistema.

• **Tensión máxima (Um):** es el valor máximo a que puede operar un componente, correspondiente al valor eficaz de la tensión más elevada entre fase y fase que puede soportar permanentemente en condiciones normales de servicio.

La Tabla Nº 2.07 muestra los valores característicos de estos parámetros.

TABLA N° 2.07
TENSIONES NOMINALES Y MÁXIMAS

TENSIÓN NOMINAL [kV]	13,8	33	66	132	220	380	500	700
TENSIÓN MÁXIMA [kV]	15	34.5	72.5	145	245	420	525	765

Los elementos de protección mas característicos son los pararrayos o como se los puede llamar también, apartarrayos. Son dispositivos que permiten descargas hacia tierra las cargas eléctricas asociadas a las sobre tensiones producidas por descargas atmosféricas, ya que éstas son las comprometedoras. Existen pararrayos que actúan sobre interruptores, pero la mayoría, son caminos de baja resistencia para la corriente, cuando la tensión aplicada sobrepasa ciertos límites. El tipo mas sencillo es el descargador de cuernos que vemos aplicado a la entrada de un terminal de transformador, la distancia entre puntas permite un salto de chispas en el aire, desviando a tierra, la perturbación peligrosa. En la *Figura Nº 2.67* vemos este aparato.

La Tabla Nº 2.08 muestra valores relacionados con estos conceptos.

TABLA N° 2.08
TENSIONES DE ENSAYOS

TTENSIÓN MÁXIMA DE LA RED [kVeficaces]	TENSIÓN LÍMITE A LA ONDA DE IMPULSO [kVmáximos]	TENSIÓN LÍMITE A FRECUENCIA INDUSTRIAL [kVeficaces]
145	550	230
245	900	395
525	1675	740

En la *Figura Nº 2.68* mostramos otro tipo que permite el salto de chispa entre dos cuernos, que hacen que el arco suba y se alargue, con lo que se provoca su extinción. Pero estos aparatos se emplean en tensiones bajas. Para tensiones altas se emplean los pararrayos auto valvulares, que responden a la idea de *Figura Nº 2.69a*, siendo su circuito equivalente el que se muestra en la *Figura Nº 2.69b*. Están compuestos por una serie de explosores en serie con una cantidad de discos fabricados con una cerámica a base de carburo de silicio. Estos discos se comportan como una resistencia variable muy particular. A tensiones bajas presentan alta resistencia y con altas tensiones son un paso fácil a

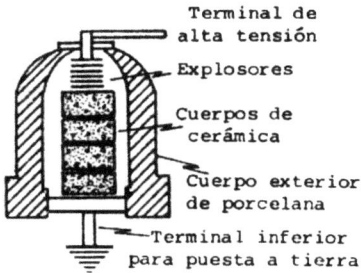

Figura N° 2.69a Pararrayo auto valvular

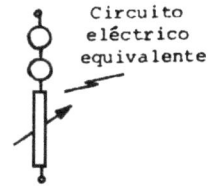

Figura N° 2.69b Circuito eléctrico equivalente

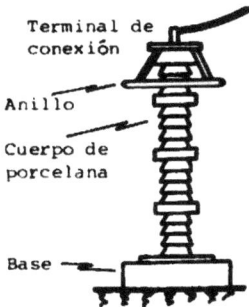

Figura N° 2.70 Descargador de alta tensión

la corriente. Una envuelta en porcelana forma el conjunto. En los modelos de muy altas tensiones, como se ve en la *Figura N° 2.70*, en la parte superior existe un anillo que permite una repartición uniforme de los potenciales, lo que facilita mejores condiciones de funcionamiento.

Las conexiones de los pararrayos permiten ver que un terminal se conecta a la red, mientras que el otro se dirige a tierra. Esto nos hace ver, por lo regular, las instalaciones de alta tensión van con el neutro rígidamente puesto a tierra, ya que ellos facilita las protecciones, facilitando la distribución de potenciales y disminuyendo las sobre tensiones posibles. Los pararrayos se deben colocar lo más cerca posible de los elementos a proteger y los mismos fabricantes indican las mejores soluciones para sus productos.

2.05. TABLEROS Y PUPITRES

Si bien los tableros y pupitres no pueden ser clasificados en una forma sistemática o terminante, dado que cada instalación presenta particularidades y los proyectistas deben adoptar soluciones que combinan diversas variantes, en lo que sigue haremos una descripción de los tipos más corrientes.

Los tableros de distribución son los que comprenden los circuitos principales en si mismos, con las barras y conductores de empalme y de interconexión, los elementos de regulación y arranque, los transformadores de medida, los interruptores y seccionadores y las protecciones en general. Los tablero de maniobras son los que representan en un frente los diversos elementos manuales que permiten a las personas encargadas, la maniobra y operación de todos los aparatos y las medidas de las magnitudes que interesan, como así mismo las señalizaciones de intervención de alarmas y protecciones.

Los tableros de maniobra son los lugares desde donde, sea en forma directa o indirecta, se ordenan las maniobras y se controla la instalación en todo momento. En estos tableros, la parte en donde se agrupan los aparatos de medida, se suele llamar tableros de medidas. En muchos casos, los tableros de maniobra tienen forma inclinada y se los llama pupitres de maniobra. La **Figura Nº 2.71** nos suministra una idea de una sala de control, en donde hay tableros y un pupitre de control, aspecto muy frecuente en disposiciones de este tipo para centrales eléctricas y estaciones transformadoras. Los tableros de baja tensión presentan el aspecto de **Figura Nº 2.72**. Se trata de bastidores metálicos hechos con perfiles de hierro que forman la estructura resistente y chapas delgadas de hierro. Por lo regular, se proyectan con compartimientos que alojan secciones para las diversas funciones. En la parte superior se ve que están las barras de baja tensión, mientras que en los paneles frontales aparecen los instrumentos y los elementos de maniobra y control.

Figura Nº 2.71 Disposición de tableros y pupitre en una sala de control

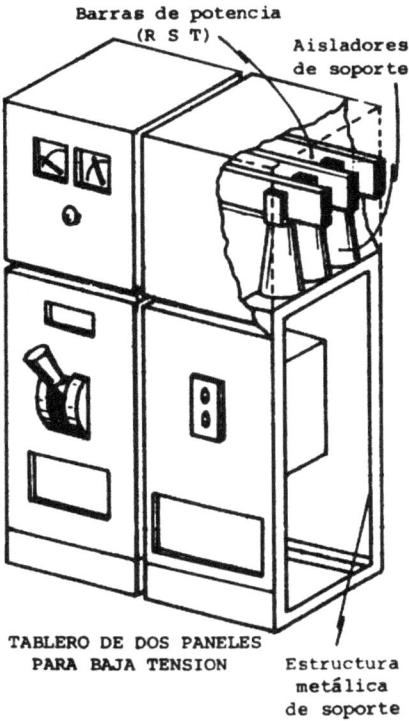

Figura Nº 2.72 Tablero de baja tensión

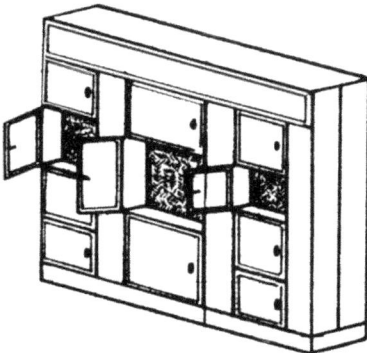

Figura Nº 2.73 Gabinete compatimentado

Toda la estructura debe ser puesta a tierra en forma segura y el acceso a las parte interiores, solo debe ser posible desactivando la parte bajo tensión.

Otros modelos como en **Figura Nº 2.73** está provistos de puertas donde aparecen las secciones de panel. Cuando se trata de instalaciones estancas a prueba de polvos o de gases, los componentes suelen ser de cajas de fundición, sólidas, ensambladas entre si por juntas estancas, lo mismo que las entradas y salidas de cables, como se ve en **Figura Nº 2.74**. por lo regular, estos sistemas blindados son modulares, para admitir diversas combinaciones. Esto también es válido para los tableros comunes de **Figuras Nº 2.72** y **2.73**. Las barras pueden estar en un plano horizontal como en **Figura Nº 2.72** o en un plano vertical. Es también posible encontrar modelos comerciales con disposición de cajones extraíbles como enseña en la **Figura Nº 2.75**. con esta disposición, es posible una fácil revisión o sustitución de elementos. Las conexiones hacia esos elementos extraíbles se puede hacer por medio de cableados flexibles o por sistemas a enchufe, de tal manera que al sacar el componente, este queda sin tensión.

En muchos casos, se exige que para la apertura de una puerta o extracción de un cajón, se produzca la interrupción total de alimentación al tablero.

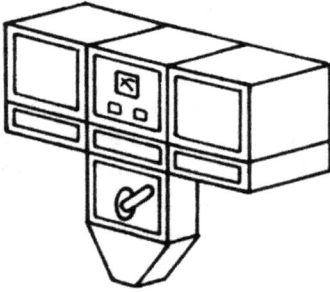

Figura Nº 2.74 Gabinetes componibles

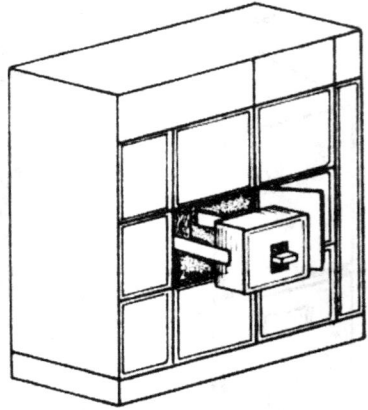

Figura Nº 2.75 Tablero de baja tensión con interruptor extraíble

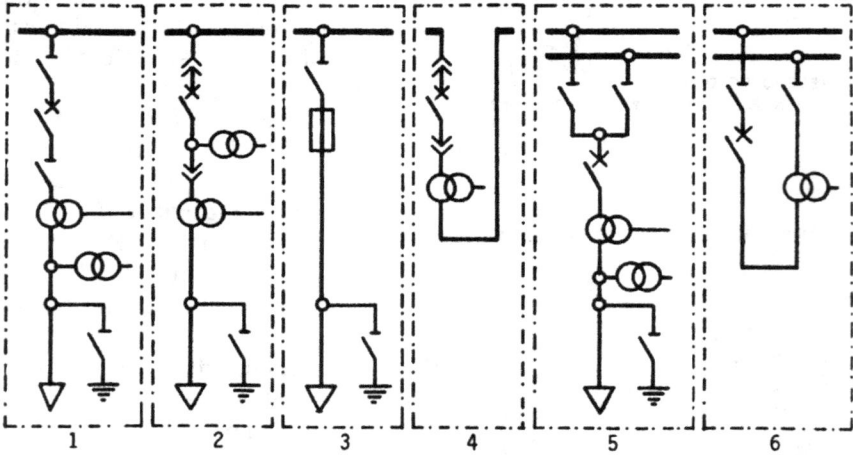

Figura Nº 2.76 Esquemas eléctricos de tableros estandarizados

La tendencia moderna en baja y media tensión es la de producir paneles o secciones normalizadas, es decir, fabricar el panel con los componentes incorporados. Cada panel sale de fábrica completo y probado. Todos los módulos que se ofrecen, son conectables entre sí en forma fácil, sea su estructura, como sus conexiones. Esta forma constructiva abarata costos y facilita el montaje y el transporte. En la *Figura Nº 2.76* vemos

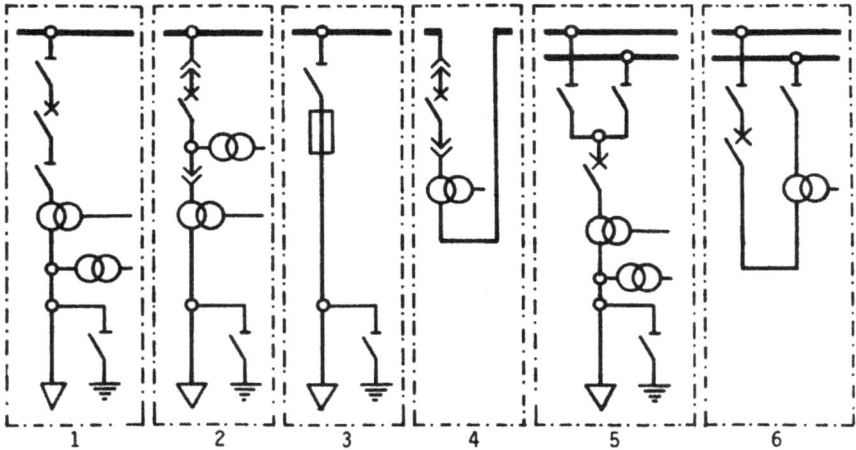

Figura N° 2.77 Tablero o celda de media tensión

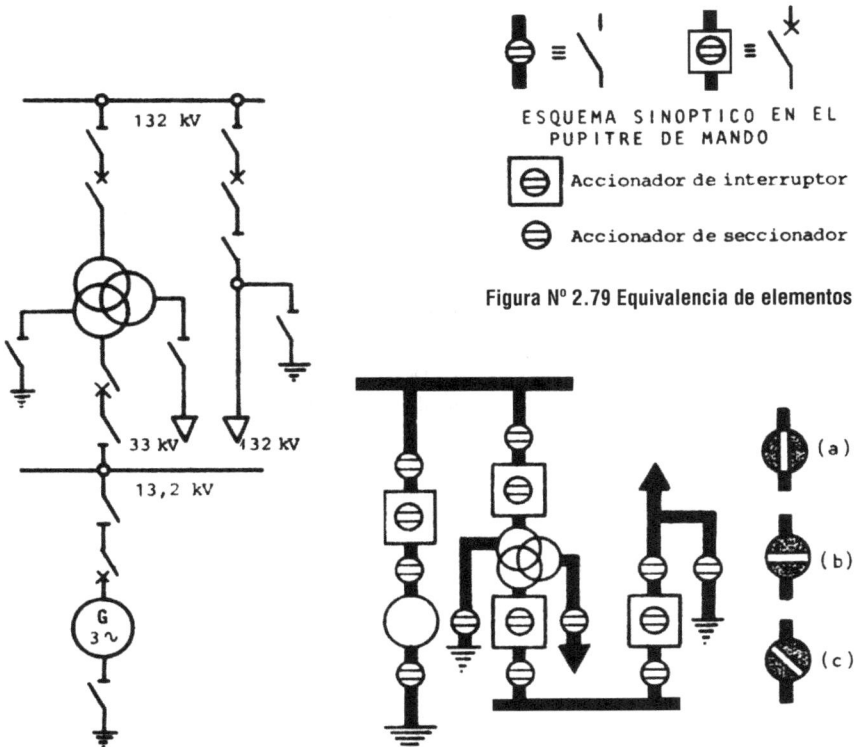

ESQUEMA SINOPTICO EN EL PUPITRE DE MANDO

⊖ Accionador de interruptor

⊖ Accionador de seccionador

Figura N° 2.79 Equivalencia de elementos

Figura N° 2.78 Unifilar típico

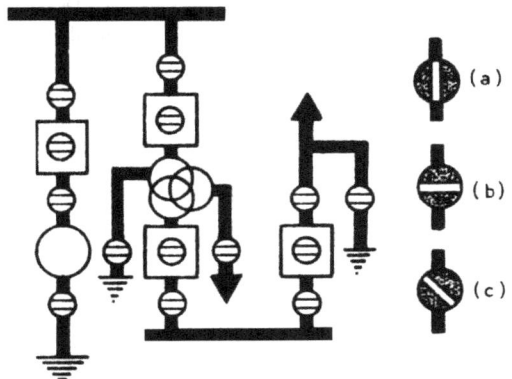

(a)

(b)

(c)

Figura N° 2.80 Elementos de un mímico

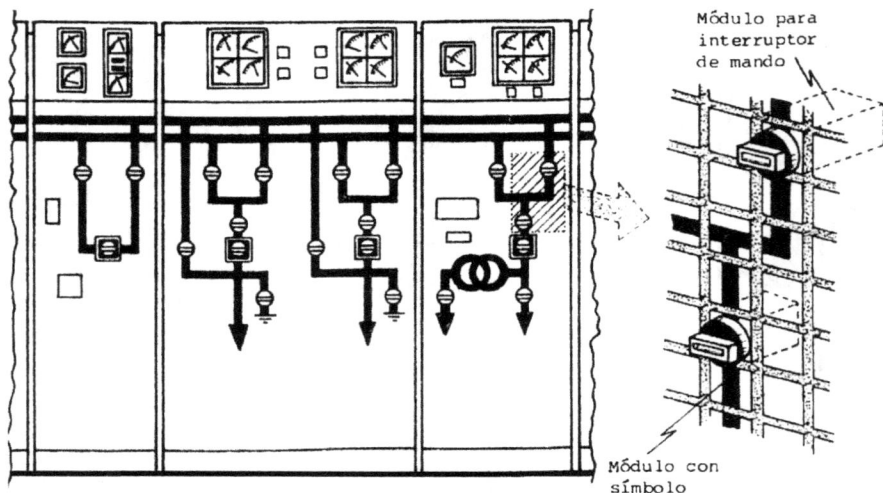

Figura N° 2.81 Tablero con mímico

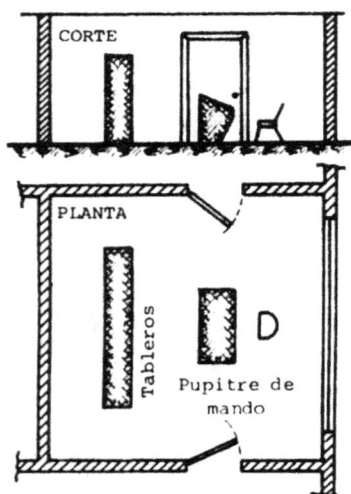

Figura N° 2.82 Disposición de salas de mando o salas de control

seis modelos muy frecuentes, pero la producción de muchas industrias presenta una variada gama.

Los interruptores extraíbles sobre carros de maniobra ya han sido presentados en *Figura N° 2.16* y *2.17*. En la *Figura N° 2.77* vemos en corte un panel para este tipo de interruptor. Debe destacarse que estas disposiciones deben estar provistas de adecuados sistemas de enclavamiento, es decir, mecanismos que hagan imposible la extracción si el interruptor está cerrado, porque si así ocurriera, el corte de corriente lo harían los contactos a enchufe, que habitualmente no se diseñan para esa función. Esta forma constructiva permite el rápido reemplazo de un interruptor que presenta averías o que debe retirarse para inspecciones de mantenimiento.

Los centros de mando o también despachos de cargas son, en las grandes instalaciones, los lugares en donde están los tableros y pupitres

CORTE

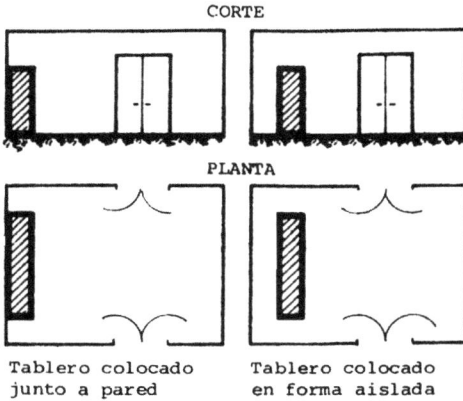

PLANTA

Tablero colocado junto a pared

Tablero colocado en forma aislada

Figura Nº 2.83 Disposición de salas de mando o salas de control

de maniobras. La **Figura Nº 2.71** nos dio una idea. En las instalaciones de alta tensión y de alta potencia, los lugares de maniobras están alejados de los lugares en donde realmente se encuentran los principales aparatos, de tal manera que las maniobras son indirectas. Los conductores con las corrientes reales y las tensiones de servicio, no pasan por la sala de control. Es por ello que se acostumbra a usar lo que se llama paneles sinópticos o esquemas tipo mosaico, en donde el operador tiene a la vista una réplica simplificada de la instalación. En la misma, se repiten los principales componentes y en el lugar de los interruptores y seccionadores, hay pequeñas llaves manuales que permiten, por acción indirecta, abrir o cerrar esos elementos. En **Figura Nº 2.79** mostramos, mediante un ejemplo, este tipo de tablero. Se ve un trozo del esquema unifilar y abajo a la derecha, tal como lo aprecia el operador. Todos los elementos son luminosos y algunos, centellantes, para advertir de ciertas circunstancias. Arriba, a la derecha, se indica como se simbolizan. En la **Figura Nº 2.80** tenemos una manivela de mando en las tres posiciones posibles. En (a) señala que está cerrado, en (b) que está abierto y en (c) fuera de servicio. En el interior de estas manivelas de mando hay una lámpara que, mediante códigos, señala las alternativas de las posiciones del interruptor, con relación a esta manivela. En la **Figura Nº 2.81** mostramos otro ejemplo de un tablero de este tipo. Se construyen en forma de mosaicos pequeños, normalizados, que permiten componer el esquema que se quiera. Por ejemplo, la parte rayada, a la derecha, se puede "armar" por medio de módulos como se dibujó bien a la derecha de esa figura.

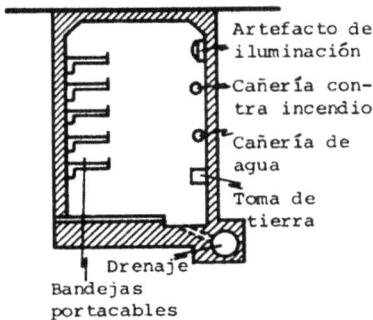

Artefacto de iluminación

Cañería contra incendio

Cañería de agua

Toma de tierra

Drenaje

Bandejas portacables

Figura Nº 2.84 Galería o túnel para cables

Para el control y medición de esa energía, se usan como hemos dicho, las salas de mando o salas de control, lugar en que se centraliza la operación. Las *Figuras Nº 2.82* y *2.83* nos ilustran, en corte y en planta, disposiciones que se pueden adoptar, y que no requieren mayor explicación. Según sea la disposición que el proyectista adopte, así deben ser los tableros y pupitres.

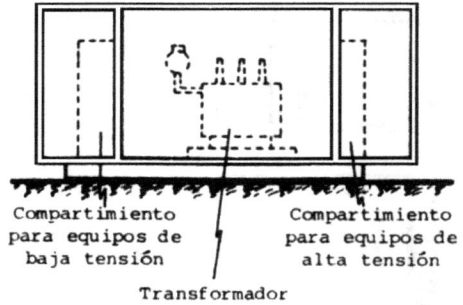

Compartimiento para equipos de baja tensión

Compartimiento para equipos de alta tensión

Transformador

Figura Nº 2.85 Subestación transformadora compacta

Para este tipo de local es necesario prever que a él deben llegar gran cantidad de cables, que ingresan a los tableros y paneles. Por eso, este tipo de construcción tiene canales de cables, que son conductos de fácil acceso en donde se instalan los conductores. Si la instalación es muy importante, se usan las galerías de cables, que procuramos ilustrar en *Figura Nº 2.84*. La observación del dibujo, con sus leyendas, permite apreciar su forma constructiva. Los adecuados sistemas de drenaje de agua, son de gran importancia. Las bandejas porta cables permiten colocar directamente apoyados los mismos, con gran elasticidad para el cambio y revisión.

La iluminación debe provenir de un circuito de emergencia, con alimentación asegurada.

Las estaciones transformadoras serán estudiadas más adelante, en lo que a su disposición se refiere, pero ahora tratemos un tipo de estación transformadora normalizada o puesto transformador normalizado, que no es más que un cuadro de tres compartimientos. A la izquierda tenemos un panel para la entrada de energía en baja tensión, con sus elementos de maniobra y medición. En el centro, se instala el transformador y a la derecha, el panel de salida. Esta disposición permite una construcción compacta, de forma que toda la instalación pueda ser transportada e instalada fácilmente. A este tipo de estación también se la llama modular. Se fabrican para interior y para exterior. Por lo regular, este tipo de estación transformadora, no requiere locales especiales.

CAPITULO 3
GENERACIÓN Y TRANSFORMACIÓN DE LA ENERGÍA ELÉCTRICA

Indice

3.01. INTRODUCCIÓN

La generación o sea la producción de la energía eléctrica es cuestión de suma importancia para las naciones ya que hace a la calidad de vida de los habitantes de las mismas y al posible desarrollo industrial, que en definitiva hace a la anterior. La implementación de los sistemas de generación debe obedecer a planes de desarrollos ya que se debe congeniar al menos dos cuestiones sumamente importantes: desarrollo y fuentes de energía. A lo que deben agregarse otras más como la distribución de la energía eléctrica de acuerdo a la concentración de los consumos.

A continuación se verán los distintos tipos de formas de generar la energía eléctrica y el modo de transformarla para su distribución y uso de la misma.

3.02. CENTRALES A VAPOR

De las centrales termoeléctricas, las que funcionan con turbinas a vapor son las que han alcanzado las potencias y rendimientos más elevados. Haremos en este capítulo un repaso de los principales aspectos.

3.02.01. Esquema de principio

En la *Figura Nº 3.01* podemos apreciar un esquema que muestra los componentes característicos de una central con turbina a vapor. El combustible y el aire ingresan al **generador de vapor** o como se le dice vulgarmente, **caldera**, produciendo el vapor a temperatura y presión adecuadas. El vapor se lleva a la **turbina** en donde se expande y al hacerlo entrega su energía en forma de movimiento rotativo en su eje, el que a su vez, impulsa al **alternador** o **generador sincrónico**, que produce la red trifásica que el **transformador** adapta para la red o la línea de transmisión. El vapor, una vez que entregó su energía en la parte

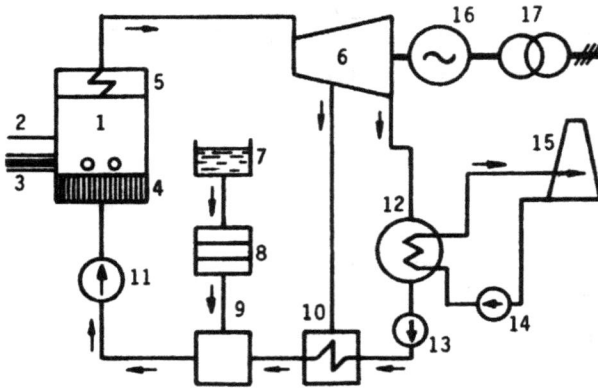

Figura N° 3.01 Ciclo térmico
1 Caldera o evaporador - 2 Entrada de aire - 3 Combustible gaseoso - 4 Economizador - 5 Sobre
calentador - 6 Turbomotor - 7 Tanque de agua cruda - 8 Depurador químico - 9 Desgasificador
10 Intercambiador de calor - 11 Bomba de alimentación - 12 Condensador - 13 Bomba de extracción
14 Bomba de circulación - 15 Torre de enfriamiento - 16 Alternador - 17 Transformador

rotante sale a baja presión y temperatura e ingresa al **condensador**, en donde se transforma en agua mediante el enfriamiento que le produce el **agua de refrigeración** proveniente de una fuente adecuada. Una vez salida el agua del condensador, una **bomba de extracción** y otra de alimentación la ingresan a la caldera, para reiniciar el ciclo. Como este ciclo termo-dinámico no puede ser perfecto y hay pérdidas (de vapor y de agua) que es necesario reponer, la instalación está provista del sistema de **agua de reposición**, con su tanque de **agua cruda**, su depurador y su **desgasificador**.

También puede advertirse que el esquema muestra que de la turbina sale vapor que ya cumplió su misión pero que aun conserva calor aprovechable y una **extracción** y un **intercambiador de calor** lo reingresan al ciclo. Este circuito muestra un **sobrecalentador** que entrega más calor, ahora al vapor y un economizador que calienta el agua al ingresar a la caldera para vaporizarse. Una **torre de enfriamiento** evacua el calor del condensador. Este ciclo termodinámico es muy sencillo y los que se emplean tienen más elementos, pero conservan los mismos lineamientos. En la *Figura N° 3.02* mostramos la disposición en planta de la unidad generadora N° 7 de la central "Costanera". Nótese que la disposición procura que el **sentido de circulación de la energía** sea lo más lineal posible. En la *Figura N° 3.03* mostramos el corte de la sala de máquinas y la caldera, donde se puede apreciar la colocación de los elementos de mayor significación.

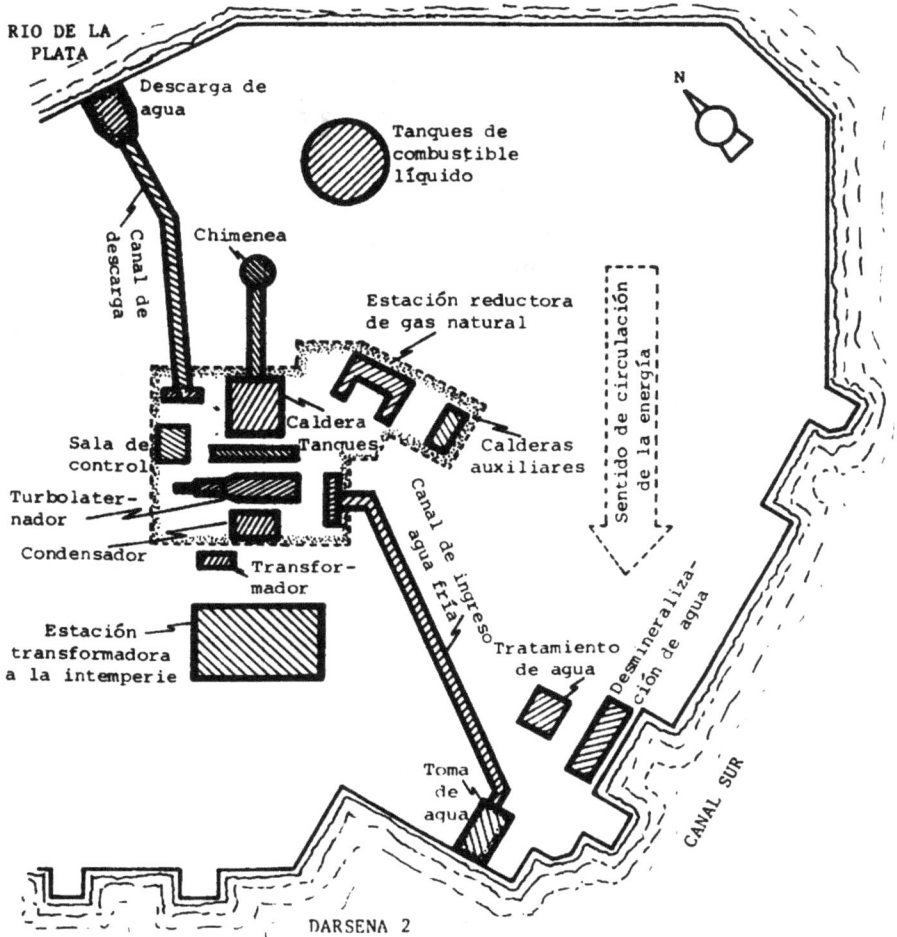

Figura N° 3.02 Disposición de unidad generadora

3.02.02. Algunas consideraciones teóricas

Para repasar algunas consideraciones teóricas que se estudian en máquinas térmicas, examinemos la *Figura N° 3.04* en el que aparece el conocido **ciclo de Rankine**. La línea isotérmica **AB** es la representativa de la extracción del calor que lleva a cabo el condensador con temperatura absoluta T_3. La línea **BC** es la isobárica a lo largo de la cual, el condensado se comprime a la presión de servicio de la caldera, hasta

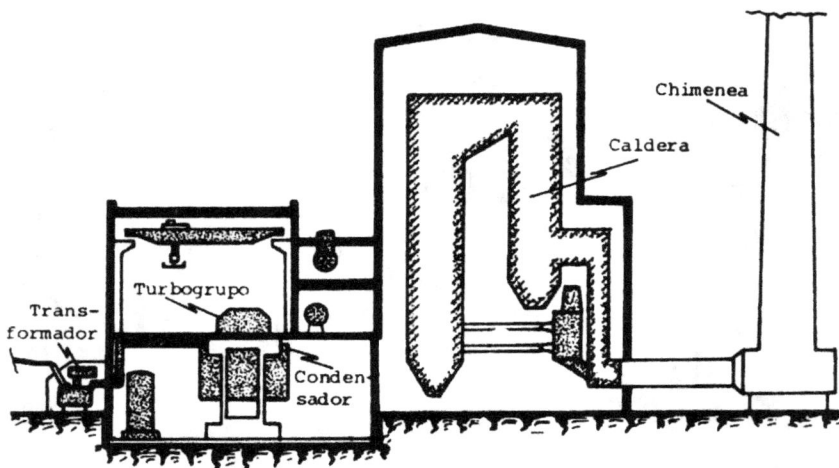

Figura Nº 3.03 Sala de máquinas y caldera

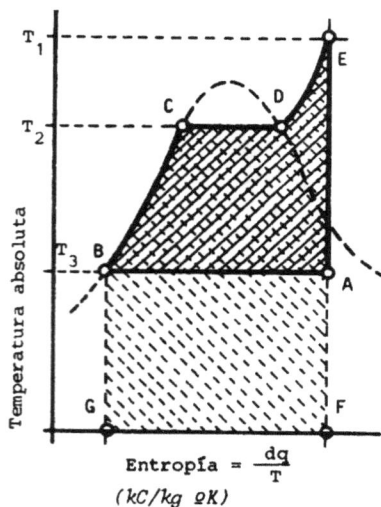

Figura Nº 3.04 Ciclo

alcanzar la temperatura T_2 la línea **CD** es la isotérmica que representa a la evaporación en la caldera. La isobárica **DE** muestra el recalentamiento del vapor hasta la temperatura T_1 con la cual sale hacia la turbina. En la máquina rotante el vapor describe la adiabática **EA** expandiéndose hasta la presión del condensador, entregando energía que se transforma en energía mecánica.

Es también sabido, por Termodinámica, que el rendimiento del ciclo está dado por la relación de superficies que se muestran en la *Figura Nº 3.04* por medio de rayados en dos direcciones diagonales. La expresión es:

$$\eta = \frac{\text{área ABCDEA}}{\text{área FGBCDEAF}} \qquad (3.00)$$

La técnica ha desarrollado métodos para lograr el aumento de este rendimiento. Uno de los medios de **sobrecalentar** el vapor a la salida de la caldera o también, tomar el vapor por un cuerpo de turbina luego de haber entregado parte de su energía y volverlo a la caldera para entregarle mas calor. También, recoger **calor residual** y por medio de intercambiadores, entregarlo al fluido cuando retorna del condensador para reingresar a la caldera. Esto ha llevado al diseño de ciclos mucho más complejos que el presentado en la *Figura Nº 3.01*.

La superficie del numerador de la (3.00) representa, en su escala, la energía útil que se transforma en la turbina y recurriendo al concepto de **entalpía**:

$$i_u = i_E - i_A \qquad (3.01)$$

En donde **i_E** es la entalpía que responde al punto **E** del dibujo de la *Figura Nº 3.04* y a su vez **i_A** es la del punto **A**. En cambio, la energía del denominador representa la que debió entregarse al fluido, es decir, la energía del calentamiento y de la evaporación, que el mismo criterio podemos escribir:

$$i_e = i_E - i_B - i_b \qquad (3.02)$$

La entalpía **i_b** es la correspondiente al trabajo de compresión de la bomba, que podemos considerar despreciable y que no figura en el diagrama de la *Figura Nº 3.04*. Por lo tanto:

$$\eta = \frac{i_E - i_A}{i_E - i_B} \qquad (3.03)$$

Este repaso de conceptos nos lleva a considerar el **rendimiento global** de una central a vapor. Cada componente del sistema tiene su propio rendimiento. Por ejemplo, la caldera aprovecha solo parte del calor generado en su hogar, debido a las inevitables pérdidas en paredes y conductos diversos, pese a los revestimientos protectores.

La turbina, debido a inevitables imperfecciones en los alabes y paletas, no puede tener un aprovechamiento total de la energía entregada por el vapor, sumado a que los cojinetes y empaquetaduras producen rozamientos.

El generador eléctrico tiene perdidas por efecto Joule, pérdidas magnéticas, pérdidas por rozamiento, pérdidas por ventilaciones y otras. Pero además, el ciclo térmico necesita mecanismos auxiliares como intercambiadores de calor, bombas y otros auxiliares que pierden calor. Por lo tanto, tendremos:

- rendimiento del ciclo térmico: η_t
- rendimiento de la caldera: η_c
- rendimiento de las conducciones de vapor: η_{co}
- rendimiento interno de la turbina: η_{it}
- rendimiento mecánico de la turbina: η_{mt}
- rendimiento del generador eléctrico: η_{ge}
- rendimiento de los auxiliares: η_{au}

Por lo tanto, el **rendimiento total de una central eléctrica a vapor es**:

$$\eta = \eta_t \times \eta_c \times \eta_{co} \times \eta_{it} \times \eta_{mt} \times \eta_{ge} \times \eta_{au} \qquad (3.04)$$

Recordando que el equivalente térmico de la energía eléctrica, para una transformación total y perfecta, sin pérdidas, es de 860 kCal/kWh, podemos escribir la expresión del **consumo específico** de una central térmica como sigue:

$$c.e. = \frac{860 \ kCal/kWh}{\eta} \qquad (3.05)$$

Por otra parte, como la diferencia del numerador de la (3.03) es el calor útil del ciclo, podemos determinar el **consumo teórico de vapor** con la:

$$c.t.v. = \frac{860 \ kCal/kWh}{i_E - i_A \ kCal/kg \ vapor} = kg \ vapor/kWh \qquad (3.06)$$

El consumo de vapor se vera afectado por los elementos vinculados al mismo:

$$c.v. = \frac{c.t.v. \ kg \ vapor/kWh}{\eta_{it} \times \eta_{mt} \times \eta_{ge} \times \eta_{au}} = kg \ vapor/kWh \qquad (3.07)$$

3.02.03. Principales componentes

Haremos ahora un breve repaso de los de los más importantes elementos que constituyen una central con turbinas a vapor, comenzando por la **caldera**, que es la encargada de producir vapor a partir del agua de alimentación, el combustible y el aire.

En la *Figura Nº 3.05* tenemos el esquema de una caldera de **circulación natural**. Los gases calientes de la combustión efectúan una trayectoria que partiendo del quemador de combustible, alcanzan finalmente el escape por una chimenea. El agua de alimentación penetra

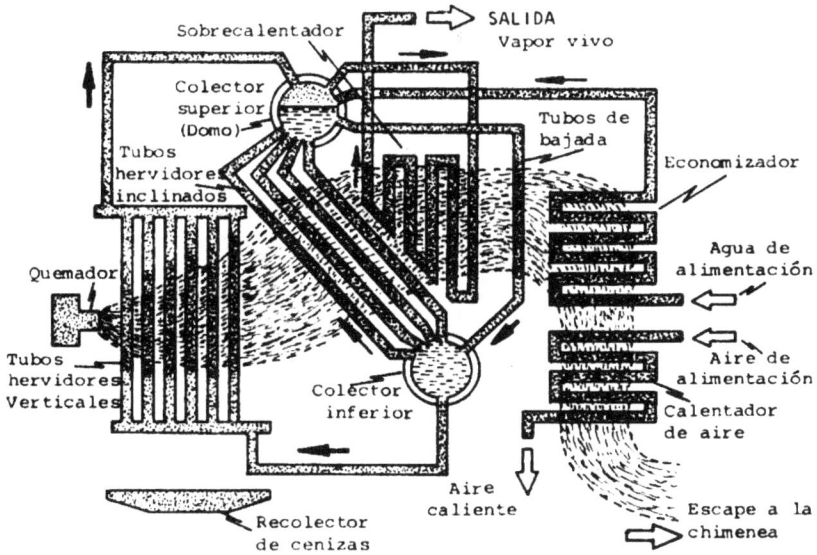

Figura Nº 3.05 Caldera de circulación natural

impulsada por una bomba de alimentación que toma la mayor parte de su caudal del condensador y una menor parte, de un sistema que repone las pérdidas y proviene de un tanque de agua cruda y de un sistema purificador. Un economizador calienta esa agua aprovechando los últimos tramos de los gases calientes antes de encaminarse hacia la chimenea. Esa agua penetra en el tambor superior, llamado **domo**. Este tiene varios fines.

Por una parte, sirve de empalme entre diversos tubos hervidores, recibiendo la mezcla de vapor y agua que en esos tubos se produce y que asciende y el colector inferior, que tiene solo agua caliente. En el colector superior, el agua que llega se recoge en la parte inferior para ser enviada mediante tubos inclinados de bajada al colector inferior, a efectos de producir la vaporización en una nueva circulación, y por otra parte, permite recoger la mezcla de agua y vapor, separado el vapor para sacarlo en la dirección del sobrecalentador. Desde ese ultimo, el vapor puede llegar a la turbina porque ha tomado la suficiente temperatura y presión.

Los tubos hervidores inclinados permiten una vaporización del agua por conducción y convección de los gases calientes, mientras que los tubos hervidores verticales, por estar formando las paredes del hogar, calientan el agua por radiación, preferentemente. En el tramo final de los gases calientes de la combustión, se encuentra el calentador de aire, que se emplea en el quemador para lograr una mayor temperatura del hogar y por lo tanto, un mejor aprovechamiento de las calorías del combustible. La circulación de los gases calientes a través de los diversos componentes que hemos citado, se logra por medio de un adecuado **tiraje**, que puede ser natura o forzado, a lo que se suma una limpieza del producto que saldrá finalmente por la chimenea. Debemos agregar que, según sea el tipo de combustible a usar, habrá una serie de auxiliares para la alimentación del mismo al quemador. Existen calderas de **circulación** forzada en las que el agua que no se vaporizó y que llegó mezclada al colector, es llevado a la parte inferior de los tubos colectores, por medio de una bomba que la hace circular. Hay también calderas de **paso forzado**, que están desprovistas de tambor separador, con tubos de diámetro pequeño para permitir la vaporización total durante el paso por ellos.

La potencia de una caldera, en general, se determina por medio de la cantidad de vapor que produce por hora. De este modo, si dividimos el peso del agua introducida en la caldera por la bomba de alimentación, por el tiempo que tarda ese peso en entrar, tenemos la cantidad de kilos de vapor por hora producidos, que expresamos **Kg vapor/hora** magnitud que determina la capacidad productora, o simplemente, **potencia**. La capacidad productora está asociada a la superficie de los tubos expuesta a la acción de los gases calientes, llamados también humos, por lo que también se caracteriza a una caldera por la **superficie de calefacción** en m^2. Para la comparación de calderas entre si, se suele emplear **potencia específica de la caldera**, que corresponde a la potencia dividida por la superficie de calefacción, es decir, los **Kg. vapor/m²** – hora. El rendimiento térmico de una caldera es la relación entre el calor que contiene el vapor a la temperatura y presión de salida y el calor del combustible, ambos en una hora, tomando para el combustible el poder calorífico inferior. El rendimiento se expresa en por ciento.

El vapor producido en la caldera ingresa a la **turbina**. Es el componente encargado de transformar a la energía potencial de vapor, en energía ciné-

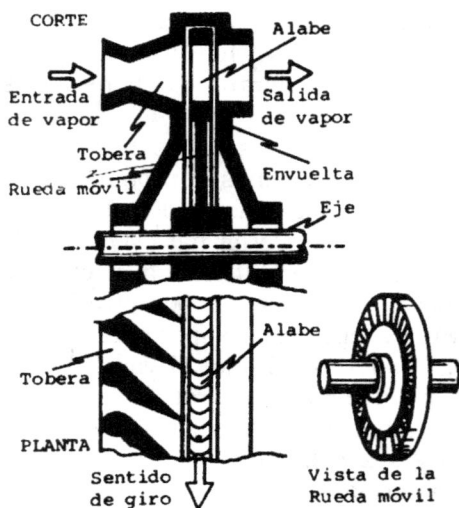

Figura N° 3.06 Elementos de una turbina

tica de movimiento giratorio con velocidad angular constante, para entregar finalmente esa energía el generador eléctrico. En la ***Figura Nº 3.06*** tenemos cortes y vistas de un elemento de turbina. La parte fija encierra a la parte móvil y consisten en un conjunto de conductos llamados toberas, o una **corona distribuidora** formada por paletas. Los órganos móviles que llamamos **alabes** van fijos a la rueda móvil, que esta sujeta al eje de giro. Puede haber mas de una hilera de alabes. A su vez, cada alabe está alojada en una cámara a la que se la llama **estadio** y entre estadio y estadio puede haber un **diafragma**. En correspondencia con cada diafragma encontramos **toberas**. La tobera es un conducto, primero convergente, luego divergente, permitiendo una expansión adia-

bática del vapor, sin efectuar trabajo alguno, pero adquiriendo una velocidad. La base a las velocidades del vapor a la entrada y a la salida de las paletas móviles, las turbinas se clasifican en **turbinas de acción y turbinas de reacción**. En las de acción no se produce ninguna expansión del vapor en los alabes y en las de reacción, si se produce. Las turbinas de acción, la sección de pasaje del vapor por la rueda móvil es aproximadamente constante, pero en las de reacción hay una expansión.

Como una sola hilera de toberas no es suficiente para lograr potencias impor-

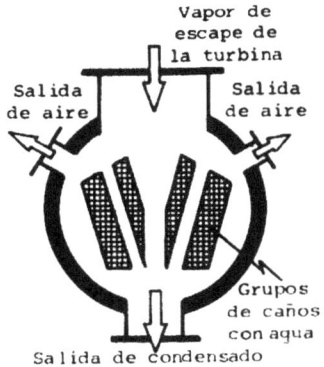

Figura Nº 3.07 Condensador

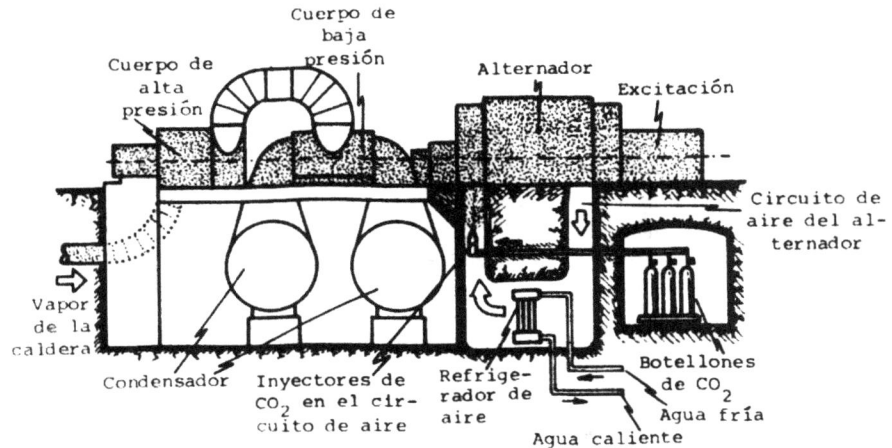

Figura Nº 3.08 Grupo turbina-generador

tantes, se construyen las turbinas múltiples. En cuanto al consumo teórico de vapor de una turbina, está expresado por medio de la cantidad de vapor que se necesita para producir un **caballo-vapor/hora** en el eje, es decir, viene expresado por las unidades **Kg vapor/CVh**. El consumo real de vapor se podrá calcular agregando el vapor necesario para los servicios auxiliares. El rendimiento de la transformación de energía, o también el rendimiento interno de la turbina viene dado por la relación entre el salto de calor en el rodete de los alabes móviles y el salto teórico de calor, expresado en por ciento.

El valor extraído de la turbina entra en la parte superior del condensador de la ***Figura Nº 3.07***, el que al tomar contacto con cuerpos más fríos, se condensa y cae. Un condensador de este tipo, que se llama **condensador de superficie**. Para evitar incrustaciones, permite hacer el vacío extrayéndole el aire. El efecto refrigerante se logra por circulación de agua en tubos mediante bombas. Esa agua debe enfriarse, a su vez, sea por medio de una **torre de enfriamiento** o por medio de un río o lago cercano.

Para finalizar, observamos la ***Figura Nº 3.08*** que nos enseña el corte esquemático de un grupo turbina-generador, con la disposición usual de los diversos componentes. Los condensadores suelen colocarse debajo de la turbina, que en el ejemplo, es de dos cuerpos. El alternador tiene un circuito, se pueden colocar los componentes de un sistema de extinción de incendio, como ilustra la figura.

3.02.04. Algunos datos característicos

Para completar, suministramos a continuación algunos datos de la unidad Nº 7 de la central "Costanera":

- **Caldera**
  ◊ Capacidad nominal: 1000 t/h
  ◊ Presión de diseño: 280 kg/cm^2
  ◊ Presión de la salida del sobre-calentador 258 kg/cm^2
  ◊ Temperatura de la salida del vapor vivo: 545 ºC
  ◊ Temperatura de la salida del vapor recalentado: 545 ºC
  ◊ Cantidad de quemadores: 24
  ◊ Presión del vapor a la salida del recalentador: 43,5 kg/cm^2

- **Turbina**
  ◊ Potencia: 310 MW
  ◊ Velocidad: 3000 rpm
  ◊ Presión del vapor vivo: 240 kg/cm^2
  ◊ Temperatura del vapor vivo: 540 ºC
  ◊ Presión del vapor recalentado: 40 kg/cm^2
  ◊ Temperatura del vapor recalentado: 540 ºC

- **Generador**
  ◊ Tensión nominal entre fases: 20 kV ± 5 %
  ◊ Velocidad: 3000 rpm
  ◊ Presión del hidrógeno de refrigeración: 4 kg/cm²
  ◊ Potencia aparente nominal: 364700 kVA a 50 Hz
  ◊ Intensidad nominal: 10527 A ± 5 %
  ◊ Factor de potencia nominal: 0,85

3.03. CENTRALES HIDRÁULICAS

El aprovechamiento de los saltos de agua que la naturaleza brinda, ha permitido la evolución de las centrales generadoras, que repasaremos ahora.

3.03.01. Esquema de principio

En la *Figura Nº 3.09* tenemos el esquema de una central hidroeléctrica. Un **sistema de captación de agua** provoca un desnivel que causa una cierta energía potencial acumulada. El paso del agua por la turbina permite desarrollar un movimiento giratorio que acciona al **alternador**. El aprovechamiento de un curso de agua implica, necesariamente adecuar la

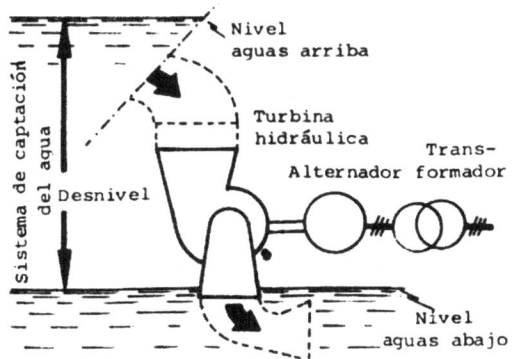

Figura Nº 3.09 Esquema de una central hidroeléctrica

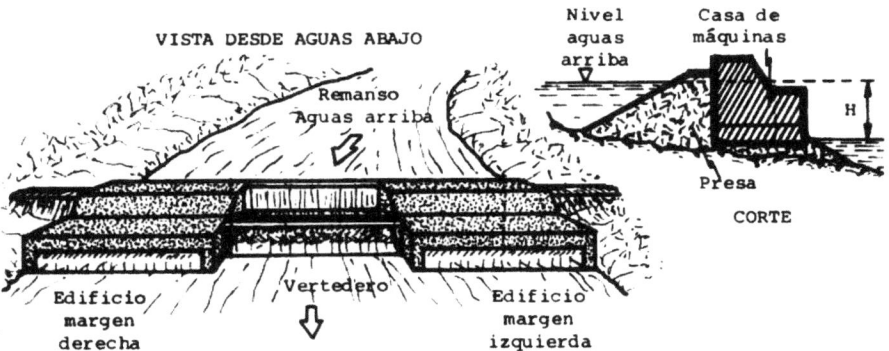

Figura Nº 3.10 Central de baja caída

solución técnica a las características del aprovechamiento. Por esta causa, los esquemas típicos de las centrales hidroeléctricas se deben adecuar al caudal del río, las condiciones geológicas y la configuración topográfica del lugar. Por lo tanto, no es sencillo hacer una clasificación rigurosa de las centrales de este tipo. En la *Figura Nº 3.10* vemos una llamada **central de baja caída**, que algunos llaman de **agua corriente**. Se aplica en los casos de aprovechamientos de gran caudal y poco desnivel, por ejemplo, la central binacional (Argentina-Uruguay) de "Salto Grande". La obra del edificio de la central que se llama **casa de máquinas** puede ser parte de la misma presa. En algunos casos, el desnivel entre **aguas arriba y aguas abajo** es reducido y si bien se forma un remanso, no se acumula agua suficiente como para construir una reserva apreciable de energía. En esos casos se llama **central a pelo** de agua y requiere un caudal suficiente constante y asegurado para garantizar una potencia determinada. Si el río es navegable, se debe construir, a un lado, una exclusa.

Este tipo de presa tiene vertedero por el cual se evacuan los caudales excedentes.

En la *Figura Nº 3.11* tenemos una **presa con embalse** y la casa de máquinas está a pié de presa, pero es un edificio, estructuralmente hablando, independiente de la presa. Este esquema es semejante al de la central argentina de "El Chocón". La topografía del terreno permite que aguas arriba se forme un lago artificial importante como para asegurar

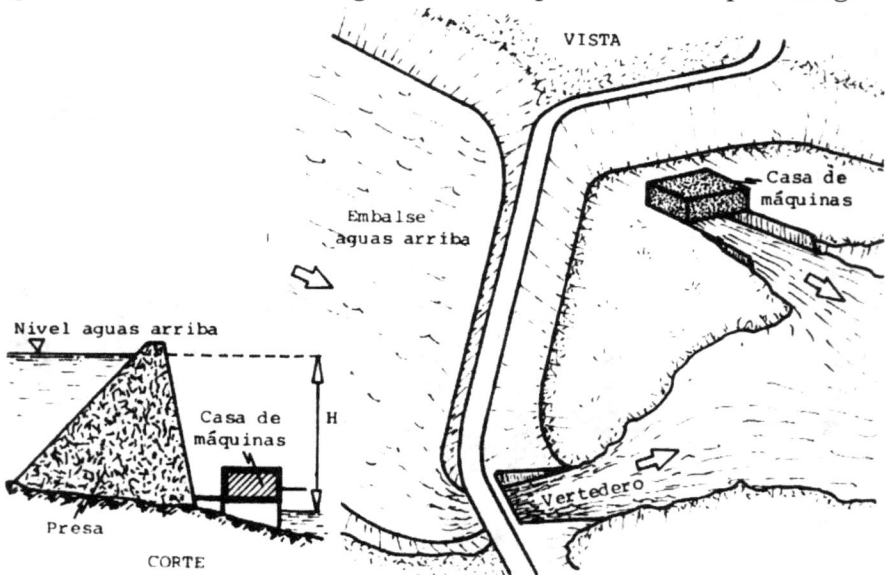

Figura Nº 3.11 Presa con embalse

una reserva suficiente de energía en épocas del año en que el río aporta un caudal reducido. Por otra parte, este tipo de embalse se puede usar para fines mixtos como generar energía y proveer de riego. Este tipo de central es de gran elasticidad para un sistema interconectado, ya que tiene disponible una gran cantidad de potencia para casos de necesidad, en forma rápida.

En la *Figura Nº 3.12* mostramos el croquis de una central de alta caída. La presa se realiza en un lugar adecuado, por lo regular un estrechamiento del río, pero la central se ubica en un punto algo distante, aguas abajo. Para ello se requiere una obra de toma para recoger el agua un conducto a presión para llegar hasta la casa de máquinas. Aparece, en este tipo de instalación, la **chimenea de equilibrio** ya que, a causa del declive, el agua circula a cierta velocidad por el conducto y posee una importante energía cinética. Si se cierra bruscamente la entrada de agua a la casa de máquinas, esa energía cinética se debe convertir en energía potencial de una columna de agua, en dicha chimenea, que es solo un depósito adecuado. La central argentina de "Futaleufú" se aproxima a este esquema.

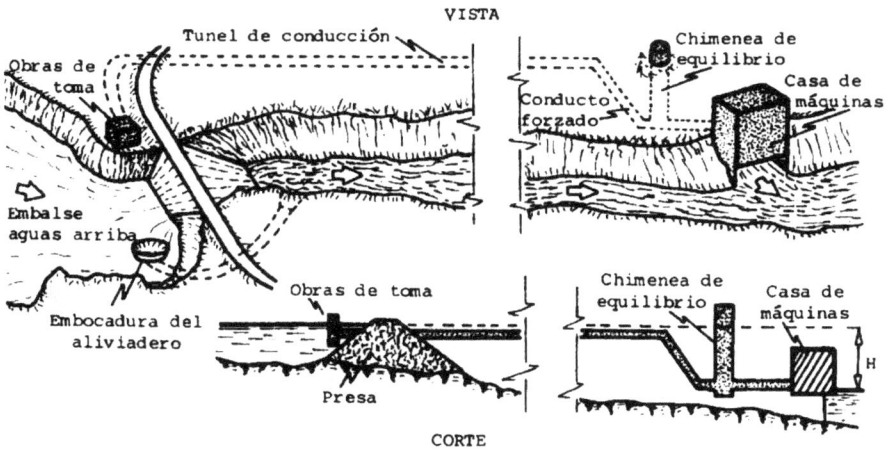

Figura Nº 3.12 Central de alta caída

En la *Figura Nº 3.13* mostramos el caso de una central de tipo de presa compensadora, como es la central argentina de "Arroyito" construida aguas debajo de "El Chocón". La presa principal evacua el agua conforme el régimen de su generación energética, variable. Por ello, deriva aguas abajo un caudal de agua q_1, también variable. Esto causa constantes modificaciones en el caudal del río, lo que puede originar trastornos a quienes a- provechan el agua para riego y causar erosiones en las costas. Por ello se construyen las presas compensadoras, que ge- neran otro embalse me- nor que se desprende de un caudal Q_2, actuando como regulador, ya que ese caudal puede ser

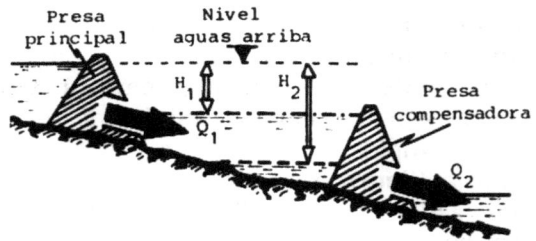

Figura N° 3.13 Presa compensadora

constante. Por otra parte, es posible aprovechar el salto causado por la diferencia de desniveles $H_2 - H_1$ y producir energía eléctrica. Existen también las **centrales de bombeo** como la de "Río Grande" en Argentina, que se emplean para mejorar el rendimiento de un sistema inter- conectado.

Durante parte del día, las centrales a vapor y nucleares, tiene exce- dente de energía que la central de bombeo recibe. Su alternador actúa como motor sincrónico impulsando a la turbina que actúa como bomba, elevando el agua hasta un lugar que la topografía del terreno lo hace semejante a un gran tanque elevado.

El los momentos de máxima demanda, el agua es devuelta al río, pasando por las turbinas y generando energía eléctrica. Los grupos de turbina y generador, deben ser reversibles.

3.03.02. ALGUNAS CONSIDERACIONES TEÓRICAS

La forma de operación de una central hidroeléctrica depende de la capacidad del embalse, que se expresa como la capacidad de líquido acumulado medida en **m³** o en **Hm³**. conforme este valor, la regulación puede ser diaria, semanal, mensual o anual. El elemento inicial es el salto natural **H** que medimos en **m** y que es la diferencia de cotas entre el nivel de la superficie al final del remanso ocasionado por las obras de contención y la superficie del agua en la zona de restitución a la descarga. El salto útil H_u en **m** es en cambio el desnivel entre la superficie del agua en el lugar de la toma para el aprovechamiento y la superficie en el canal de descarga. El salto neto útil H_n en **m** es el salto útil descontadas las pérdidas hidráulicas entre la toma de agua y la salida de las máquinas, es decir, el salto o diferencia de carga efectivamente aplicado a las turbinas o motores hidráulicos. Otro valor de importancia es el caudal del que debemos distinguir algunas diferencias. Caudal medio diario expre- sado en **m³/s** señalado con Q_d es el que se puede derivar hacia las obras de generación de energía.

Este caudal surge de un estudio de los aportes de agua en la cuenca de lluvias, nevadas o aportes de otras cuencas y descontando el caudal anual que es menester reservar para riego y otros usos y que no está previsto que ha de pasar por las turbinas. Por ello se define como capacidad útil del embalse C_u en m^3 o en Hm^3 al volumen comprendido entre cotas máxima y mínima de contención, que surge del estudio antes citado y de la configuración geométrica del embalse. Los cálculos relacionados con la generación de energía eléctrica deben tener en cuenta el caudal medio utilizable (o derivable) en un cierto tiempo T, expresable en m^3/s y señalado con Q. Con estos valores es posible determinar la potencia del aprovechamiento o potencia hidráulica media, expresable por:

$$P_h = 9,81 \times \frac{1}{T} \int_0^T Q \times H_u \times dt \qquad (3.08)$$

Esta potencia se ve disminuida por los diversos rendimientos de los diversos componentes de la instalación y en consecuencia, la potencia eléctrica o potencia efectiva se puede expresar por medio de:

$$P = \eta_c \times \eta_t \times \eta_g \times P_h \qquad (3.09)$$

Donde n_c es el rendimiento de la conducción de agua, n_t es el rendimiento de la turbina hidráulica y n_g el rendimiento del generador eléctrico. El valor del tiempo T de la (3.08) puede tomarse un año, o sea **T=8760** horas. Agrupando todos los rendimientos bajo un rendimiento global aproximado, la expresión (3.09) puede usarse, como aproximación orientativa como sigue:

$$P \sim 10 \times Q \times H_u \qquad (3.10)$$

Entiendo que **P** viene expresada en **kW.** en los bornes del generador, Q es el caudal que pasa por la turbina en m^3/s y H_u es el salto neto útil en m. El numero "10" es algo alto, pero es un valor de resguardo.

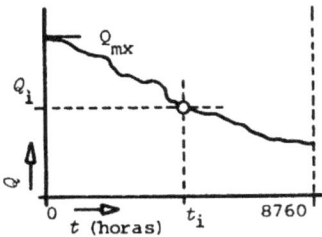

Figura N° 3.14 Grafico caudal-tiempo

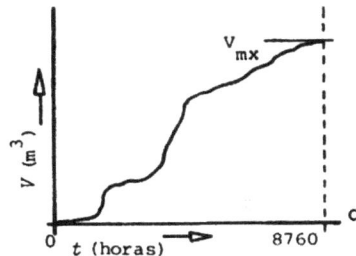

Figura N° 3.15 Caudales clasificados o de permanencia

El primer elemento que aparece en un aprovechamiento hidroeléctrico es la superficie de la cuenca en km², el área que aporta agua al embalse. De esa cuenca se puede derivar hacia la central un cierto caudal disponible **Q** en **m³/s** que graficado en función del tiempo es la ***Figura Nº 3.14*** este diagrama es también el del río que llena embalse. De este dibujo es posible deducirle de ***Figura Nº 3.16*** que el de los caudales clasificados o de permanencia.

Las abscisas indican el caudal **Q$_i$** que durante un tiempo t$_i$ puede obtenerse, es decir, el caudal asegurado. De esto surge el diagrama que vemos en ***Figura Nº 3.16*** y que puede expre-sarse por medio de:

$$V = 86400 \times \int_0^t Q \times dt \qquad (3.11)$$

con **Q** en **m³/s** y **t** en días. Además, la energía hidráulica anual que se puede obtener es:

$$A_t = \frac{1000}{3600 \times 102} \times V_u \times H_m = \frac{V_u \times H_m}{367,2} \qquad (3.12)$$

siendo **A$_t$** la energía anual en kWh. , el volumen utilizable **V$_u$** en **m³** y **H$_m$** el salto medio en m disponible a lo largo del año. Afectando a este número por el rendimiento global de la instalación, estimado por el orden de 0.75 a 0.80, puede saberse la energía eléctrica anual disponible,

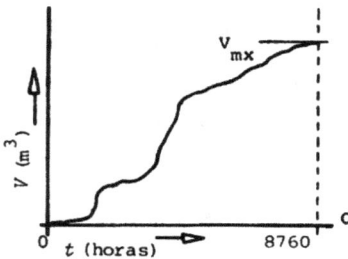

Figura Nº 3.16 Grafico volumen-horas

$$A_e = \frac{V_u \times H_m}{470} \qquad (3.13)$$

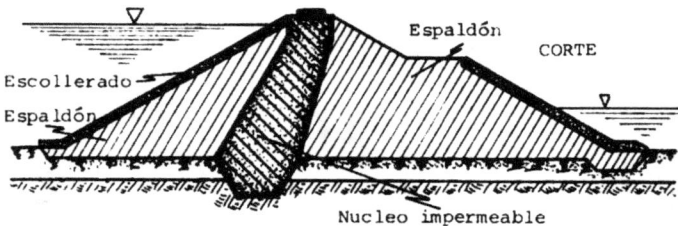

Figura Nº 3.17 Presa de gravedad

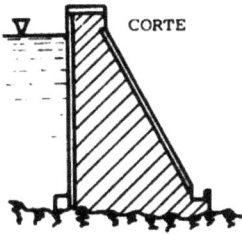

Figura N° 3.18 Presa de contrafuerte

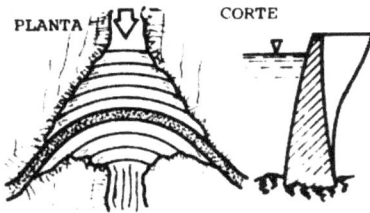

Figura N° 3.19 Presas de bóveda

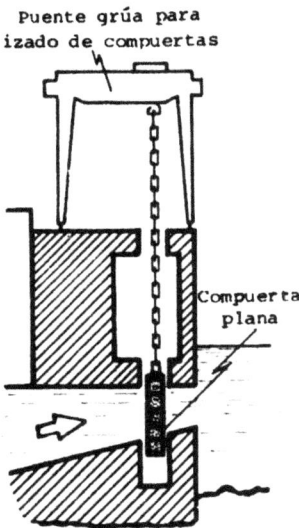

Figura N° 3.20 Compuerta plana

El emplazamiento del embalse y su forma de utilización requieren largos estudios de la cuenca y del río que se aprovecharán, por medio de una recopilación de datos pluviométricos, glaciares y otros embalses vinculados. También se debe conocer bien el uso del agua para riego, regulación de crecidas y otros.

3.03.03. Principales componentes

El primer elemento que encontramos es la presa o azud, que se encarga de atajar el río y remansar las aguas. Las presas, por lo regular, embalsan el agua, mientras que los azudes desvían el curso de las aguas. Con estas obras se logra un determinado nivel del agua antes de la contención y otro después de la misma.

Las presas se pueden clasificar por el material empleado en su construcción, en **presas de tierra** o **presas de material**. También, por su estabilidad en **presas de bóveda**. La *Figura Nº 3.17* nos indica las de primer tipo, la *Figura Nº 3.18* las del segundo y la *Figura Nº 3.19* las del tercero. Las de tierra pueden ser de arcilla, grava, arena u otros materiales. La elección depende de las posibilidades de obtención en las proximidades del desplazamiento. En algunos casos alcanza con la construcción de un terraplén de talud adecuado, pero en la mayor parte de los casos, es menester dotar a la presa de una franja impermeabilizadora para obtener las filtraciones de agua de un lado hacia el otro. La *Figura Nº 3.17* es un ejemplo de núcleo impermeabilizante, que se prolonga hacia las fundaciones. Las presas de gravedad como en la *Figura Nº 3.18* tienen un peso adecuado como para contrarrestar el momento de vuelco que produce el agua. Pueden tener planta recta o curva y en algunos casos, se las proyecta aligeradas, con nervaduras, para no hacerlas macizas. Hay modelos a contrafuertes, en que adecuadas vigas interiores descargan el momento sobre el terreno, teniendo exteriormente, un aspecto análogo a las de gravedad. Las de arco como en la **Figura Nº 3.19**, o presas de bóveda, tienen un comportamiento estructural muy diferente a las anteriores, ya que la presión originada por la masa de agua, se transmite íntegramente a las laderas del río, por efecto de arco.

El agua que emplea la central debe extraerse del embalse por medio de las llamadas **obras de toma**. Además, deben tomarse las providencias para los casos de crecidas que obliguen a dejar correr el excedente y descargar los materiales que se acumulan en el fondo de la presa. Los descargadores de fondo permiten vaciar el embalse y constituyen el punto más bajo del mismo, permitiendo la salida de elementos sólidos acumulados, por lo regular, a velocidad apreciable. En cambio, los vertederos o aliviadores de superficie se encuentran muchas veces en la misma presa o a un costado de la misma, consistiendo en una disminución de altura que permite desbordar llegado cierto nivel. Las tomas de agua son construcciones adecuadas que permiten recoger el líquido para llevarlo a las máquinas por medio de tuberías o canales. Estas obras son de formas muy variadas, pero todas ellas deben estar unidas de compuertas, que suelen ser estructuras metálica adecuadas.

En **Figura Nº 3.20** vemos una compuerta plana, que debe ser izada por medio de aparejos o puentes grúas adecuados. En **Figura Nº 3.21** tenemos las compuertas de sector, que son estructuras curvas giratorias.

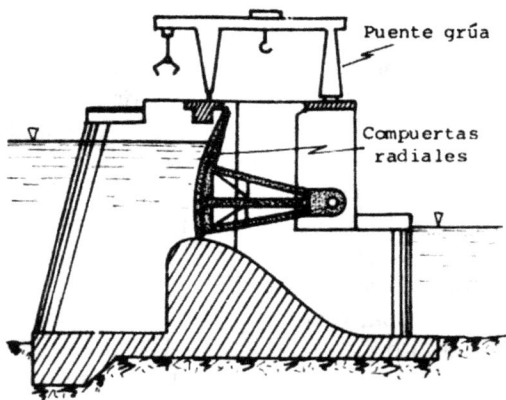

Figura Nº 3.21 Compuerta de sector

Una vez que el agua traspuso la obra de toma debe llegar a la central. En algunos casos se emplean canales, que pueden ser cerrados o abiertos, como se ve en croquis de la **Figura Nº 3.22**. En otros casos se emplean tuberías a presión, al aire o embutidas en la roca, como se ve en la **Figura Nº 3.23**. Como ya comentamos en ocasión de la **Figura Nº 3.12**, se emplean chimeneas de equilibrio, como

Figura Nº 3.22 Canales abierto y cerrado

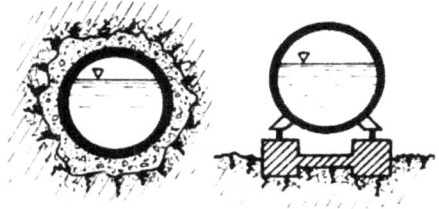

Figura Nº 3.23 Tubería a presión

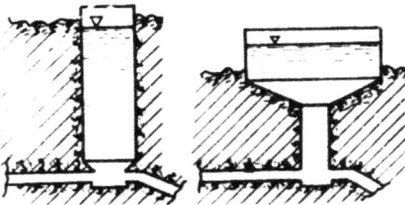

Figura Nº 3.24 Chimenea de equilibrio

las de la ***Figura Nº 3.24***, en donde cuando se cierran las compuertas se eleva el nivel, transformando energía cinética en potencial. Los canales deben ser cuidadosamente diseñados, lo mismo que las tuberías de presión.

Llega ahora a la casa de maquinas, que es la construcción en donde se instalan las turbinas y los alternadores, con sus auxiliares. Mediante una serie de dibujos en corte, daremos una idea de los principales tipo constructivo, que en todos los casos, se adaptan a dos condiciones: el desnivel o salto y el tipo de turbina adoptado.

En la ***Figura Nº 3.25*** mostramos una central de baja caída y caudal elevado, semejante a la central "Salto Grande" (Argentina-Uruguay). Nótese que hay compuertas planas a la entrada y salida de agua, para poder independizar los recintos de la turbina y poder, mediante bombeo, desagotar y poder ingresar para reparaciones y mantenimiento. La cámara que ingresa el agua al rodete de la turbina, puede construirse con el material de la misma presa o mediante una cámara metálica. Puede notarse que el grupo turbina-alternador tiene eje vertical, como es muy frecuente. La regulación se hace por medio de palas directrices.

Las compuertas de entrada y salida se izan por medio de adecuados puentes-grúa y dichas compuertas, al ser izadas, deben quedar en un recinto adecuado para su revisión. En la estructura, también se instalan los transformadores elevadores de tensión.

En ese dibujo se indica solo los locales principales.

En la ***Figura Nº 3.26*** se aprecia el corte de una central con turbinas de tipo bulbo, como las proyectadas para la futura obra argentina "Paraná Medio Pati". En este tipo de central: el alternador está contenido en un bulbo rodeado por el agua. La extracción de dicho bulbo se hace

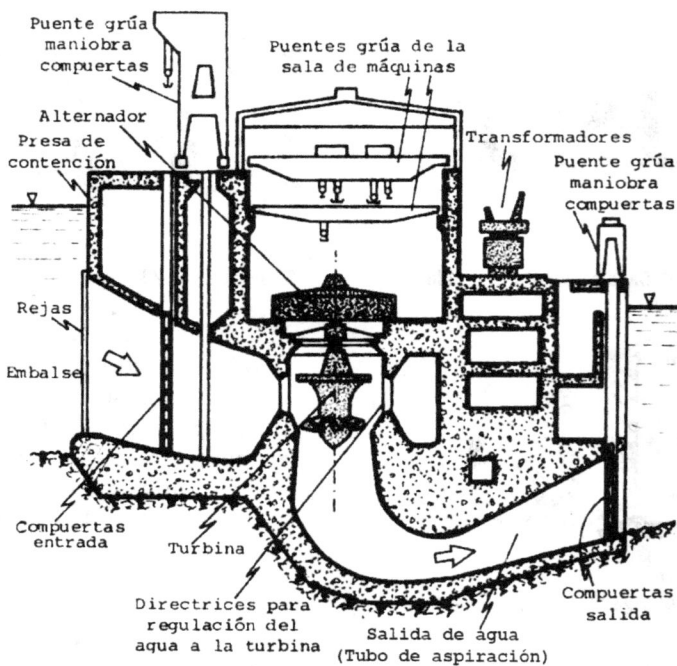

Figura N° 3.25 Central de baja caída y elevado caudal

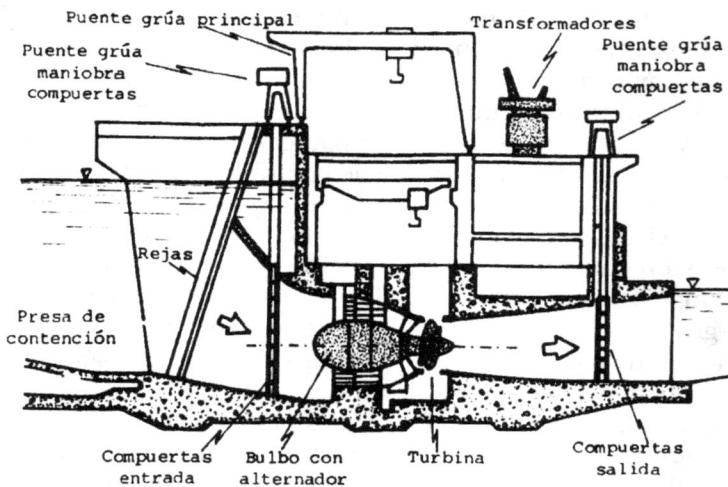

Figura N° 3.26 Central con turbina bulbo

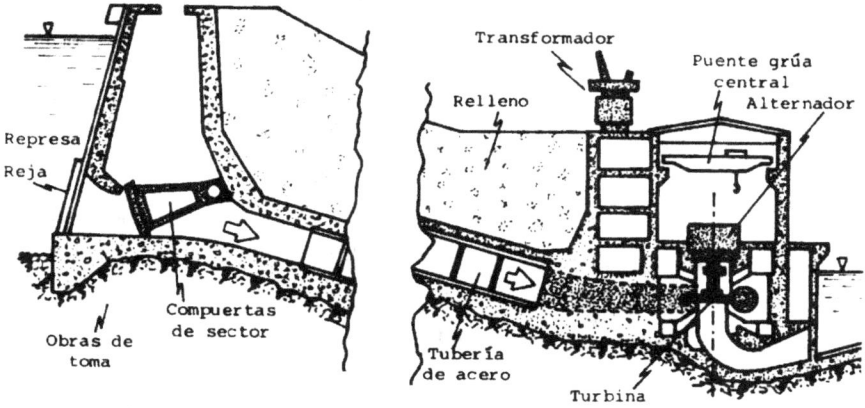

Figura Nº 3.27 Disposición de otro tipo de central

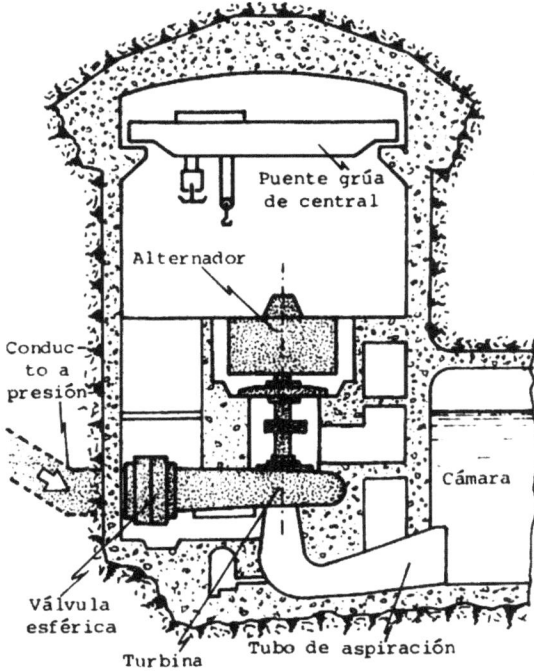

Figura Nº 3.28 Central de caverna

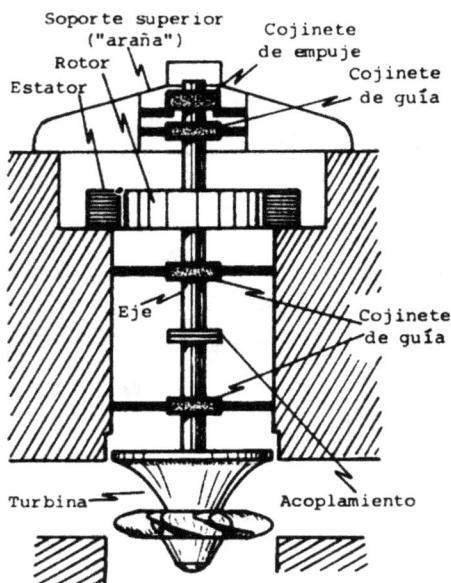

Figura N° 3.29 Detalle de cojinetes de empuje

desagotando los conductos, por medio de las compuertas. Lo que aquí se llama sala de máquinas, tiene un sentido restringido.

En el dibujo de *Figura N° 3.27* mostramos la disposición de una central en que la alimentación desde las obras de toma a la central, se hace por medio de un conducto de acero a presión. La disposición corresponde al anteproyecto de la futura central argentina de "Zanja del Tigre", donde está previsto un desnivel del orden de 53 metros.

Finalmente, en la *Figura N° 3.28* mostramos una central de alta caída, con es tipo denominado central de caverna. La sala de máquinas está cavada en la roca la llegada del agua a la casa de máquinas, es por medio de conductos forzados.

Como ejemplo de este tipo de central, en nuestro país podemos citar a la Central Hidroeléctrica de bombeo en el Cerro Pelado ubicada en Río Tercero, Provincia de Córdoba. Forma parte del complejo hidroeléctrico Río Grande.

Cuenta con (4) grupos de Turbina-Bomba con una potencia instalada de 750 MW y con capacidad de generación anual de 970.000 MWh, de los cuales el 85 % se logra con aportes de acumulación por bombeo, el 15 % restante corresponde del Río Grande, con una reserva de energía de 100 GWh y un tiempo de arranque muy breve (3 minutos) para demanda en permanente crecimiento y casos de emergencia.

Es importante hacer notar que salvo en las turbinas tipo a bulbo, en las restantes se emplean grupos generadores de eje vertical. Esto obliga al empleo de una tecnología particular, que mostramos en *Figura N° 3.29*. Vemos que en el estator del alternador se apoya en los elementos estructurales del edificio. Pero todo el conjunto rotante queda suspendido, transmitiendo los esfuerzos por medio del eje, al cojinete superior, llamado cojinete de empuje, de construcción muy particular.

En la *Figura N° 3.29* vemos que el sistema tiene tres cojinetes de guía para el eje y en el extremo inferior aparece la turbina.

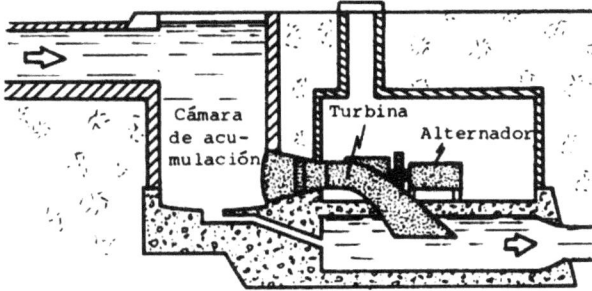

Figura N° 3.30 Planta compacta

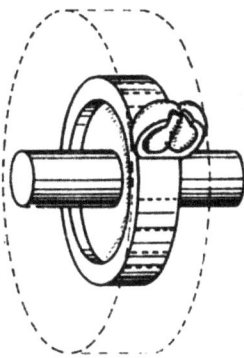

Figura N° 3.31 Rueda Pelton

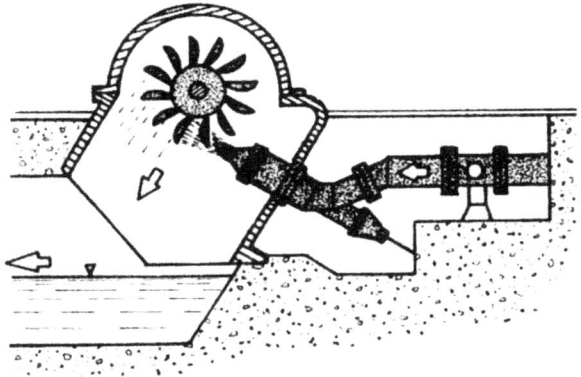

Figura N° 3.32 Disposición de central con rueda Pelton

El cojinete de empuje se apoya en la denominada "araña", que es una pieza estructural que descarga en la estructura de material.

Para pequeños saltos, se emplean las plantas compactas, cuyo esquema vemos en *Figura N° 3.30*. La parte estructural es de fácil construcción y la parte electromecánica, se fabrica en forma seriada, con lo que se abaratan costos.

Pasemos ahora a tratar las turbinas, que en forma primaria podemos clasificar en turbinas de acción, de reacción y hélice. Las primeras son las ruedas Pelton, que responden al dibujo de *Figura N° 3.31*. Se trata de una serie de cucharas sujetas al sistema móvil, que reciben la energía de un chorro de agua convenientemente dirigido y regulado, como muestra la *Figura N° 3.32*, en página siguiente. La velocidad del agua puede conocerse por medio de:

$$v \sim 0{,}98 \ x \ \sqrt{2 \ x \ g \ x \ H} \qquad (3.14)$$

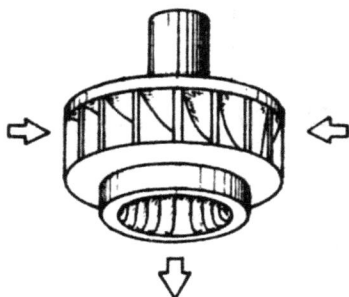

Figura N° 3.33 Turbina tipo Francis

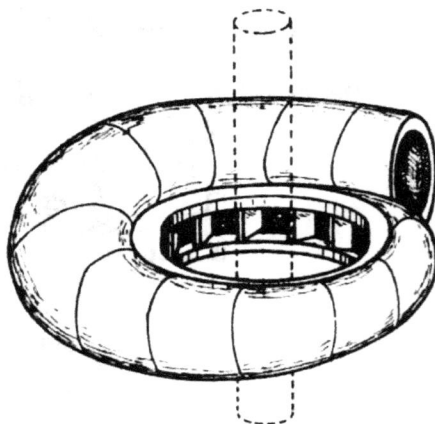

Figura N° 3.34 Corona distribuidora

La *Figura Nº 3.32* nos muestra la disposición general. Debido a la forma de cada cuchara del rodete el agua se desvía sin choque cediendo toda su energía cinética, para caer en la parte inferior y salir. La regulación se logra por medio de la aguja que está dentro de la tobera.

Este tipo de turbina se emplea para grandes saltos y presiones elevadas, por lo que el cierre de la aguja, lleva consigo un fuerte golpe de ariete. El eje puede ser vertical, pero por lo regular, es horizontal.

Como el cierre de la aguja debe ser lento para evitar los efectos del citado golpe de ariete, se colocan deflectores que desvían el chorro de agua, que no se dibujaron en la citada figura.

Para saltos medianos se emplean las turbinas Francis, que son de reacción. En el dibujo de *Figura Nº 3.33* mostramos el rodete y marcamos el importante hecho que el agua entra normal al eje de giro y sale según dicho eje, ejecutando un cambio de dirección de 90°, situación que no se presenta en las **Pelton**. Las paletas o alabes de la **Francis** son de forma alabeada. Otro aspecto de significación es que el agua ingresa por una corona distribuidora, tal como ilustra la *Figura Nº 3.34*. Esta corona rodea por completo al rodete y en ese lugar la velocidad del líquido no alcanza los valores de la (3.14), sino solo una parte. El resto lo toma dentro del rodete, en forma de reacción, al cambiar de dirección. Para lograr que el agua entre radialmente al rodete desde el distribuidor o corona distribuidora, se dispone de una cámara espiral o caracol, que se encarga por medio de su sección variable, de entregar en cada punto el caudal necesario. El rodete tiene los alabes de forma adecuada como para producir los efectos deseados sin remolinos y sin **cavitación**, fenómeno

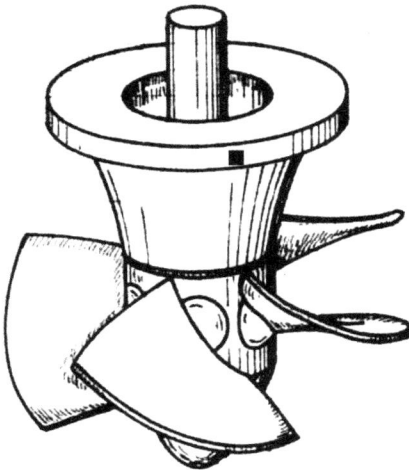

Figura N° 3.35 Turbina tipo Kaplan

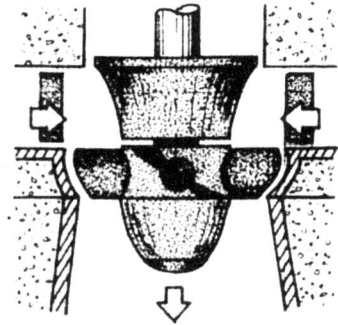

Figura N° 3.36 Montaje de una turbina tipo Kaplan

éste último que es menester evitar. Los elementos de la corona distribuidora son móviles, para la regulación.

En las turbinas de acción el agua llega al rodete en la misma dirección que el movimiento de las cucharas. En las de reacción, el agua ingresa a 90° con relación a la dirección de egreso. En las **turbinas hélice** o **turbinas Kaplan**, el agua no sufre modificación en la dirección de su trayectoria. En cambio de 90° se produce antes del ingreso, como vemos en las *Figura N° 3.35 y 3.36*. las palas o paletas pueden ser fijas como en las hélice o movibles como en las **Kaplan**. Por lo tanto, en estas ultimas, es posible, modificando el ángulo de incidencia, adecuar el estado de carga con mantenimiento de la velocidad. Esto asegura un buen rendimiento aún con bajas velocidades de rotación.

Como hemos visto anteriormente, el agua ingresa a la sala de máquinas por conductos y son menester adecuadas válvulas para cerrar el paso.

Para esta función se emplean las válvulas que pueden se de dos tipos. Las válvulas a mariposa como se ven en *Figura N° 3.37*. Un eje acciona la pantalla que abre o cierra. Las válvulas globo o válvulas esféricas, se la ve en *Figura N° 3.38*, en donde dos cuerpos esféricos, uno dentro de otro, siendo el interior el que tiene la abertura de paso. Estas válvulas se accionan mediante motores eléctricos.

El tipo de turbina que una determinada central hidroeléctrica requiere, se elige con ayuda de la siguiente fórmula:

$$N_e = \sqrt{\frac{N}{H} \times \frac{P}{\sqrt{H}}} \qquad (3.15)$$

En la que:
- P = potencia requerida a plena carga expresada en caballos-vapor CV
- H = salto útil aprovechable en m
- N = velocidad nominal de rotación necesaria en rpm
- N_e = velocidad específica en rpm

La llamada velocidad específica es un número teórico y es la velocidad a la que trabajaría una turbina homóloga (de la misma forma, pero reducida), desarrollando una potencia en el eje de 1 CV con un salto de 1 metro. Esta formula proviene de la teoría de los modelos y puede verse en tratados

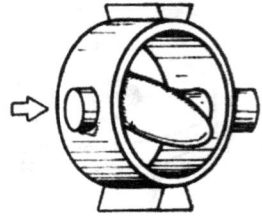

Figura Nº 3.37 Válvula mariposa

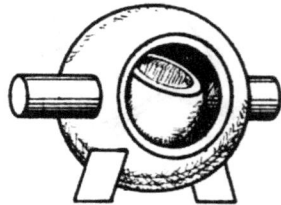

Figura Nº 3.38 Válvula globo

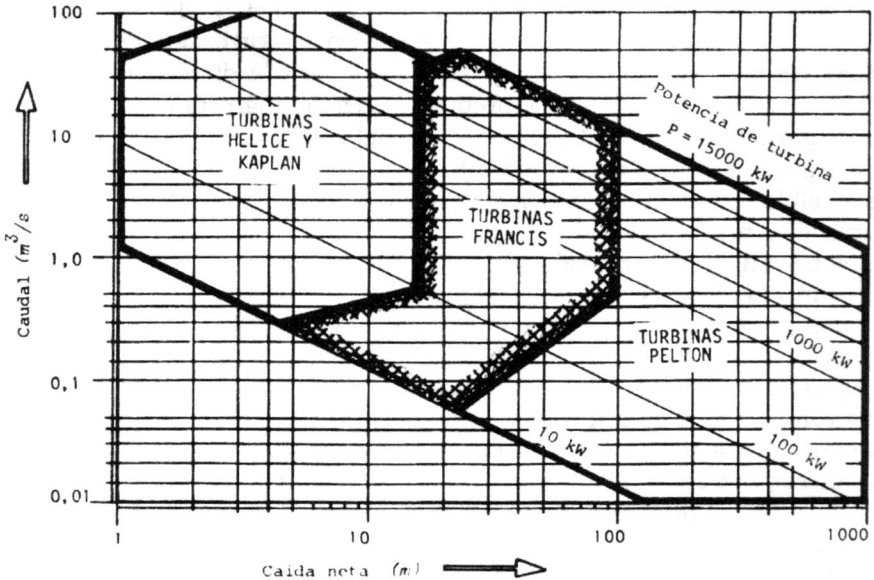

Figura Nº 3.39 Gráfico para la selección

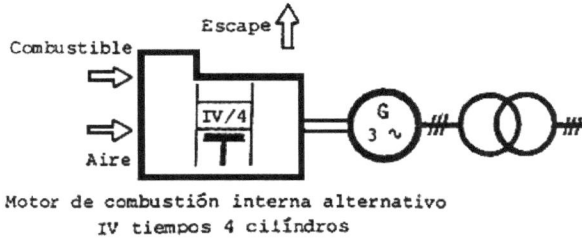

Motor de combustión interna alternativo
IV tiempos 4 cilindros

Figura Nº 3.40 Esquema de principio de una central diesel

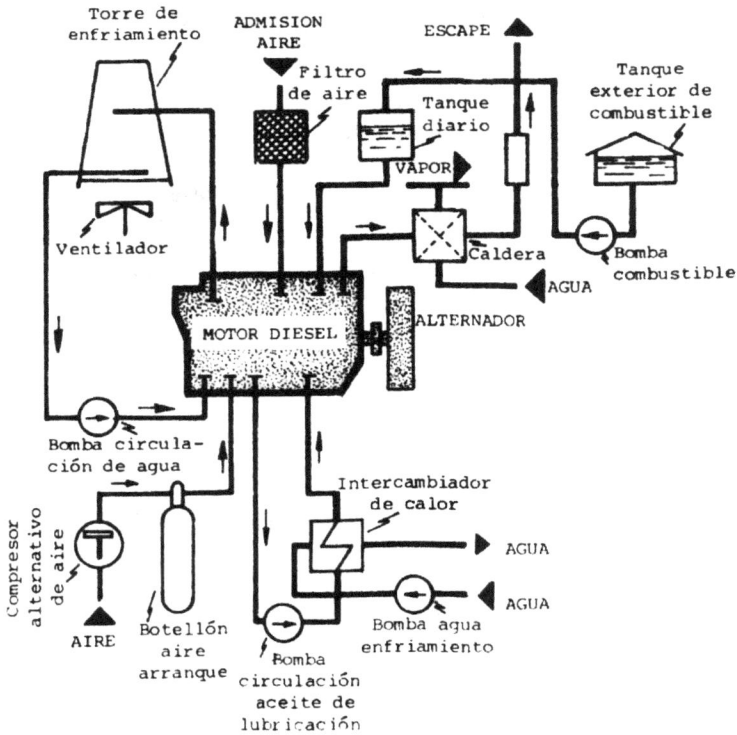

Figura Nº 3.41 Disposición de los componentes principales de una central diesel

especializados. La velocidad nominal de rotación está estrechamente vinculada a la frecuencia de la corriente alterna que debe producir y es:

$$N = \frac{60 \times f}{p} \qquad (3.16)$$

en donde:
* f = frecuencia de la corriente a producir en Hz
* p = número de pares de polos del rotor
* N = velocidad de rotación en RPM

La elección de la turbina más adecuada se puede hacer con ayuda del gráfico de *Figura Nº 3.39* o si se prefiere, seguir el siguiente criterio:
* Nº entre 0 y 25 ruedas Pelton con un solo inyector
* Nº entre 25 y 50 ruedas Pelton con varios inyectores
* Nº entre 50 y 100 turbinas Francis lentas con un rodete
* Nº entre 100 y 250 turbinas Francis normales con un rodete
* Nº entre 250 y 500 turbinas Francis rápidas con varios rodetes
* Nº entre 500 y 1000 turbinas hélice o Kaplan.

TABLA Nº 3.01
RENDIMIENTO APROXIMADO DE LAS TURBINAS

CARGA	3/10	5/10	8/10	9/10	10/10
KAPLAN	0,81	0,87	0,88	0,86	0,86
FRANCIS	0,60	0,80	0,88	0,90	0,87
PELTON	0,80	0,87	0,87	0,87	0,86

3.04. CENTRALES DIESEL
En potencias reducidas son corrientes los grupos electrógenos que pasamos a estudiar.

3.04.01. Esquema de principio
En la *Figura Nº 3.40* vemos el esquema de principio de una central con motor diesel. En la *Figura Nº 3.41* se enseña la disposición de los componentes fundamentales. El enfriamiento del aceite se hace por medio de agua a través de un intercambiador de calor y sus bombas de circulación. El circuito del escape se aprovecha para generar vapor de baja presión en una caldera de recuperación para usos secundarios. La refrigeración principal se efectúa por medio de una torre de enfriamiento y el combustible tiene un tanque semanal (o mensual) y uno diario.

El aire de admisión pasa por un filtro, y el arranque es posible por medio de un sistema de aire comprimido. Puede notarse que la instalación requiere una serie de implementos que constituyen lo que se denomina servicios auxiliares.

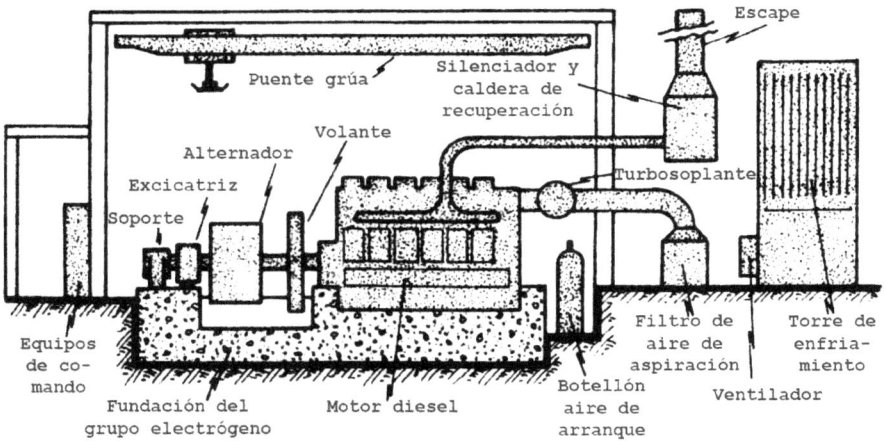

Figura N° 3.42 Disposición física de una central diesel

La disposición física de los diversos componentes se puede ver el la **Figura N° 3.42**, en un corte de la central. Allí se puede ver también la fundación del motor y alternador. El motor es sobrealimentado de un turbo soplante, que se encarga de mejorar el rendimiento. La figura no requiere mayor explicación.

3.04.02. Algunas consideraciones teóricas

El aumento de los rangos de compresión-carga de los motores diesel industriales, ha permitido alcanzar importantes mejoras en la potencia efectiva. Por esta causa, su aplicación para la generación de energía eléctrica no ha disminuido, aunque ha debido enfrentar la competencia de la turbina a gas, dentro del rango de su empleo. Por otra parte, la eficiencia térmica de los motores diesel es independiente de su potencia, dentro de una apreciable gama de fabricación, por lo que al aumentar su capacidad, no puede competir con la turbina a vapor. A causa de esto, su aplicación para la generación ha quedado restringida a potencias modestas y en los lugares en que la inversión inicial debe ser reducida o conviene hacer inversiones a medida que el aumento de la potencia lo requiera.

Recordando Termodinámica vea-

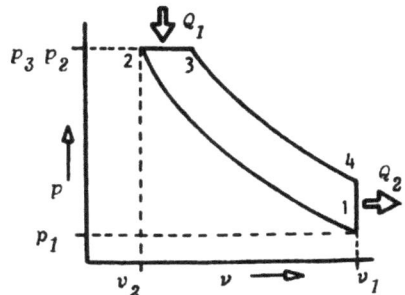

Figura N° 3.43 Ciclo termodinámico

mos el diagrama del ciclo en **Figura N° 3.43**. El tramo **12** es una transformación adiabática en la que el sistema no intercambia calor con el medio que lo rodea y el aire aspirado es comprimido desde la presión p_1 hasta la presión p_2. En ese momento se produce la entrada del combustible al cilindro y ocurre la transformación **23** a presión constante, en donde el combustible se encarga de aportar la cantidad de calor Q_1. Luego sobreviene la expansión adiabática **34** durante la cual no hay teóricamente intercambio de calor. Finalmente, en la fase **41** se produce el escape al abrirse las válvulas o lumbreras, en forma de transformación a volumen constante, y el sistema pierde una cantidad de calor Q_2 el rendimiento global del ciclo queda expresado por:

$$\eta_t = \frac{Q_1 - Q_2}{Q_1} = 1 - \frac{Q_2}{Q_1} \qquad (3.17)$$

Las cantidades de calor Q_1 y Q_2 pueden determinarse por medio de los respectivos calores específicos a presión constante c_p y a volumen constante c_v y las correspondientes temperaturas absolutas, como sigue:

$$Q_1 = c_p \times (T_3 - T_2) \quad y \quad Q_2 = c_v \times (T_4 - T_1) \qquad (3.18)$$

Por otra parte, recordando la relación de compresión:

$$\frac{v_1}{v_2} = \rho \qquad (3.19)$$

y la relación de combustión a presión constante al valor:

$$\frac{T_3}{T_2} = \frac{V_3}{V_2} = \tau \qquad (3.20)$$

Recordando, las expresiones:

$$c_p = k \times c_v \quad y \quad T \times V^{k-1} = cte \qquad (3.21)$$

se desprenden las expresiones:

$$T_2 = T_1^{k-1} \qquad T_3 = \tau \times T_1^{k-1} \qquad T_4 = T_1 \times \tau^k \qquad (3.22)$$

Reemplazando y operando se llega a:

$$\eta_t = 1 - \frac{1}{\rho^{k-1}} \times \frac{\tau^K - 1}{k \times (\tau - 1)} \qquad (3.23)$$

El rendimiento teórico se puede graficar conforme la **Figura Nº 3.44** y recordemos que para todos estos razonamientos el valor de la constante es de k = 1,4. La (3.23) es el rendimiento térmico ideal y vincula el trabajo que se desarrolla un ciclo ideal y el que desarrollaría el calor aportado, de convertirse íntegramente.

Si el ciclo es el real de un motor, tendremos la definición de rendimiento indicado η_i. Por otra parte, los diversos órganos del motor dan lugar a un rendimiento mecánico η_m, que sumado al rendimiento del generador eléctrico η_e, permiten obtener el rendimiento global de la central diesel:

$$\eta = \eta_t \times \eta_i \times \eta_m \times \eta_g \qquad (3.24)$$

Estos rendimientos oscilan entre el 35 y 42 % y se puede afirmar que, en térmi-nos generales, un 35 % de la energía del combustible se transforma en energía eléctrica, un 25 % se emplea en calentar el agua de enfriamiento y una parte importante del 40 % se pierde por el caño de escape. Por esa causa se emplea mucho en las centrales de este tipo, la caldera de recuperación que se vio en **Figura Nº 3.41**.

Un valor muy característico es el consumo específico de combustible, que es la relación entre el trabajo efectivamente producidos en bornes del generador, y el calor total contenido en el combustible empleado para producir esa energía. Por la naturaleza misma del motor, el consumo de lubricante puede ser relevante.

El consumo de combustible, al igual que en las centrales a vapor, se mide en **Kcal/kWh**. El consumo de lubricante, por lo regular viene expresado en **gr/CVh**, gramos por caballo vapor hora.

Las turbinas a vapor, lo mismo que las hidráulicas, tienen gran regularidad en su funcionamiento por la naturaleza misma de su principio. Pero los motores diesel, por ser alternativos, presentan una cierta irregularidad en la marcha. A causa de esto, un número característico de estas centrales es el grado de irregularidad y que se expresa por:

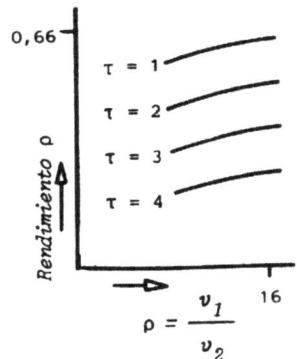

Figura Nº 3.44 Gráficas de rendimiento

$$g = \frac{N_{máx} - N_{mín}}{N_{mín}} \times 100 \qquad (3.25)$$

donde:

- $N_{máx}$ = velocidad del eje, en el momento de máximo, en rpm
- $N_{mín}$ = velocidad del eje, en el momento de mínimo, en rpm

Esta irregularidad de marcha repercute sobre el sistema eléctrico, pudiendo producir perturbaciones durante la marcha en paralelo de diversas centrales, asunto que no corresponde tratar en este texto.

Para la refrigeración de estos motores se emplea, por lo regular, agua. En pequeñas potencias, se usa el aire. El medio adecuado para enfriar a su vez el agua y evacuar el calor de perdidas, suele ser una torre de enfriamiento o un radiador. La cantidad de agua necesaria varía sensiblemente según el tipo de motor, ya que la cantidad de calor a evacuar puede oscilar entre 300 y 900 en **kcal/CVh**. Conociendo este valor, la cantidad de agua requerida puede calcularse por medio de:

$$A = \frac{P \times q}{(t_2 - t_1) \times 3600} \qquad (3.26)$$

Siendo:

- A = caudal de agua refrigerante, en l/s
- P = potencia máxima del motor, en CV
- t_2 = temperatura del agua a la salida, en °C
- t_1 = temperatura del agua a la entrada, en °C
- q = cantidad de calor, en kcal/CVh

Esta formula conduce a valores del orden de 30 a 60 litros por CVh. La lubricación se efectúa para mantener las superficies que rozan, a temperatura tolerable y evitar desgastes. También se emplea para refrigerar interiormente órganos como los cilindros, en que se emplea el agua. Para ello se recurre a lubricación forzada con circuito cerrado.

3.04.03. Principales componentes

En la **Figura Nº 3.45** presentamos el corte de un motor diesel de dos tiempos –que se emplean mucho en generación de energía eléctrica– y la disposición de los principales componentes. En la cabeza de cilindro están los elementos de entrada del combustible llamados inyectores y la válvula de aire para arranque. El combustible y llega por su misma

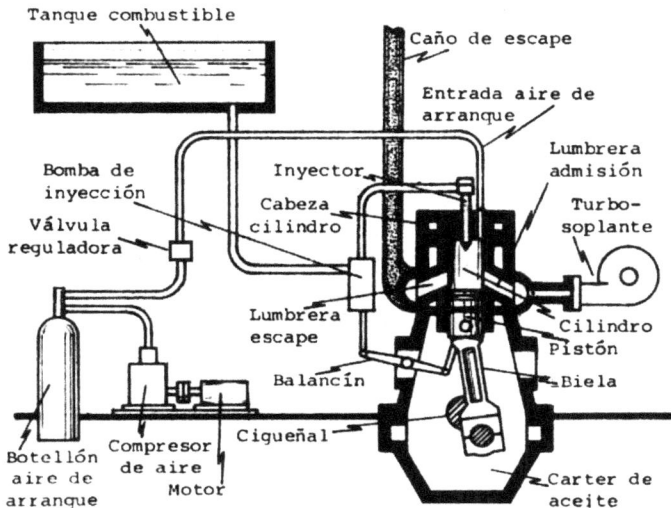

Figura Nº 3.45 Corte de un motor diesel

presión al interior del cilindro. En otros tipos de motores, la inyección se hace con aire a presión. El arranque se hace por medio de aire a presión. Para ello se pone al motor en posición de arranque por medio de un virador que gira lentamente el cigüeñal hasta colocarlo en condiciones adecuadas y el aire comprimido inyectado en el cilindro con el pistón en la posición alta, pasado el punto medio superior. Al bajar el pistón por acción del aire se inicia el ciclo en el cilindro y la bomba de barrido inyecta aire a presión, que impulsa los gases de la combustión en la marcha normal y agrega el aire necesario para la compresión cuando el cilindro inicia su marcha ascendente. En ese dibujo la biela está articulada por un perno que tiene el mismo cilindro. Las lumbreras de admisión y de escape permiten el ingreso del aire y egreso de los gases de la combustión. Un turbo soplante provee aire a presión, para la admisión.

3.04.04 Datos característicos

Para apreciar el orden de magnitud de los valores en juego, transcribimos a continuación los datos de un grupo electrógeno comercial:

◊ Potencia en el eje del motor: 2400 CV

◊ Velocidad: 500 rpm

◊ Generador eléctrico: 2065 kVA; 1650 kW; 13200 V

◊ Diámetro cilindros: 300 mm

◊ Carrera de los pistones: 450 mm

◊ Número de cilindros: 12

◊ Velocidad media de los cilindros: 7,5 m/s
◊ Presión media de los cilindros: 11,32 kg/cm²
◊ Peso total: 31,3 tn
◊ Consumo específico de diesel-oil: 161 gr/CVh
◊ Consumo específico de aceite: 1,26 gr/CVh

3.05. CENTRALES CON TURBINAS A GAS

En las últimas dos décadas se han perfeccionado las turbinas a gas para generación de energía eléctrica. Si bien el motor diesel tiene mayor rendimiento, no es menos evidente que las turbinas a gas presentan muchas ventajas. Por una parte, la rápida puesta en marcha de las hace convenientes para atender cargas de rápidas aparición. Por otra parte, no requieren obras civiles de importancia, sus auxiliares son simples y se pueden construir en forma compacta para su transporte y fácil instalación.

3.05.01. Esquemas de principio

En la **Figura Nº 3.46** vemos los principales componentes, en una turbina a gas de ciclo abierto. El aire penetra a un compresor que se encarga de llevarlo a la presión requerida para ingresar al combustor o quemador, en donde se produce la expansión de los gases que accionan la turbina. Esta suministra energía al generador eléctrico y al compresor. El fluido es finalmente expulsado por el escape con una apreciable cantidad de calor aprovechable, y en la **Figura Nº 3.45** podemos ver la dis-posición para este fin.

El conjunto de **Figura Nº 3.46** es a ciclo abierto, pero se han desarrollado tuberías a ciclo cerrado, en donde el fluido operante recibe calor del exterior por medio de intercambiadores, colocados entre el compresor y la turbina. El

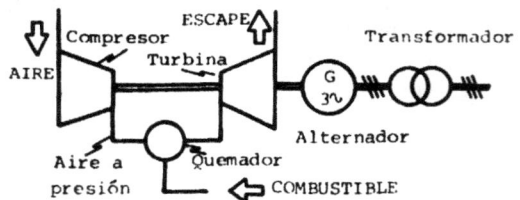

Figura Nº 3.46 Esquema de una central con turbina a gas

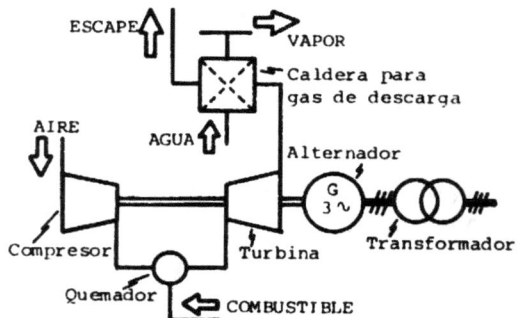

Figura Nº 3.47 Esquema de una central a cielo abierto

circuito de la citada **Figura Nº 3.47** permite obtener vapor de baja presión o agua caliente, para otros usos.

Hay también ciclos más complicados, con varios ejes, que logran rendimientos termodinámicos.

3.05.02. Algunas consideraciones teóricas

El ciclo termodinámico empleado actualmente en las máquinas más sencillas es el conocido como **ciclo de Brayton**. La etapa de compresión adiabática marcada con **12** permite pasar del volumen V_1 al volumen V_2 con cambio de presión desde P_1 a P_2. El aire así comprimido entra en la cámara de combustión donde recibe el calor Q_1 del combustible a la presión constante durante la etapa **23**. En la turbina se produce la expansión constante adiabática **34** con desarrollo de trabajo y luego el gas sale del sistema en la etapa **41** perdiendo la cantidad de calor Q_2 a presión constante. El rendimiento global del ciclo, al igual que en el caso de los motores diesel es:

$$\eta_t = \frac{Q_1 - Q_2}{Q_1} = 1 - \frac{Q_2}{Q_1} \qquad (3.27)$$

Las cantidades de calor, ambas a presión constante, se sabe valen:

$$Q_1 = c_p \times (T_3 - T_2) \qquad Q_2 = c_p \times (T_4 - T_1) \qquad (3.28)$$

Por esta causa, la (3.27) se puede escribir:

$$\eta t = 1 - \frac{T_4 - T_1}{T_3 - T_2} \qquad (3.29)$$

La relación de temperaturas a la entrada y a la salida de la turbina es:

$$\frac{T_3}{T_4} = \left| \frac{p_3}{p_4} \right|^{\frac{k-1}{k}} \qquad (3.30)$$

y la misma relación, pero para el compresor de aire resulta:

$$\frac{T_2}{T_1} = \left| \frac{p_2}{p_1} \right|^{\frac{k-1}{k}} \qquad (3.31)$$

A su vez, la relación de compresión resulta:

$$\sigma = \frac{p_3}{p_4} = \frac{p_2}{p_1} \qquad (3.32)$$

Reemplazando y operando:

$$\eta t = 1 - \frac{T_4 - T_1}{T_4 \times \sigma^{\frac{k-1}{k}} - T_1 \times \sigma^{\frac{k-1}{k}}} = 1 - \left|\frac{1}{\sigma}\right|^{\frac{k-1}{k}} \qquad (3.33)$$

La **Figura Nº 3.49** nos muestra los efectos de la relación de compresión sobre el rendimiento. Para este diagrama se admitió que el rendimiento del compresor es del 85 % y la turbina 90 % y que la temperatura de ingreso de los gases a la primera etapa de la turbina es de 760°C.

Las turbinas a gas de ciclo abierto tienen un rendimiento aproximado del 25%, si las temperaturas de entrada al primer estadio de la turbina son de unos 750 °C. Cuando existe algún sistema de recuperación del calor, el rendimiento global puede llegar al 30 %. Debemos agregar que las turbinas a ciclo abierto que impulsan alternadores –para optimizar– tienen una velocidad superior a las 3 000 rpm, por lo que es menester ins-talar un reductor de velocidad para lograr las frecuencias de 50 Hz.

3.05.03. Principales componentes
Las turbinas a gas actuales se fabrican según tres tipos fundamentales:
• para instalación fija
• para colocación sobre camión a vagón ferroviario
• tipo "paquete" en bloques de fácil trasporte e instalación.

En la **Figura Nº 3.50** apreciamos una instalación fija, en donde las leyendas del dibujo son suficientemente explicativas de la disposición general de todos los elementos. Lo corriente es la disposición "en fila" de los componentes, para lograr la circulación de la energía en línea recta. Debe advertirse que el silenciador es absolutamente necesario, dado que

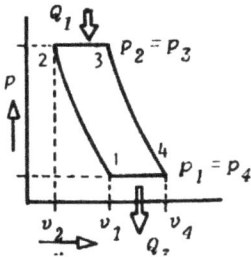

Figura N° 3.48 Ciclo diesel

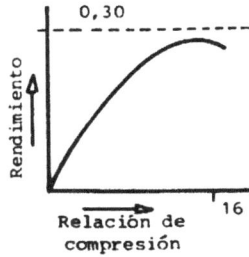

Figura N° 3.49 Gráfica relación de compresión-rendimiento

este tipo de turbina produce en la aspiración, mucho ruido. En la *Figura N° 3.51* mostramos el corte de una turbina por un plano que contiene al eje de giro, donde se precian los principales componentes. Los compresores pueden ser centrífugos o axiales, según la dirección del aire.

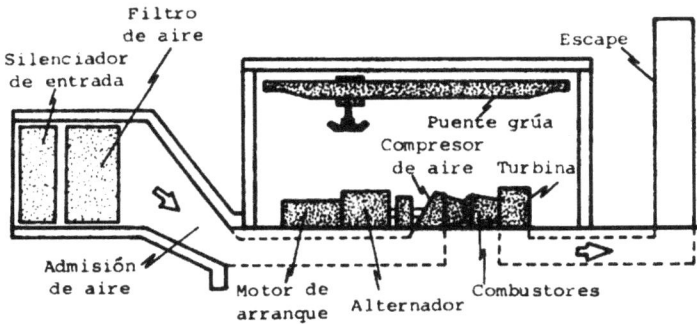

Figura N° 3.50 Disposición de una central a gas

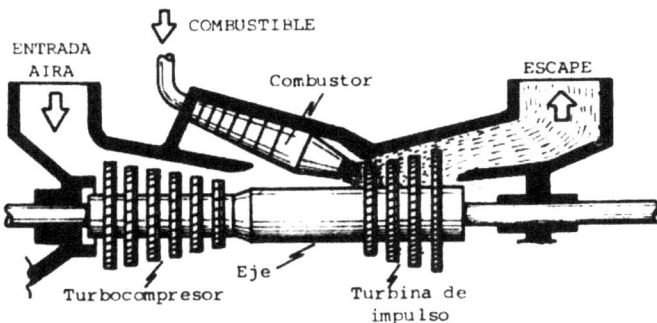

Figura N° 3.51 Turbina en corte

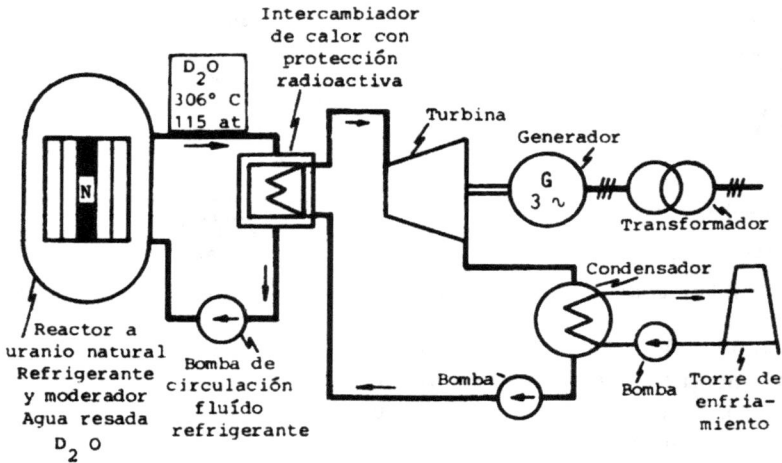

Figura N° 3.52 Esquema central nuclear tipo HWR

Los combustores pueden estar directamente acoplados al cuerpo principal del conjunto o colocarse separadamente en una unidad particular. El material de las paletas de la turbina debe soportar elevadas temperaturas y solicitaciones mecánicas conjuntamente, siendo la parte más crítica de la máquina.

3.06. CENTRALES NUCLEARES

El desarrollo de la energía nuclear ha permitido su aplicación a la generación de energía eléctrica. Varios son los tipos de centrales actualmente funcionando, en correlación con el combustible utilizado y otros detalles, pero la mayor parte consisten todavía en un reactor que por vía directa o indirecta produce vapor u otro fluido actuante, el que acciona una turbina adecuada a su presión y temperatura. En algunos casos, aún no muy difundidos, el fluido calefaccionado por el reactor, acciona una turbina a gas.

3.06.01. Esquemas de principio

En la **Figura N° 3.52** tenemos el croquis de una central del tipo llamado **"HWR"**, que significa **"Heavy Water Moderated"**.

Se puede ver que hay un reactor en donde se produce el fenómeno nuclear. El agua pesada (Fórmula D_2O) es el medio refrigerante y a la vez moderador del uranio natural, que es el combustible adoptado en Argentina. Este fluido saliendo a 306 °C y 115 atmósferas de presión alcanza a un intercambiador de calor que actúa como generador de vapor. El

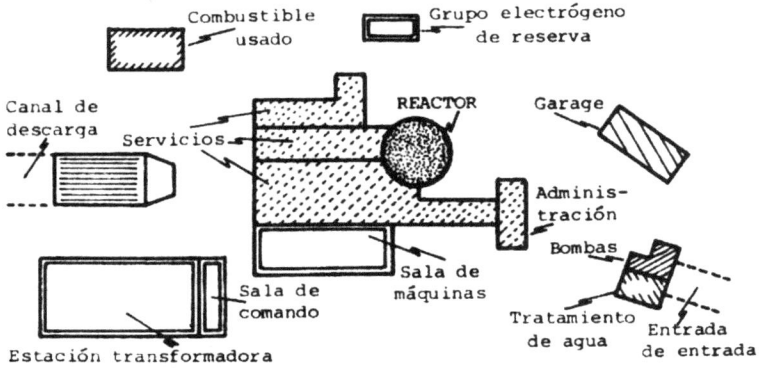

Figura Nº 3.53 Esquema en planta de una central nuclear

mismo alcanza la turbina que acciona el alternador y sale hacia el condensador. Una bomba de extracción y circulación permite que el condensado retorne al intercambiador de calor.

El condensador quita el calor mediante una bomba de circulación y una torre de enfriamiento. En muchos casos, la torre es sustituida por un lago o río cercano, con abundante caudal. Existen otros modelos de centrales nucleares, pero no las trataremos, por no ser las que se ha decidido usar en Argentina. El croquis de ***Figura Nº 3.52*** es similar as de la central argentina de "Atucha I". En la ***Figura Nº 3.53*** de página siguiente mostramos la disposición en planta de la central argentina de "Embalse".

3.06.02. **Algunas consideraciones teóricas**

Un reactor atómico es un mecanismo de disposición adecuada, que contiene materiales llamados combustibles, en una configuración tal que es posible la reacción en cadena sostenida y controlada. Además, el calor producido en las fisiones se puede usar para la generación de vapor con el cual impulsar una turbina.

Los materiales combustibles son **isótopos**, que se fisionan por la acción de neutrones que llegan a velocidad adecuada.

El la ***Figura Nº 3.54*** presentamos una "imagen apropiada" de la reacción en cadena. Recalcamos que lo de "imagen apropiada" es una expresión conveniente, ya que los fenómenos atómicos son bastantes complicados por la gran cantidad de partículas subatómicas que participan y porque los modelos de la física clásica no siempre son adaptables a los fenómenos cuánticos y ondulatorios. Podemos apreciar, en la parte superior, que existe un núcleo de plutonio 239 al que se le acerca un neutrón. Cerca está un núcleo de uranio 238 luego de impacto,

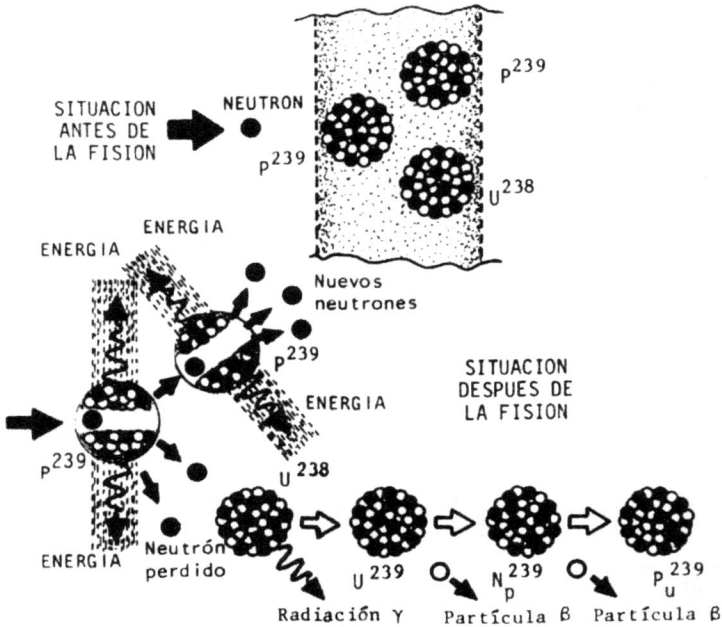

Figura N° 3.54 Reacción en cadena

parte inferior de la misma figura, la fisión da por resultado dos partículas cuyo peso atómico en conjunto es menor que el del núcleo inicial. La diferencia de peso se convierte en energía, conforme las enseñanzas de Einstein. La energía es cinética. Pero al producirse la fisión se generan, en el ejemplo, tres neutrones. Uno de ellos alcanza a otro núcleo de plutonio 239 y da lugar al mismo fenómeno, con lo que se inicia la reacción en cadena y se generan a su vez otros tres neutrones.

Otro de los neutrones de la fisión original alcanza un núcleo de uranio 238 y se produce una emisión de rayos gama, convirtiéndose así el núcleo en otros elementos, el uranio 239, que por ser inestable, emite una partícula β y queda reducido a neptunio 239, el que a su vez, también por inestabilidad, emite una partícula β y queda finalmente convertido en plutonio 239.

Esta imagen mecánica de la fisión –si bien con las reservas antes mencionadas– puede servir para comprender el proceso y obtener como conclusión que al bombardear con neutrones un material llamado "combustible", se genera energía cinética que se convertirá finalmente en calor en el reactor y se producirán nuevos neutrones que ocasionarán nuevas colisiones con núcleos de Plutonio, existentes y generados por el mismo proceso, multiplicando los efectos, a la vez que se producen radiaciones γ y emisión de partículas β También esta imagen permite apreciar que algún neutrón se perderá sin ocasionar colisión alguna, asunto éste, como todos los anteriores, encuadrado en las leyes de la probabilidad y la estadística. Pero también surge que la generación de nuevos neutrones y sus sucesivas colisiones con plutonio multiplicarán el proceso, llevando los niveles de energía a valores rápidamente crecientes y de gran magnitud, como ocurre en las explosiones atómicas. Para controlar los procesos de este tipo se usan los **moderadores**, que no son otra cosa que sustancias interpuestas que disminuyen la velocidad de los neutrones, facilitando el control del proceso.

Los materiales **"combustibles"** utilizados son el uranio 233, el uranio 235 y el plutonio 239. los materiales aptos para producir estos isótopos son el torio 232 y el uranio 238, que absorbiendo neutrones, producen uranio 233 y plutonio 239. El uranio 235 está presente en una proporción del orden de 0.711 % en el uranio natural y puede ser usado con esta concentración en varios reactores, con ciertas restricciones. El material "combustible" puede ser enriquecido por medio de otros isótopos para llegar a un grado adecuado de concentración del orden del 2 % al 4 % de uranio 235.

Como hemos descrito anteriormente, la fisión ocasiona, además de la energía cinética de los fragmentos de núcleo, emisión de rayos γ, partículas β y neutrones. Se ha determinado que la cantidad de éstos últimos es en promedio es de 2,5 neutrones por cada fisión nuclear. La energía resultante de todos estos procesos está suficientemente estudiada y se sabe que es de 193 millones de electrón-volt por cada fisión de un núcleo simple de uranio 235.

Recordemos que un electrón-volt es la energía que adquiere un electrón cuando recorre una diferencia de potencial de un volt. Partiendo de estas cifras, es posible hacer los siguientes cálculos:

• fisión de un núcleo de uranio 235	193×10^6	[eV]
• energía proveniente de los rayos gamma	7×10^6	[eV]
• energía total producida por fisión	200×10^6	[eV]
• conversión a Joule	$3,2 \times 10^{-11}$	[J]

Por lo tanto, se requiere un proceso de $3,125 \times 10^{10}$ fisiones-segundo para producir 1 watt de potencia. Dado que 1 gramo de uranio 235 tiene una cantidad de $2,56 \times 10^{21}$ núcleos, la fisión completa de todos los núcleos de 1 gramo de Uranio 235 debe producir:

$$2,56 \times 10^{21} \times 3,2 \times 10^{-11} = 8,19 \times 10^{10} \text{ [Joule]} \qquad (3.34)$$

Recordamos así mismo:

1 [Joule]	= 1	[watt] x 1 [segundo]
1 [MW]	= 10^6	[watt]
1 [día]	= 86 400	[segundos]

Por lo tanto:

$$8.19 \times 10^{10} \text{ J} = 8,19 \times 10^4 \text{ MWs} = 8,19 \times 10^4 \text{ MWs}/864000 \text{ s/día} =$$
$$= 1 \text{ MWd} \qquad (3.35)$$

Esto nos indica que, la fisión completa de un gramo de Uranio 235 produce una energía de un mega-watt-día. Esta nueva unidad para medir la energía, es apropiada para cálculos y estimaciones rápidas en asuntos de centrales nucleares.

Desde un punto de vista un poco más riguroso, si tenemos una cierta cantidad de material combustible que recibe en flujo de neutrones, podemos expresar la cantidad de fisiones por segundo con la siguiente fórmula:

$$F = k \times g \times G \times \varphi \times S \qquad (3.36)$$

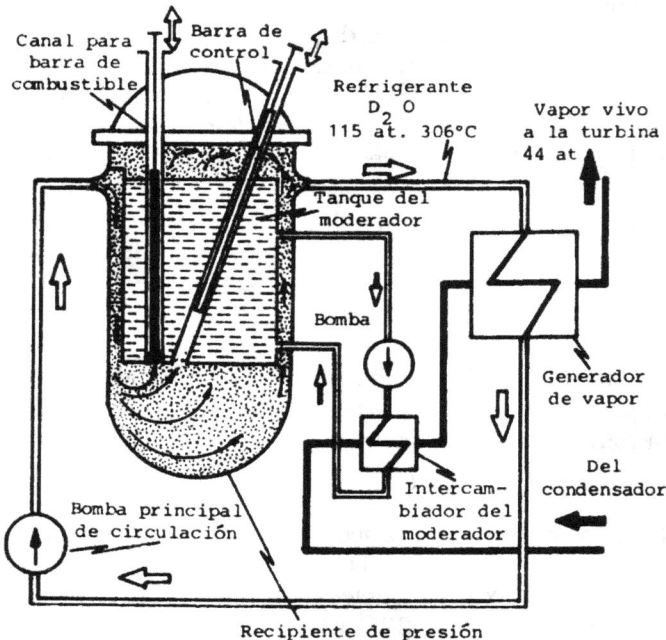

Figura N° 3.55 Reactor tipo

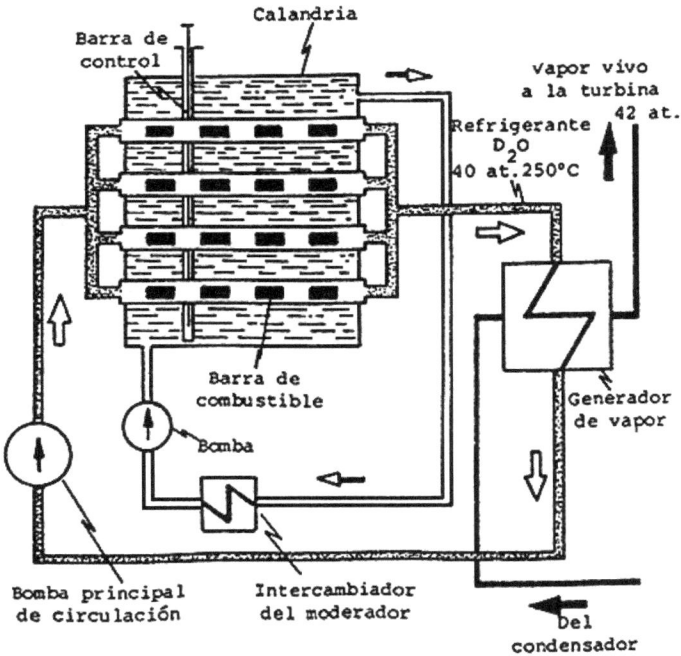

Figura N° 3.56 Reactor tipo

en donde:
- F = fisiones en la unidad de tiempo, fisiones/segundo
- K = constante de unidades
- g = proporción de material flexible, en el total del material, 0/0
- G = Peso total del material combustible presente, toneladas
- φ = flujo de neutrones que inciden, neutrones/m^2 x s
- S = superficie útil del material combustible que recibe neutrones, m^2

Por lo tanto, las cantidades de fisiones por segundo y por tonelada de material presente serán:

$$f = \frac{F}{G} \frac{fisiones}{seg.ton} \qquad (3.37)$$

Si en cada fisión se produce una cantidad de energía que llamaremos E_f medida en millones de electrón-volt MeV, convertida a Joule será:

$$1 \text{ fisión} = 3,2 \times 10^{-11} \text{ Joule} = 200 \times 10^6 \text{ eV} \qquad (3.38)$$
$$1 \text{ fisión} = 200 \text{ MeV} \qquad (3.39)$$

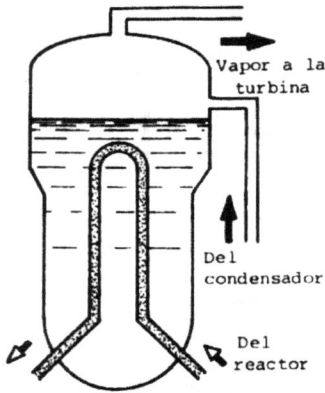

Figura N° 3.57 Intercambiador-generador

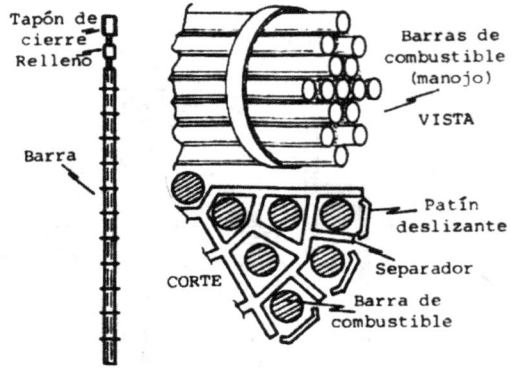

Figura N° 3.58 Barras de combustible

$$\frac{200}{3,2} \text{ MeV} = 10^{-11} \text{ Joule} \quad (3.40) \qquad 1\text{MeV} = \frac{10^{-13}}{0,625} \text{ Joule} \quad (3.41)$$

La potencia vendrá expresada por:

$$P = E_f \left[\frac{\text{MeV}}{\text{fisión}} \right] \times f \left[\frac{\text{fisiones}}{\text{seg} \times \text{ton}} \right] \times \frac{10^{-13}}{0,62} \left[\frac{\text{Joule}}{\text{MeV}} \right] \quad (3.42)$$

Resumiendo unidades:

$$P \left[\frac{\text{watt}}{\text{ton}} \right] = \frac{10^{-13}}{0,62} \times E_f \times f \quad (3.43)$$

Expresando la potencia en mega-watt-día y el tiempo en días, resulta que la energía de estos procesos puede medirse en la nueva unidad mega-watt-día/toneladas de material, es decir:

$$A = P \times t \frac{\text{mega-watt-día}}{\text{tonelada}} \quad (3.44)$$

A este valor se lo suele llamar exposición y es la relación entre la potencia que produce el reactor y la que efectivamente sale a la red eléctrica. Es el rendimiento de la central, es decir:

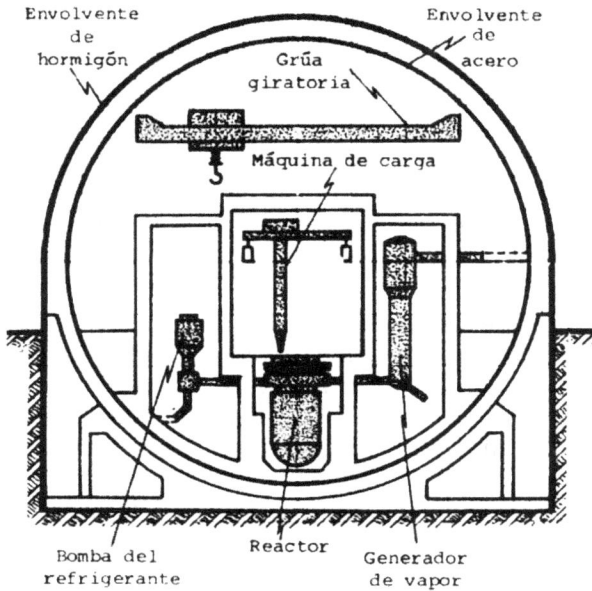

Figura N° 3.59 Central Atucha I

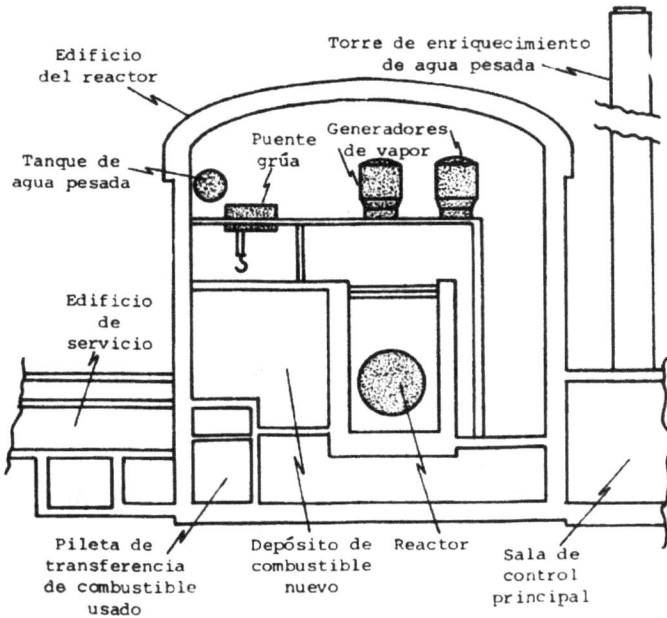

Figura N° 3.60 Central Embalse

$$\eta = \frac{\text{mega-watt-eléctricos}}{\text{mega-watt-térmicos}} = \frac{P_e}{P_t} \qquad (3.45)$$

Este valor de rendimiento está cercano al 30%. Por otra parte, de lo anterior se deduce que cuando:

Cada vez que se libera 1 mega-watt-día de energía desaparece 1,2 gramos de uranio 235 y aparece la cantidad de 1,0 gramos de plutonio.

3.06.03. Principales componentes

Como hemos podido apreciar en el dibujo de **Figura Nº 3.52**, las centrales nucleares tienen un circuito de vapor semejante al de las centrales convencionales, si bien es menester admitir tienen valores que le son característicos, particularmente, la presión y la temperatura del vapor que ingresa a la turbina. Por lo tanto, en este párrafo nos habremos de dedicar al reactor atómico, implemento en donde se producen los fenómenos de conversión de la materia en energía. Dentro del reactor está el núcleo, que es el lugar en que específicamente se produce la fisión nuclear y se libera el calor que será aprovechado. En la **Figura Nº 3.55** tenemos el corte esquemático de un reactor semejante al de la central argentina de "Atucha I" y en la **Figura Nº 3.56** uno semejante al de la central argentina de "Embalse". En ambas, el "combustible" es el mismo y el líquido refrigerante también, cambiando la disposición de los elementos. Es bueno decir que hay reactores que no tienen por fin el producir energía, sino que simplemente convierten sustancias llamadas fértiles en sustancias fisionables y se denominan convertidores. Por lo visto en el párrafo anterior, al producirse el encuentro entre un neutrón y un átomo fisionable, además de producción de energía y de partículas, se liberan neutrones, que en promedio se dijo era de 2,5 por cada fisión. Para que la reacción en cadena sea posible, es menester que por lo menos un neutrón de los liberados en una fisión, alcance al otro núcleo. Esos neutrones poseen alta velocidad y esta circunstancia hace poco probable que sean capturados por otro núcleo. Con el fin de reducir esa energía, se los obliga a atravesar una sustancia llamada moderador, que provoca choques que hacen disminuir la velocidad. Hay varias sustancias para este fin pero en Argentina se usa el agua pesada D_2O (óxido de deutenio). Las barras de combustible de la **Figura Nº 3.55** se encuentran en el seno de la sustancia que ingresa y egresa como fluido y que, precisamente, es el moderador, el que se encarga de la extracción del calor del núcleo. Con esta disposición del combustible en las barras con moderador interpuestos, los neutrones emitidos por una barra, alcanzan a otras después de pasar por el elemento frenante. Es necesario también advertir que para que una fisión engrede por lo menos un neutrón, y éste liberado provoque otra fisión y así sucesivamente, es necesario contar con una masa de combustible suficiente como para que exista la probabilidad de esta situación. Por lo tanto. Todo reactor debe contar con una masa crítica, debajo de la cual, no es posible la reacción en cadena. Pero es fácil advertir que una vez iniciada la reacción en cadena, debe contarse con un medio capaz de regularla o detenerla. Este mecanismo son las barras de control que pueden ser de boro, cadmio u otras aleaciones. Estas barras absorben neutrones y permiten controlar su paso hacia nuevas fisiones. Las referidas barras se colocan en forma de caer por peso propio, para detener el proceso. En los reactores vistos en *Figuras Nº 3.55* y *3.56* de centrales argentinas, puede verse la disposición de las barras de combustible y barras de control. En la *Figura Nº 3.57* tenemos la disposición interna del intercambiador de calor, que a la vez es el generador de vapor. En la *Figura Nº 3.58* mostramos la forma en que se acondicionan las barras de combustible, en forma de manojo y su colocación. O por lo regular, los elementos combustibles de la Comisión Nacional de la Energía Atómica son 36 barras combustibles pasantes y un tubo de soporte, formando lo que se llama elemento combustible. Las barras de control que pueden desplazarse dentro del núcleo del reactor, tienen un mecanismo que permite su introducción, extracción y caída libre. La potencia del reactor de "Atucha I" es 1 100 MW, de la cuál, 1045 se producen en las barras de combustible y el resto en el moderador. Las bombas del circuito de refrigeración circulan 20000 t/h y se producen 1737 t/h de vapor vivo a la turbina a 44 atmósferas.

En la *Figura Nº 3.59*, se aprecia a la central "Atucha I" en corte y en la *Figura Nº 3.60* el corte de la central "Embalse". Las leyendas en ambos casos, muestran la disposición de los principales componentes.

En ambos dibujos de estas centrales argentinas, se aprecia que son necesarios elementos de izaje para movimiento de las barras de control y la extracción y colocación de los elementos combustibles.

Los combustibles por lo regular están envainados formando pastillas, luego de ser usados pueden pasar a ser simplemente residuos o tratados para ser empleados nuevamente. El uranio natural, abundante en Argentina y adoptado para las centrales nucleares, no requiere el proceso de enriquecimiento que solo pocos países pueden hacerlo, y sufre primariamente un proceso de concentración química. Se refina y se transforma en tetrafluoruro de uranio UF_4 que luego se convierte en uranio metálico en lingotes como producto de colada. Mediante un tratamiento térmico y mecánico se logran barras, hilos, tubos o placas. Luego de una limpieza esta listo para ser envainado. El uranio natural, en forma de barras, está aleado con molibdeno, y durante la marcha de la central está bajo irradiación y sufre desgastes debidos a los productos de la fisión. Por eso se habla de una vida tecnológica. El desgaste teórico es la transformación que sufren los núcleos por formación de otros núcleos, lo que entraña una modificación de la sustancia. Pero además de la vida tecnológica, es corriente hablar de la vida nuclear que son los mega-watt-día/tonelada extraíbles.

3.06.04. Algunos datos característicos

Para las dos centrales argentinas actualmente en operación normal se tiene los siguientes datos:

TABLA N° 3.02
PRINCIPALES CARACTERÍSTICAS DE LAS CENTRALES NUCLEARES

CARACTERÍSTICAS	ATUCHA 1	EMBALSE	ATUCHA 2 (EN CONSTRUCCIÓN)
Potencia térmica del reactor	1 100 MW	2 103 MW	2 175 MW
Potencia en bornes del generador	340 MW	644 MW	743 MW
Potencia neta de la central	319 MW	600 MW	692 MW
Combustible	UO_2 natural	UO_2 natural	UO_2 natural
Refrigerante	D_2O	D_2O	D_2O
Moderador	D_2O	D_2O	D_2O
Caudal refrigerante	20 000 t/h	30 900 t/h	38 400 t/h
Temp. refrigerante salida cuba	306 °C	310 °C	310 °C
Caudal de vapor	1 737 t/h	3 120 t/h	957 Kg/s
Presión vapor vivo	44 atm. Absolutas	42 atm. Absolutas	56 bar
Tensión en bornes del generador	21 kV	21 kV	21 kV

3.07. ENERGÍA NO CONVENCIONAL

Es bien conocido que en los últimos años se han desarrollado varios métodos para generar energía en forma directa, partiendo de la fuente primaria de energía y sin pasar por la etapa de la conversión electromagnética del alternador. Todos estos métodos, cumplida la etapa experimental, han comenzado a desarrollar prototipos primero y modelos industriales después. Si bien estos métodos producen por lo regular corriente continúa, la rápida evolución de los equipos electrónicos para convertir continua en alterna, ha hecho posibles aplicaciones antes no esperadas.

3.07.01. **Generación magnetohidrodinámica**

En la ***Figura N° 3.61*** vemos el esquema de principio de este método, en perspectiva y arriba a la derecha, un corte. Un gas en que se han "sembrado" vapores de un metal, ingresa a una tobera, acelerándose. Dicho gas con partículas metálicas pasa por un campo magnético a 90° y a otros 90° hay un par de placas que hacen las veces de colectoras y actúan como los polos del generador. Las conocidas leyes del movimiento del electrón en el campo magnético, permiten basar la teoría de esta forma de generación. Es el conocido efecto may aplicado a un fluido que se lo llama plasma, y está regida por la conocida expresión:

$$f = e \times (v \wedge B) \qquad (3.46)$$

Donde:
- f = fuerza que solicita a un electrón en un campo magnético
- e = carga de un electrón
- v = velocidad del electrón en el plasma
- A = expresión matemática del producto vectorial
- B = inducción del campo magnético

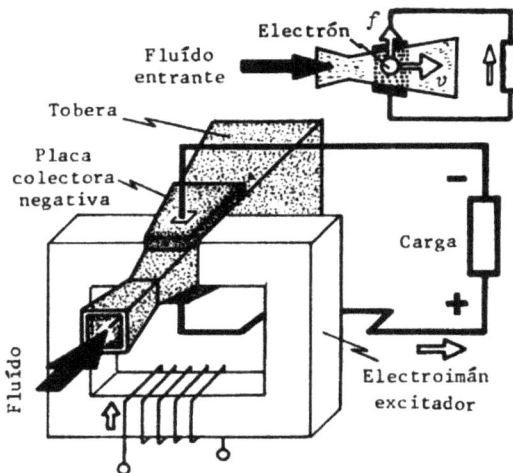

Figura N° 3.61 Generación magneto térmica

Estos generadores requieren un ciclo térmico complementario, ya que el gas con partículas metálicas, al salir del generador magneto hidrodinámico, pasa a una caldera para producir vapor y recuperar el calor.

Los rendimientos de estos ciclos combinados –que no describiremos– pueden alcanzar el 55 % con instalaciones del orden de 500 MW. En la **Figura Nº 3.62** mostramos una instalación de este tipo, en donde las referencias permiten conocer los principales componentes de la instalación y la función que cumplen en el ciclo térmico.

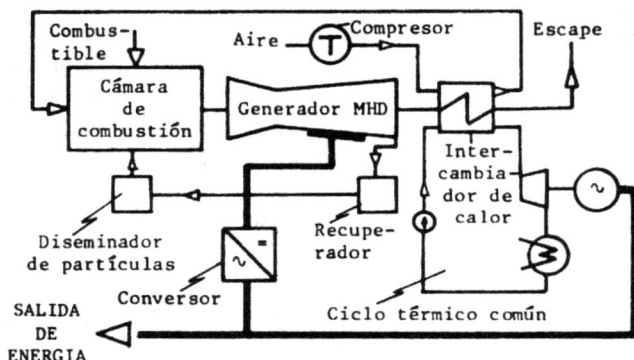

Figura Nº 3.62 Esquema de un ciclo completo

3.07.02. Generación fotovoltaica

La energía radiante proveniente del sol puede transformarse en forma directa en energía eléctrica de corriente continua, mediante el uso de captores. A nivel del suelo, la radiación solar puede estimarse en 1000 W/m². una parte de esa energía puede captarse por medio de las células fotovoltaicas, que se encargan de convertir los fotones incidentes en electrones libres. Estas células consisten en un mono cristal del tipo semiconductor de silicio con impurezas. Cuando un fotón de longitud de onda determinada –lo que equivale decir, una cantidad discreta de energía– cae sobre la unión del semiconductor, un electrón de la banda de valencia pasa a la banda de conducción y se encuentra disponible para ser extraído y ser empleado. La **Figura Nº 3.63** nos muestra esquemáticamente la conformación de una célula y su circuito eléctrico externo. Este tipo de célula, por razones constructivas, suele ser un circulo de unos 100 mm de diámetro y en las condiciones de 1000 W/m² de energía total recibida, con un rendimiento de este tipo de dispositivo del orden del **12** al **14** por ciento, puede suministrar una potencia del orden de 1 watt. Este disco se comporta como un generador elemental de tensión 0,58 volt a circuito abierto y puede suministrar en condiciones de corto circuito unos 2,3 ampere. Por lo pequeño de la tensión generada, estas células se agrupan en serie en número del orden de **35**, formando lo que comercialmente se denomina paneles solares, con el aspecto de ***Figura Nº 3.64***.

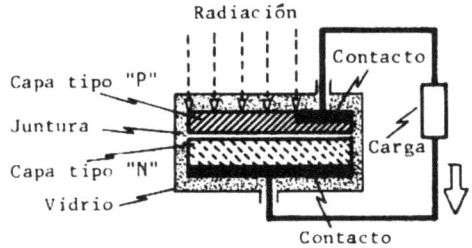

Figura Nº 3.63 Célula fotovoltáica

Por ejemplo, se pueden encontrar modelos comerciales de los siguientes valores:

- Potencia típica ± 10 %:   42,0 kW
- Corriente típica de carga: 2,9 A
- Tensión típica de carga: 14,5 V
- Corriente de cortocircuito: 3,26 A
- Tensión a circuito abierto: 18,0 V

Figura Nº 3.64 Panel solar

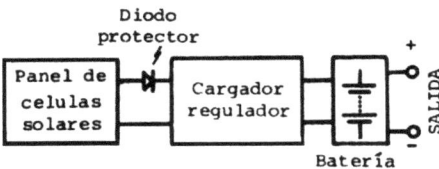

Figura Nº 3.65 Esquema en bloque de una generación foto-voltaica

La instalación típica de los paneles solares obliga a un esquema como el de la ***Figura Nº 3.65***. El panel solar se acopla a un cargador de baterías, que permite la acumulación de energía, ya que la energía solar no tiene porque concordar con el momento de los consumos. Por eso, se emplea una batería de acumuladores que carga durante las horas de mayor radiación y devuelve durante las horas nocturnas. Este esquema nos indica que la energía es bajo la forma de corriente continua. En instalaciones pequeñas, o de usos particulares, esto es posible, pero para empleos de la vida cotidiana es necesario contar con corriente alterna para equipos electrodomésticos. En esos casos, se debe agregar a la salida, un convertidor continua alterna de tipo electrónico. Los fenómenos electrónicos que se producen en este tipo de célula están relacionados con la acción de los fotones sobre el diodo de juntura, genera portadores minoritarios en cantidad. Por lo tanto, aparece una corriente I_p a través de la juntura. Veremos oportunamente que la corriente a través de una juntura de semiconductores vale:

$$I = I_S \times (e^{\,eU/kT} - 1) \qquad (3.47)$$

Como en esta forma de empleo no se requiere tensión de polarización, resulta **U = 0**, ya que I es la corriente total en el diodo e I_s es la llamada corriente de saturación. Pero debido a la aparición de la energía de los fotones, la ecuación se transforma en:

$$I = I_S \times (e^{\,eU/kT} - 1) - I_p \sim - I_p \qquad (3.48)$$

Hay entonces una corriente negativa, lo que indica que el diodo se comporta como generador.

3.07.03. Generación eólica

El aprovechamiento de la energía del viento es asunto antiguo, pero en los últimos años se ha desarrollado mucho, aprovechando los progresos en aerodinámica y electrónica de los reguladores. En general, las provincias argentinas de la región patagónica cuentan con vientos importantes y constantes, por lo que son muy provisorios para la implantación de granjas eólicas, que son grupos grandes de generadores reunidos en un área favorable.

Las estimaciones de los investigadores dicen que abajo del paralelo 42 se podría disponer de una potencia del orden de 1 MW por kilómetro cuadrado, cifra muy significativa, si se tiene en cuenta lo dilatado de la región.

Las **turbinas eólicas** se basan en la acción del viento sobre palas y en *Figura Nº 3.66* vemos un esquema explicativo. El viento produce dos efectos: arrastre y sustentación. Hay turbinas que actúan por uno u otro efecto o por combinación de ambos. El estudio teórico de la potencia disponible de una vena de fluido como se vé en *Figura Nº 3.67* se puede tener por:

$$P = \rho \, \frac{A_0 \times v^3}{2} \qquad (3.49)$$

Siendo A_0 la sección de pasaje, v la velocidad del viento y ρ la densidad del aire. La presión crece antes de la hélice y desciende después.

Varios son los tipos de turbinas eólicas, algunos de los cuáles vemos en la ***Figura Nº 3.68***. el primero de izquierda requiere de un timón, mientras que el segundo no. El tercer tipo es de eje vertical (modelo Daréis) m que es muy conveniente, pero no puede arrancar por sí mismo.

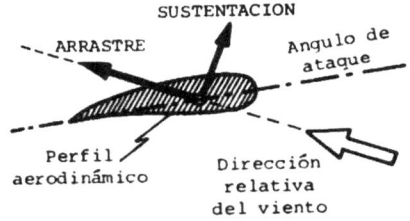

Figura Nº 3.66 Efecto de arrastre y sustitución

Uno de los problemas que presentan estos generadores en su inconstancia de la velocidad, lo que repercute en la frecuencia de la tensión generada. Sin embargo, se han desarrollado equipos de naturaleza electrónica, que permiten varias formas de control de este parámetro.

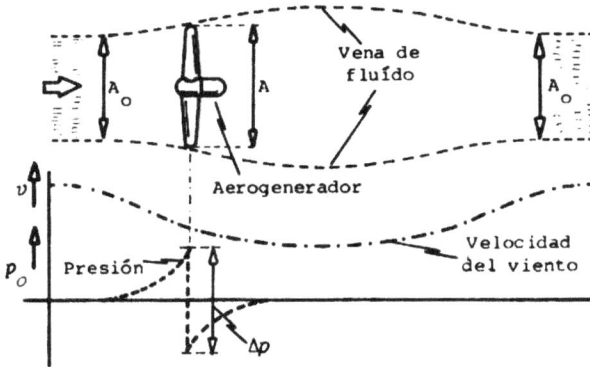

Figura Nº 3.67 Vena de fluido

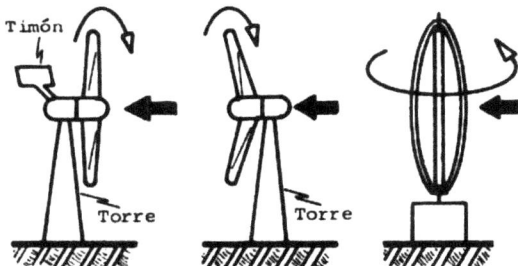

Figura Nº 3.68 Turbinas eólicas

3.07.04. Generación mareomotriz

En los lugares en que los mares manifiestan grandes variaciones de nivel a lo largo del día, es posible construir aprovechamientos hidroeléctricos. En *Figura Nº 3.69* mostramos el corte de un istmo, entre dos costas marinas de distinto nivel. Si se practica un canal o conducto entre ambas costas, es posible hacer circular el agua en la dirección del desnivel. Interponiendo una presa y una central con turbinas tipo bulbo como las que hemos visto en la *Figura Nº 3.26*, reversibles para aprovechar los dos sentidos de circulación, se obtiene un aprovechamiento. En Argentina, en la península Valdez, los golfos San Jorge y Nuevo tienen un régimen de mareas que permiten la instalación de una central de este tipo, como se ilustra en la *Figura Nº 3.70*. Los estudios hechos hace tiempo permitieron conocer que es posible la implantación de 50 grupos de una potencia de 12 MW cada uno. En este tipo de central, la potencia no puede estar disponible a voluntad, sino en los periodos de desnivel. Por esta causa, es posible el empleo de estas centrales acopladas a sistemas interconectados, en donde la energía generada se integra dentro de un conjunto mayor.

No es necesario dar explicación teórica, ya que son centrales hidroeléctricas.

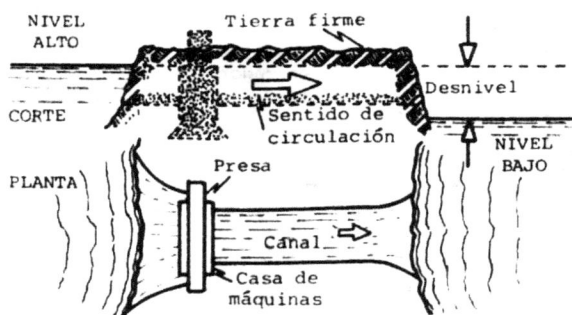

Figura Nº 3.69 Canal centrales mareo-motrices

3.07.05. Generación química

La corrientemente pila de combustible, es una disposición que permite convertir directamente energía eléctrica, la energía química. En *Figura Nº 3.71* podemos interpretar el principio de funcionamiento.

Un electrodo poroso está en contacto con hidrógeno H_2 y otro con oxígeno O_2. En medio hay un electrolito compuesto por hidróxido potásico KOH, en parte disociado en iones potasio K^+ y en iones hidroxilo OH^-.

Esto permite una corriente de electrones a través de electrolito desde el electrodo de oxígeno hasta el electrodo de hidrógeno, lo que significa que gran parte del camino $-\Delta U$ de la energía interna se transforme en trabajo eléctrico, en vez de producir calor. La corriente marcada en la carga (arriba) es la de los electrones, contraria al sentido convencional. Podemos repasar ecuaciones:

Figura N° 3.70 Pnínsula de Valdez

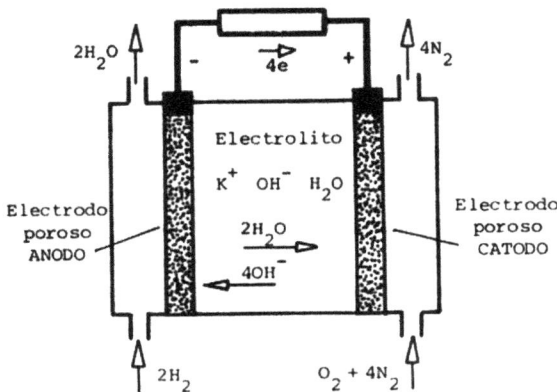

Reacción en el Ánodo:

$$2H_2 + 4OH^- \rightarrow 4H_2O + 4e \qquad (3.50)$$

Reacción en el Cátodo:

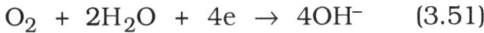

$$O_2 + 2H_2O + 4e \rightarrow 4OH^- \qquad (3.51)$$

Reacción total:

$$2H_2 + O_2 \rightarrow 2H_2O \qquad (3.52)$$

La tensión de una pila de combustible es del orden de 1 volt, por lo que las mayores dificultades de este tipo de generación se presentan en los casos de potencias y tensiones importantes. Se ha desarrollado en tamaños reducidos.

Figura N° 3.71 Pila de combustible

3.07.06. Generación geotermica

Este recurso energético es antiguo, pero en los años recientes se lo ha encarado con resultados técnicos. En Argentina existe en la Cordillera de los Andes patagónicos, por ser una región volcánica. Se trata como es sabido, de erupciones de agua y vapor que emergen de la tierra, corrientemente llamadas geiser.

Este fenómeno ocurre a raíz de que la tierra aumenta su temperatura con la profundidad. Es un efecto geotérmico por el cual, la temperatura se incrementa en $1°C$ cada 30 metros aproximadamente. Las aguas que naturalmente filtran, provenientes de lluvias, glaciares y otros fenómenos, si alcanzan fracturas adecuadas, se vaporizan y emergen a la superficie. El agua no emerge sola, sino con sustancias diversas, muchas de ellas ácidas o precipitados. El mecanismo de los geiseres no se conoce con exactitud, pero sí se sabe que se trata de conductos que penetran en la tierra, hasta cierta profundidad. El agua de alimentación puede provenir de fenómenos naturales, pero es posible inyectar el líquido, para recuperarlo caliente.

El vapor puede ser aprovechado en una turbina, para lo cual se lo debe tratar adecuadamente. Es necesario contar con la correspondiente obra de toma o sistema de captación. En la **Figura Nº 3.72** mostramos un esquema de este tipo de captación, con sistema intermedio de generación del vapor. En la provincia de Neuquén (Argentina), en las termas de Copahue, se ha instalado una central de 670 kW.

3.08. FUENTES ELECTROQUÍMICAS

Si introducimos un electrodo metálico en una disolución, como ilustramos en **Figura Nº 3.73**, es conocido que se producen dos fenómenos.

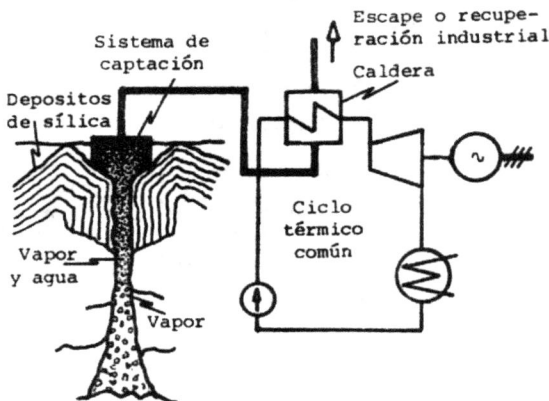

Figura Nº 3.72 Sistema de captación

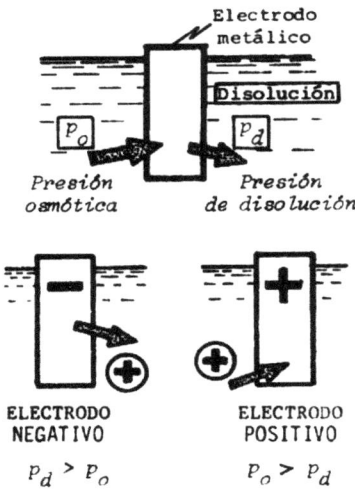

Figura Nº 3.73 Proceso de la electrolisis

Por una parte, las moléculas del metal tienen tendencia a pasar a la disolución como iones positivos. Por otra parte, cualquier sustancia disuelta tiene tendencia a extenderse, por efecto de la presión osmótica, de manera que los iones positivos procuran invadir el electrodo. En definitiva, la **tensión de disolución** procura entregar iones metálicos positivos a la disolución, mientras la **presión osmótica** operando en sentido contrario, trata de incorporar iones en el electrodo. Con la figura ilustra, abajo, si prevalece la presión de disolución, el electrodo se desprende de cargas positivas y es negativo respecto a la disolución. Si en cambio, la presión osmótica es mayor supera a la disolución, ingresan al electrodo iones positivos y resultará positivo respecto a la disolución. Sobre esta idea se basan todos los generadores electroquímicos y en *Figura Nº 3.74* se ve la conocida pila de Volta. En una disolución de ácido sulfúrico en agua se han introducido dos electrodos, uno de cobre y otro de cinc. El cinc tiene una presión de disolución mayor que la osmótica incorporando iones positivos y quedando positivo respecto a la disolución un potencial de +0,34 y el cinc –0,76, la tensión o diferencia de potencial que se obtiene es de:

$$0,34 - (-0,76) = 1,10 \text{ volt} \qquad (3.53)$$

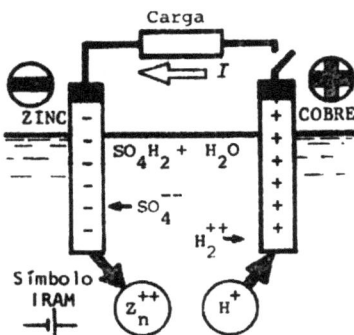

Figura Nº 3.74 Generador electroquímico

En todos los casos prácticos, la tensión a obtener dependerá de la naturaleza de los electrodos y del electrolito o disolución. Sobre esta idea se han ideado todas las pilas y los acumuladores. Veamos ahora algo sobre los fenómenos que ocurren cuando este conjunto entrega energía en un circuito externo.

Cerrando el interruptor de *Figura Nº 3.74* en la resistencia, se desarrollará una potencia I^2R que proviene, necesariamente de las reacciones química que han de producirse. Si la corriente circula por el exterior, también lo hace por el interior de la pila, con lo que origina un fenómeno que se denomina polarización. El radical sulfato SO_4^{--} se dirige al cinc y forma SO_4Z_n que es un sulfato. El hidrógeno $2H^{++}$ llega al cobre, pierde su carga y se deposita en forma de burbujas. Esto es como si al sistema original se le hubiese agregado otro elemento generador, tal como ilustra la **Figura N°** **3.75**. Este último produce una fuerza electromotriz de polarización, de polaridad opuesta a la principal

Figura N° 3.75 Elemento generador

y que la degrada. La técnica ha desarrollado sustancias llamadas despolarizantes que retardan y dificultan este proceso. Las ecuaciones de estos fenómenos son:

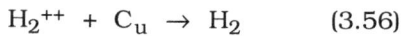

$$SO_4H_2 \rightarrow SO_4^{--} + H_2^{++} \qquad (3.54)$$

$$SO_4^{--} + Z_n \rightarrow SO_4Z_n \qquad (3.55)$$

$$H_2^{++} + C_u \rightarrow H_2 \qquad (3.56)$$

La reacción $SO_4H_2 + Z_n = SO_4Z_n + H_2$ desarrollaría calor, que es la energía electroquímica de la pila.

Las pilas primarias son sistemas electroquímicos que una vez descargados (totalmente polarizados), no se logra volverlas a las condiciones iniciales en forma satisfactoria. En vez, las pilas secundarias o acumuladores son generadores electroquímicos que haciendo pasar corriente en sentido contrario, restituyen las condiciones iniciales.

3.08.01. Pilas secas

En la **Figura N° 3.76** vemos el corte de una pila seca común. Se basa en la antigua pila ideada por **Leclanché**. El electrodo positivo es carbón, el negativo es el mismo vaso de aluminio y el electrolito es un cartón saturado en cloruro de amonio. Este conjunto produce una tensión a vacío de cerca de 1,5 volt. El electrolito se disocia conforme:

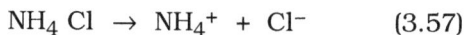

$$NH_4 Cl \rightarrow NH_4^+ + Cl^- \qquad (3.57)$$

Al paso de la corriente, cuando la pila entrega energía, el radical amonio se dirige al carbón, entrega su carga y produce:

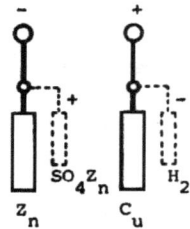

$$NH_4 \rightarrow NH_3 + H \qquad (3.58)$$

El cloro se encamina hacia el cinc, entrega su carga y produce un cloruro:

$$2 \, Cl + Z_n \rightarrow Zn \, Cl_2 \qquad (3.59)$$

De estas ecuaciones deducimos que las cargas se depositan en el carbón y en el cinc, pero además, hay producción de hidrógeno, amoníaco y cloruro de cinc. El hidrógeno es el que más dificultad el funcionamiento y se agrega un despolarizante, el bióxido de manganeso que actúa:

Figura Nº 3.76 **Corte de una pila**

$$H_2 + 2MnO_2 \rightarrow Mn_2O_3 + H_2O \qquad y$$

$$2NH_3 + ZnCl_2 \rightarrow Cl_2 \left| Zn(NH_3)_2 \right| \qquad (3.60)$$

En los últimos años, la tecnología de las pilas ha evolucionado mucho y se han desarrollado muchas variantes, que no trataremos aquí.

3.08.02. Acumuladores ácidos

El acumulador de plomo o ácido, que vemos en ***Figura Nº 3.77***, tiene el electrodo positivo de peróxido de plomo O_2Pb de color marrón, el negativo plomo Pb y el electrolito es ácido sulfúrico diluido en agua $SO4H2 + H2O$. El positivo produce 1,96 volt respecto la disolución y el negativo 0,05 volt, por lo que estos elementos generan:

$$1,96 - (-0,05) = 2,01 \, volt \qquad (3.61)$$

La ecuación química que interpreta el fenómeno es:

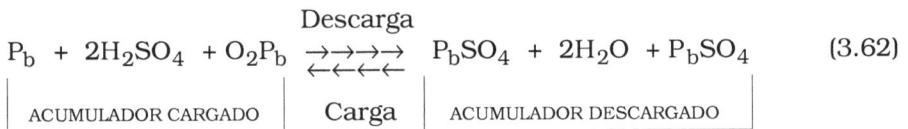

$$P_b + 2H_2SO_4 + O_2P_b \underset{\text{Carga}}{\overset{\text{Descarga}}{\underset{\leftarrow\leftarrow\leftarrow\leftarrow}{\rightarrow\rightarrow\rightarrow\rightarrow}}} P_bSO_4 + 2H_2O + P_bSO_4 \qquad (3.62)$$

| ACUMULADOR CARGADO | Carga | ACUMULADOR DESCARGADO |

Durante la descarga se producen sulfatos y agua y en la carga, teóricamente, se reconstruyen las condiciones iniciales. Por ello que a este tipo de acumulador no es necesario agregarle agua. Sin embargo, se le coloca agua destilada por las inevitables evaporaciones. La ecuación (3.63) permite ver que en la descarga aparece agua y por lo tanto, dis-

Terminal
NEGATIVO

ELEMENTO DE
ACUMULADOR
DE PLOMO

Terminal

Terminal

Terminal
POSITIVO

Bastidor
de madera

Vaso de
vidrio

Aislador

Placas
POSITIVAS

SEPARADORES

Placas
NEGATIVAS

Disposición de elementos
de acumulador de plomo
estacionarios sobre
bastidores de madera y
aisladores

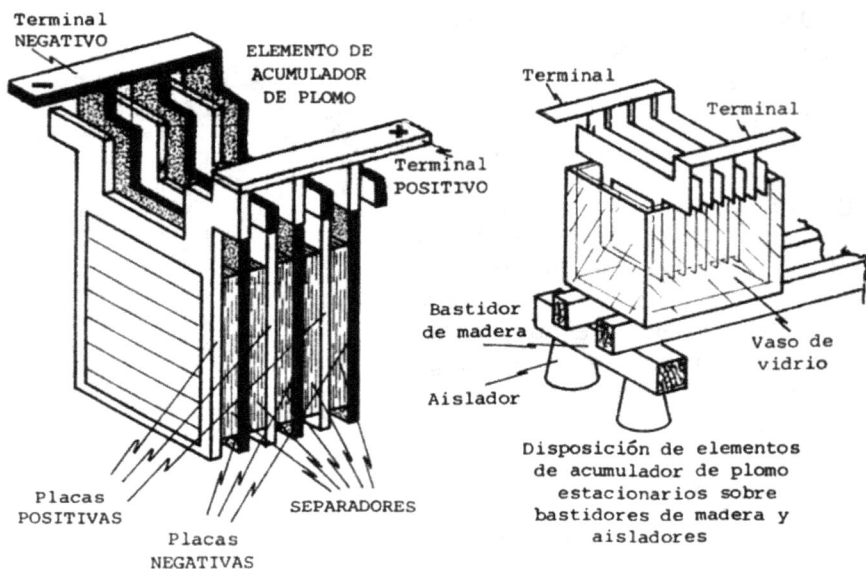

Figura Nº 3.77 Placas

minuye el peso específico. Inversamente, durante la carga se regenera ácido y el peso específico aumenta.

Los valores usuales, para acumulador cargado, suelen ser:

Un peso específico de 1,270 se logra con 2,9 partes de agua por cada una de ácido, lo que da una proporción del orden del 36 %.

Como la capacidad para cumular carga eléctrica es función de la superficie de las placas, la disposición mas efectiva que se ha encontrado es como ilustra la *Figura Nº 3.77* a la izquierda. Hay una cantidad de placas negativas y otra de placas positivas, en forma alternada. Para que el conjunto forme una unidad compacta, se colocan separadores de materiales diversos, convenientemente tratados para que puedan soportar la acción del ácido. El conjunto está armado en formas varias y los terminales de un mismo nombre, unidos entre ellos. El conjunto de placas y separadores se coloca en cajas o recipientes de diversos materiales, como vidrio, ebonita, plásticos, etc. En los tipos transportables, las soluciones proporcionan la debida solidez y una adecuada evacuación de los gases ácidos que pueden producirse durante la marcha.

3.08.03. Acumuladores alcalinos

Los acumuladores alcalinos, del tipo níquel-cadmio, tienen un electrodo de hidróxido de níquel en el positivo y un electrodo de pasta de cadmio (o hierro) en el negativo. El electrolito es una solución de potasa cáustica al 20%. La ecuación aproximada que interpreta este acumulador es:

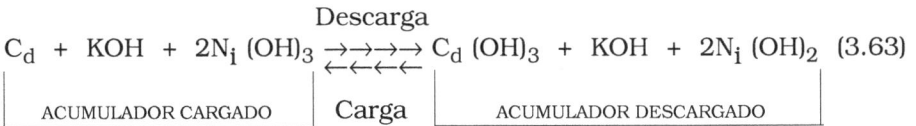

$$\begin{array}{c} \text{Descarga} \\ C_d + KOH + 2N_i(OH)_3 \xrightarrow[\leftarrow\leftarrow\leftarrow\leftarrow]{\rightarrow\rightarrow\rightarrow\rightarrow} C_d(OH)_3 + KOH + 2N_i(OH)_2 \end{array} \quad (3.63)$$

| ACUMULADOR CARGADO | Carga | ACUMULADOR DESCARGADO |

La potasa cáustica del electrolito no participa de las reacciones, actuando en forma de conductor solamente. Este tipo de acumulador genera una fuerza electromotriz del orden de 1,2 volt. La materia activa de las placas, en forma de polvos, se coloca en bolsas de acero perforado, separándose las positivas de las negativas, por medio de varillas y otros medios.

En la *Figura Nº 3.78* mostramos la disposición de estos acumuladores. Son robustos, pero más pesados que los ácidos. Sobre aspectos comparativos, veremos más adelante.

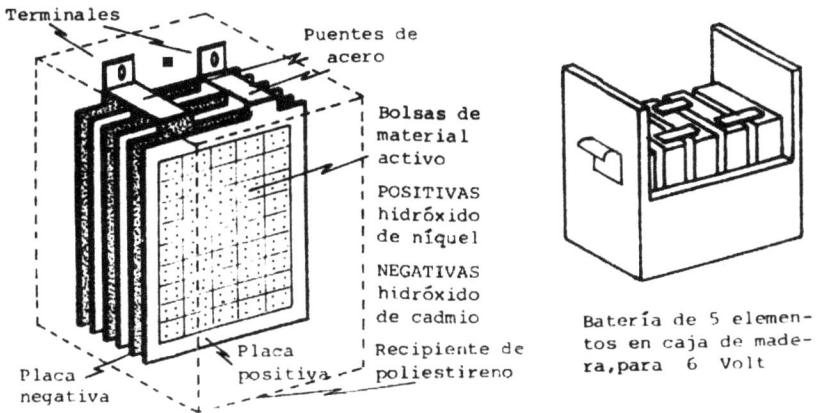

Figura Nº 3.78 Disposición de un acumulador

3.08.04. Características de funcionamiento de acumuladores

En las *Figuras Nº 3.79* y *3.80* se pueden ver las características de la tensión en función del tiempo, para carga y descarga, de acumuladores alcalinos y ácidos. La forma de comportamiento de la tensión nos sirve para apreciar una de las principales deferencias entre ambos. Sobre los valores de los acumuladores, es muy aconsejable consultar a los fabricantes, ya que hay diferencias apreciables.

Nótese que la tensión final de descarga depende del régimen de trabajo, vale decir, de la corriente que deben entregar en descarga. La tabla que sigue nos sirve para poder apreciar las principales características.

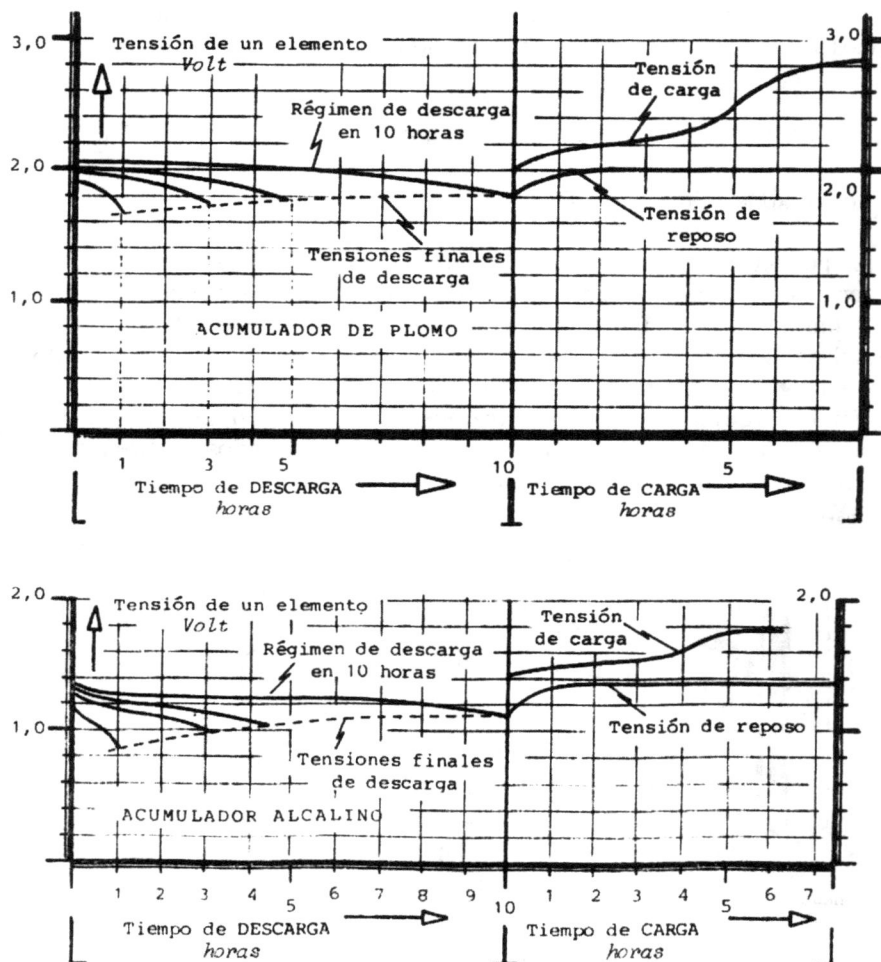

Figura N° 3.79 Características de tensión-tiempo para carga y descarga de acumuladores ácidos

La resistencia interior de los acumuladores es del orden de 0.001 ohm en los ácidos y superior en los alcalinos. La capacidad, es decir, la cantidad de ampere-hora (Ah) que son capaces de entregar en descarga, es uno de los valores característicos principales. Pueden encontrarse acumuladores de unos pocos Ah hasta varios miles, en baterías de submarinos. Como orden de magnitud, para un automóvil, se usan acumuladores de 100 a 200 Ah.

El rendimiento puede ser de dos tipos:

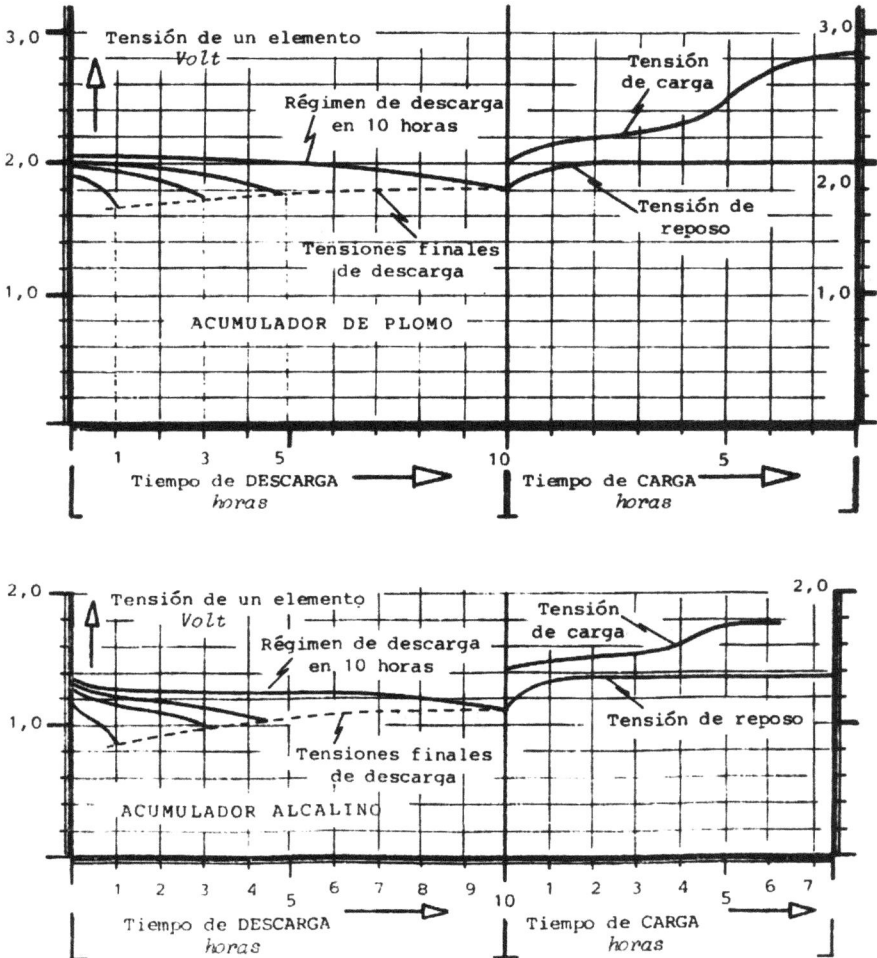

Figura N° 3.80 Características de tensión-tiempo para carga y descarga de acumuladores alcalinos

a) Rendimiento en "cantidad"

$$n_Q = \frac{Q_D}{Q_C} \qquad (3.64)$$

b) Rendimiento energía"

$$n_A = \frac{A_D}{A_C} \qquad (3.65)$$

Las referencias son:
- Q = cantidades de electricidad, en Ah
- A = energía, en kWh
- D = subíndice indicando "descarga"
- C = subíndice indicando "carga"

Por lo regular, los rendimientos en cantidad son mas elevados que los rendimientos en energía.

La cantidad de elementos de una batería depende de la tensión que se necesite en la instalación y de la tensión de cada elemento. Por lo tanto vale:

$$n = \frac{U}{u_d} \qquad (3.66)$$

Siendo:
- U = tensión requerida
- u_d = tensión de un elemento, al final de la descarga
- n = cantidad de elementos a colocar en serie

Debido a que con acumulador cargado la tensión es mas alta que con acumulador descargado, es decir, $u_c > u_d$, se toma u_d para asegurar la tensión **U** necesaria en las condiciones más desfavorables. Si se requiere una tensión constante, debido a que la tensión varía durante la descarga como se ve en las *Figuras Nº 3.79* y *3.80*, es menester agregar elementos a medida que el acumulador de descarga. Para ellos, se debe instalar un adecuado selector que conecta a elementos en serie, a medida que son requeridos.

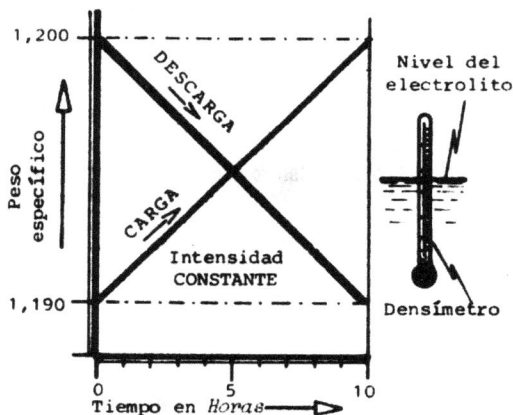

Figura Nº 3.81 Variación del peso específico

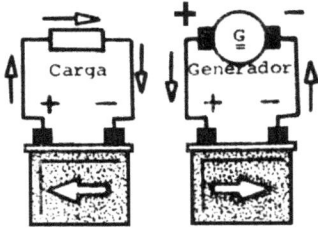

Figura Nº 3.83 Conexión de carga
y descarga

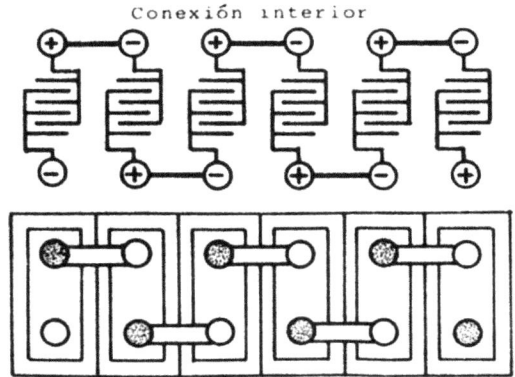

Figura Nº 3.82 Conexión de los elementos

La capacidad, es decir, los Ampere-hora disponibles en los **acumuladores** alcalinos es difícil de determinar, debido a que el peso específico del electrolito, no varía prácticamente como lo demuestra la (3.64). Pero en los acumuladores ácidos, la (3.63) nos indica que la producción de agua en la descarga disminuye el peso específico. En la *Figura Nº 3.81* mostramos la forma de variación, casi lineal. El peso específico se determina fácilmente por medio de un densímetro como el que se ve a la derecha de esa figura. Por el principio de **Arquímedes**, se hundirá en función del peso específico y la escala nos indicará dicho valor, que en otra escala, es el estado de carga.

Las baterías de acumuladores se logran colocando en serie elementos, como se puede ver en *Figura Nº 3.84* es evidente que la corriente que pasa por un acumulador es la misma que en los otros, por lo que podemos afirmar:

Elementos en serie:

$$\text{Tensión} \quad e_s = \Sigma e_i \qquad (3.67)$$
$$\text{Capacidad} \quad Q_s = Q_i \qquad (3.68)$$

La tensión de la batería es la suma de las tensiones parciales, y la capacidad es igual a la de cada uno de los componentes iguales. También es posible colocar elementos en paralelo, en cuyo caso:

Elementos en paralelo:

Tensión $e_p = e_i$ (3.69)

Capacidad $Q_p = Q_i$ (3.70)

La tensión del conjunto en paralelo, es igual a la tensión de cada uno de los elementos, supuestos todos iguales para evitar que exista corriente de circulación.

Las ecuaciones del funcionamiento, como las de cualquier fuente generadora, se puede afirmar que son:

$$U_d = E - I \times R_i \qquad (3.71)$$

Donde:
- U_d = tensión en bornes del acumulador (o del elemento) en descarga.
- E = fuerza electromotriz del acumulador (o del elemento)
- I = corriente suministrada
- R_i = resistencia interior del acumulador (o elemento)

Si el acumulador está en carga, la anterior se puede escribir:

$$U_c = E + I \times R_i \qquad (3.72)$$

Usando como valor de **E** $= \Sigma$ **e_c** donde e_c es el valor de la tensión final de la carga, como en Tabla **4.64**, se puede conocer la tensión del generador para cargar. La ***Figura Nº 3.83*** nos indica las conexiones para carga y descarga, que se corresponden con las (3.72) y (3.73). La finalización del proceso de carga se manifiesta por la presencia de burbujas en el electrolito, el que parece "hervir". Se trata de hidrógeno en fórmula (3.63) cuando quedan pocas moléculas de sulfato de plomo para combinar. El gas desprendido es explosivo y se debe evacuar del local.

La disposición de los elementos que componen una batería estacionaria se suele hacer sobre caballetes, como muestra ***Figura Nº 3.84*** y los recintos deben tener sistemas de cambio de aire. Los acumuladores, aunque no se usen, sufren un proceso de auto descarga, razón por la cual, se hace necesaria una carga periódica para compensar este efecto.

Lo que se denomina capacidad nominal es la cantidad de electricidad que el acumulador puede entregar en un tiempo nominal y bajo corriente nominal, es decir:

$$Q_n = I_n \times t_n \quad \text{(Ah)} \qquad (3.73)$$

El proceso de carga de un acumulador se hace por medio de un cargador de baterías, uno de cuyos esquemas vemos en ***Figura Nº 3.85***.

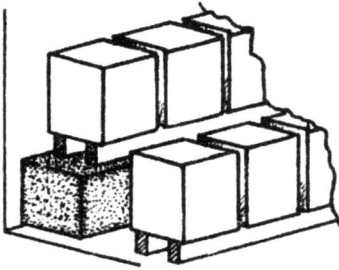

Figura N° 3.84 Montaje de baterías estacionarias

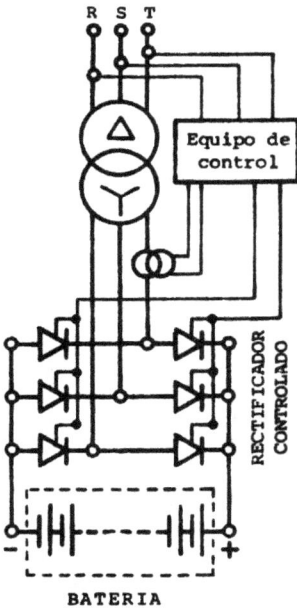

Figura N° 3.85 Cargador de baterías

El sistema es de regulación automática por medio de un equipo de mando que actúa sobre el electrodo de control de los tiristores. El caso de la carga se puede presentar estando la batería desconectada de la carga o en el caso de estar permanentemente conectada, caso éste último, que se denomina **"a flote"**.

Finalmente, en cuanto a su vigilancia, se aconseja:

- vigilar semanalmente el peso específico.
- cargar y descargar, cada 3 meses (en caso de estar fuera de servicio)
- limpiar contactos.
- observar si hay desprendimientos.
- agregar agua destilada.
- no sobrecargar.
- usar los regímenes nominales.

Estas recomendaciones, que son para acumuladores ácidos, difieren algo para los alcalinos. Comparativamente, los de níquel-cadmio tienen menos rendimiento, la tensión es inferior, son más pesados, pero a cambio, son robustos al trato pesado, soportar bien las sobrecargas y pueden permanecer fuera de servicio sin mayores riesgos.

3.09. ESTACIONES TRANSFORMADORAS

En el Capítulo 1 hemos tratado los esquemas funcionales de las estaciones de transformación y hemos visto muchos casos prácticos. Ahora abordaremos la disposición de sus componentes. Las estaciones transformadoras pueden ser para interior, para intemperie o subterráneas. Desde otro punto de vista, pueden ser comunes, compactas o blindadas.

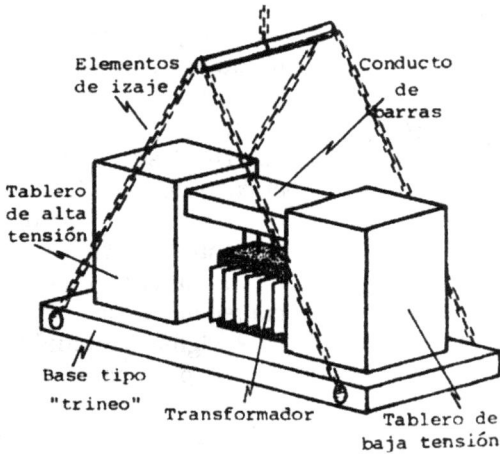

Figura Nº 3.86 Estación compacta transportable

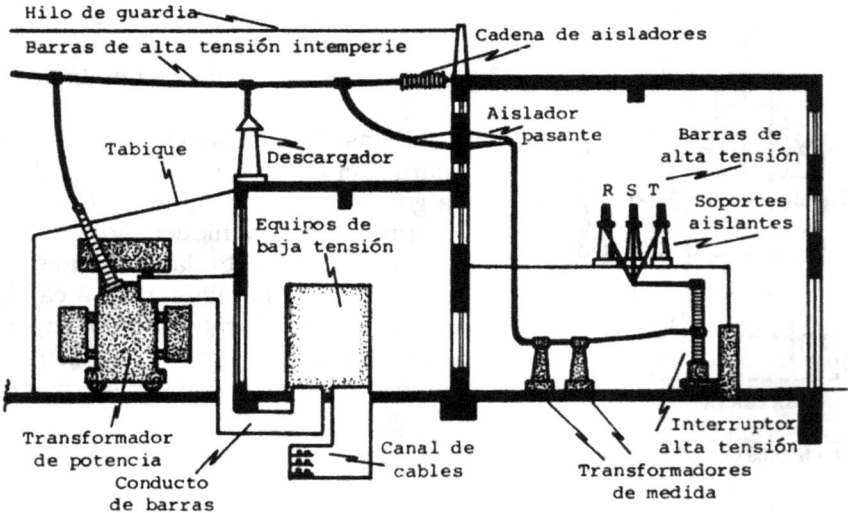

Figura Nº 3.87 Estación típica de interior

En **Figura Nº 3.86** vemos una estación compacta, transportable, de rápida instalación.

Este tipo de estación contiene, por lo regular, elementos protegidos y armados en fábrica sobre una base sólida. Es fácilmente transportable y su colocación no requiere obras civiles, salvo una base elemental. En la

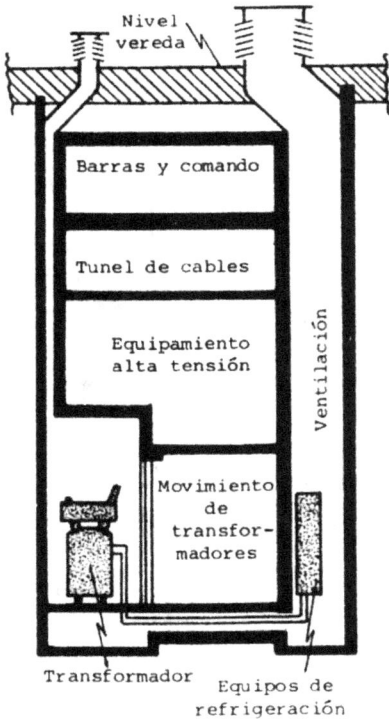

Figura Nº 3.88 Estación subterránea

Figura Nº 3.87 vemos una estación típica para interior, en donde solo el transformador está a la intemperie, por razones de seguridad en caso de incendio del aceite. La obra civil permite, además, apoyar elementos de las líneas aéreas de llegada o salida. Las barras de alta tensión quedan a la intemperie, lo mismo que los pararrayos o descargadores. La línea penetra en el edificio a través de aisladores pasantes y sigue a los transformadores de medida, para proseguir a los interruptores. Las barras se apoyan sobre aisladores. Los locales de alta tensión son independientemente de los de baja tensión. En alta tensión, las distancias de los diversos componentes hasta las paredes y elementos estructurales, deben ser las normalizadas. En algunos casos, se instala un pequeño puente-grúa, para desarme y mantenimiento.

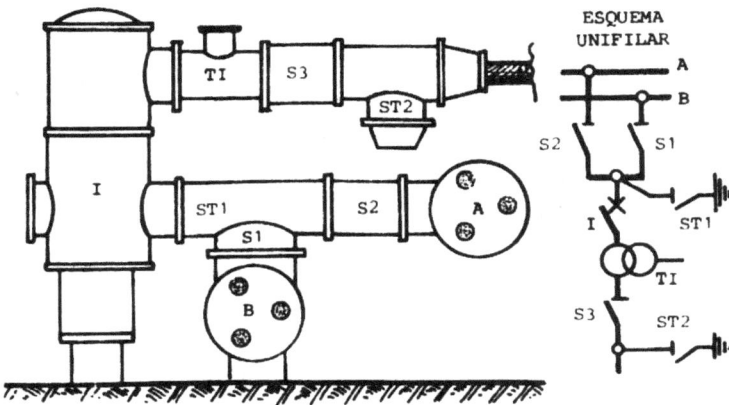

Figura Nº 3.89 Barras aisladas

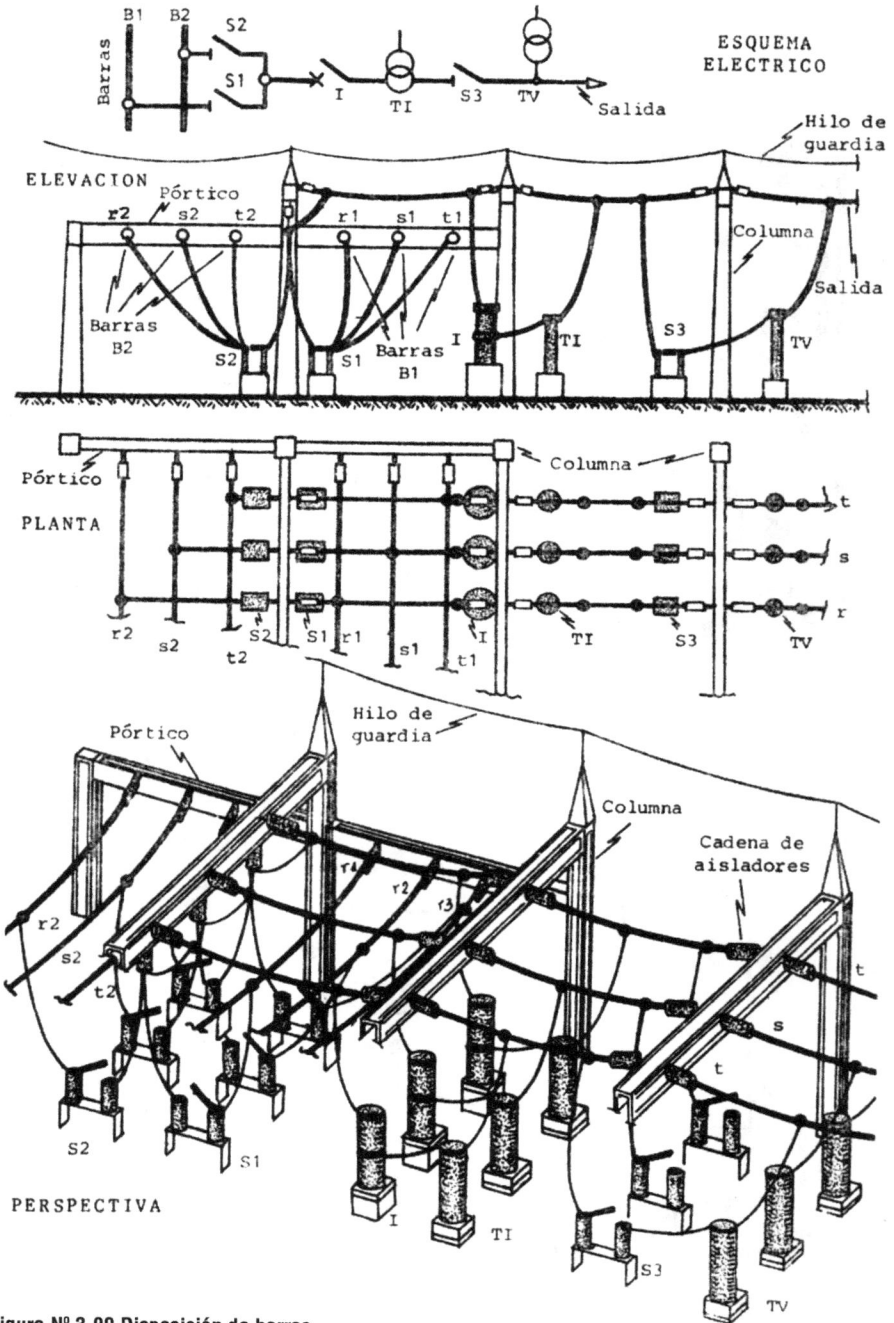

ESQUEMA
ELECTRICO

ELEVACION

PLANTA

PERSPECTIVA

Figura Nº 3.90 Disposición de barras

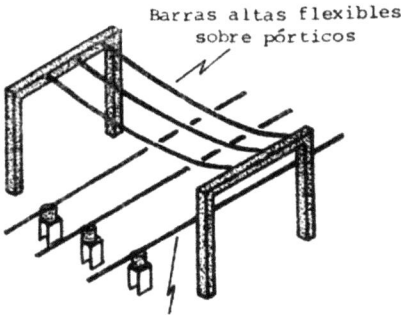

Figura N° 3.91 Barras de dos tipos

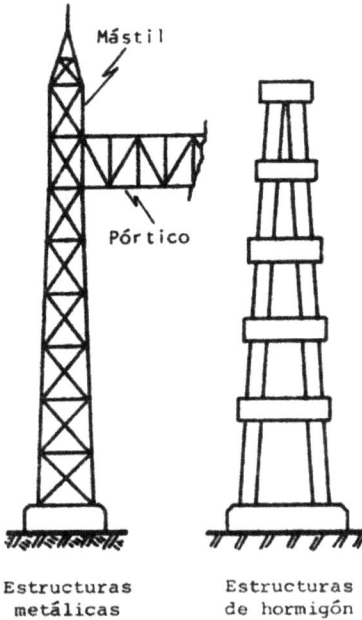

Figura N° 3.92 Pórticos metálicos y de hormigón

En los grandes centros urbanos, se emplean las estaciones subterráneas, como la que vemos en el croquis de *Figura Nº 3.88*. la disposición exige cumplir requisitos, a saber: rápida evacuación el personal: ventilación asegurada: equipamiento contra incendio. El dibujo es suficientemente explicativo.

En la *Figura Nº 3.89* se muestra un "tramo" de componente para una estación de tipo blindado. Las firmas proveedoras están ofreciendo al mercado componentes normalizados de diversos tipos, que convenientemente ensamblados, permiten formar estaciones blindadas. Para lograr una perfecta aislamiento de todos los elementos se emplea el gas exafluoruro de azufre, SF_6. Con estos componentes, se pueden armar estaciones transformadoras de tensiones hasta 550 kV en espacios muy reducidos. Las partes bajo tensión están revestidas por envueltas aleaciones de aluminio, o de acero. Los soportes aislantes de las diversas piezas son de materiales sintéticos. La construcción seriada de los componentes típicos permite, como dijimos, que se puedan armar puestos transformadores de reducido espacio, muy convenientes para centros urbanos. Este sistema modular también presenta interruptores adecuados.

Para las estaciones transformadoras de gran potencia y muy alta tensión, la construcción a la intemperie es la más adecuada y la presentamos en *Figura Nº 3.90* de la página anterior. Se trata de un caso muy sencillo y en la parte superior se muestra el esquema unifilar que sirve de base. En la parte inferior de la *Figura Nº 3.90* presentamos una perspectiva que resulta útil para formarse una idea.

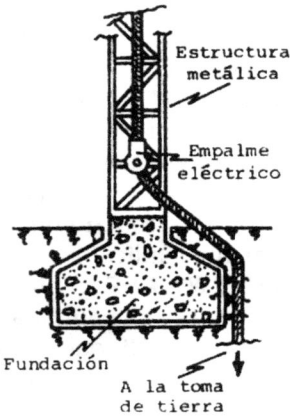

Figura Nº 3.93 Puesta a tierra de una estructura

Los dibujos de la elevación y de la planta son el complemento.

Este dibujo es lo que se llama **"un campo"** o **"una celda"**. De una línea doble juego de barras derivan un par de seccionadores, el interruptor, los transformadores de medida y otro seccionador. Es menester advertir que, para este esquema, puede haber varias soluciones.

Los dibujos de la elevación y de la planta son el complemento.

La forma constructiva de las estaciones a la intemperie impone que las barras, deban instalarse colgadas o apoyadas.

En el primer caso son necesarios los **pórticos** de sostén, a los cuales se filas barras por medio de cadenas de aisla-

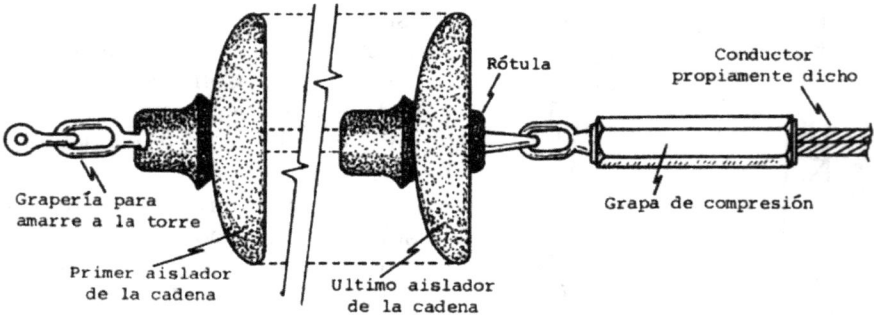

Figura Nº 3.94 Cadena de aisladores

dores, como se ve en la **Figura Nº 3.90**. Las propiamente dichas son cuerdas flexibles conductoras. Esta forma de disposición se denomina **barras altas**. Sin embargo, también los proyectistas adoptan la disposición de **barras bajas** que son rígidas, apoyadas sobre aisladores. En la **Figura Nº 3.91** mostramos las dos disposiciones, en forma esquemática. Los pórticos pueden ser metálicos, formados por perfiles de acero, que están unidos por medio de tornillos y también hay de componentes de hormigón armado. Ambos tipos se ven en la **Figura Nº 3.92** en todos los casos, las estructuras deben estar eléctricamente conectadas a tierra, tal como se muestra en la **Figura Nº 3.93** y ya habíamos comentado en la **Figura Nº 2.65**.

Los conductores que componen las barras se fijan a los pórticos por medio de las ya citadas cadenas de aisladores, que vemos en la **Figura N° 3.94.** Los aisladores pueden ser de porcelanas o de vidrio templado. Su construcción es una verdadera especialidad, ya que deben responder a exigencias muy estrictas. Deben poder soportar las solicitaciones de carácter eléctrico con un nivel de aislamiento a la frecuencia de servicio, sumado a la resistencia mecánica para soportar los esfuerzos de este tipo, en condiciones meteorológicas extremas, ya funcionan a intemperie. Por lo regular, se emplea una cadena de aisladores para lograr alcanzar las tensiones que en la actualidad se utilizan. La **Figura N° 3.94** nos muestra que por medio de una adecuada morsetería o grapería de acero los aisladores componen la cadena, estando un extremo ligado a la torre o pórtico y el otro al conductor que oficia de barra. En 500 kV es frecuente ver cadenas de más de 20 aisladores.

Las estaciones transformadoras a la intemperie deben contar con un edificio para comando y control, tal como vemos en el ejemplo de la **Figura N° 3.95**, para la solución en dos plantas. La simple lectura de los locales nos señala que en estos edificios se albergan los tableros, pupitres, equipos de mando, equipos de telecomunicaciones, baterías y demás dependencia para el personal.

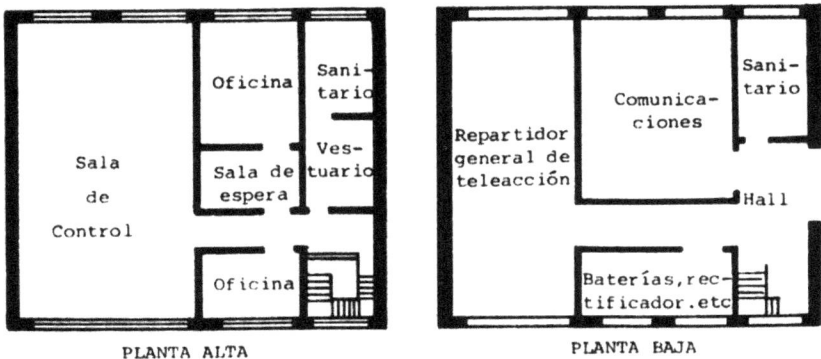

Figura N° 3.95 Dependencias de una playa de maniobra

CAPITULO 4
TRASMISIÓN Y DISTRIBUCIÓN
DE LA ENERGÍA ELÉCTRICA

Indice

4.01. INTRODUCCIÓN

La generación de la energía eléctrica, a gran escala, en general y debido a la conformación geográfica y a la ubicación de los grandes consumos en nuestro país, hace que sea necesario transportarla grandes distancias y luego hacer que la misma llegue a los usuarios en los niveles de tensión necesarios y acordados con los mismos. Para lograr esto eficientemente se hace necesario disponer de instalaciones formadas por equipos y materiales adecuados, lo cual requiere primero de su montaje y luego del mantenimiento. A continuación se verán los aspectos constructivos así como los parámetros que definen los sistemas de transmisión y distribución de la energía eléctrica.

4.02. FORMA CONSTRUCTIVA DE LAS LINEAS AEREAS

La distribución aérea por medio de postes o torres, es más económicas que la subterránea, pero no en todos los casos puede adoptarse. Describiremos ambos sistemas.

4.02.01. Líneas aéreas de baja tensión

La distribución de la energía eléctrica en baja tensión hasta alcanzar a los usuarios, se hace por medio de conductores soportados por postes y aisladores, tal como se ve en *Figura Nº 4.01* en las esquinas, es corriente que se empalmen las líneas, para construir un sistema que se suele llamar **sistema mallado**. Volviendo atrás, en la figura ya habíamos mostrado que las **redes de distribución** rodean las manzanas de edificación. Las líneas se instalan siguiendo las calles, en las veredas, por o regular, sobre postes. Los conductores empleados pueden ser los de cobre rojo duro, como el de la *Figura Nº 4.02*, conforme a la norma IRAM 2004. Pueden trabajar a temperaturas del orden de 70 °C. y a la intemperie. Se los encuentra desde secciones de 6 mm² hasta 240 mm².

También se ofrece el tipo de cuerda de aluminio desnuda como en *Figura Nº 4.03* cableados sobre alambre de acero cincado, habiendo de secciones del orden de 16 mm² de aluminio con un núcleo de acero de 2,5 mm² hasta tipos de 300 mm² de aluminio con 50 mm² de acero. Se emplean también conductores de cobre duro con recubrimiento de plástico PVC (poli cloruro de vinilo), que se prefieren en zonas muy pobladas. Debe decirse que el plástico no es un material de aislamiento eléctrico total, sino más bien, es una protección contra contactos. Hay de 2 mm² hasta 150 mm².

La colocación se hace sobre aisladores fijados en postes, como en *Figura Nº 4.05* o sobre ménsulas como en *Figura Nº 4.06* aprovechando los edificios. Pero estos sistemas no están resultando satisfactorios en la actualidad, en zonas muy pobladas, en donde se agregan conductores de telefonía, de iluminación pública y de videocables, a lo que se suma el factor estético. Por ello se fabrican cables aislados a plena tensión, que además, tienen una cuerda central capaz de soportar los esfuerzos mecánicos y actuar como conductor de neutro. En la *Figura Nº 4.07* vemos un croquis de estos cables, llamados **preensamblados**.

El empleo de estos cables obliga a la adopción de accesorios especiales. En las *Figuras Nº 4.08* y *4.9* se muestran los casos de cables soportados por postes o por ménsulas. Los conductores pueden ser de cobre o de aluminio y el aislamiento es de polietileno reticulado. Las líneas pueden fijarse a los mismos muros de los edificios. Este tipo de cable puede encontrarse en tamaños desde 3 x 25 mm² + 1 x 50 mm² hasta 3 x 95 + 1 x 50 mm². La primer cifra indica la sección de los conductores y la segunda, la de la cuerda de soporte y neutro.

4.02.02. Líneas aéreas de media y alta tensión

En redes de media tensión, de 13,2 kV o 33 kV hasta las más altas usadas en Argentina de 500 kV, se emplean postes y torres de madera tratada, de hormigón y reticulado de acero. En la *Figura Nº 4.10* vemos los esquemas más corrientes de estas torres. La elección del tipo de torre

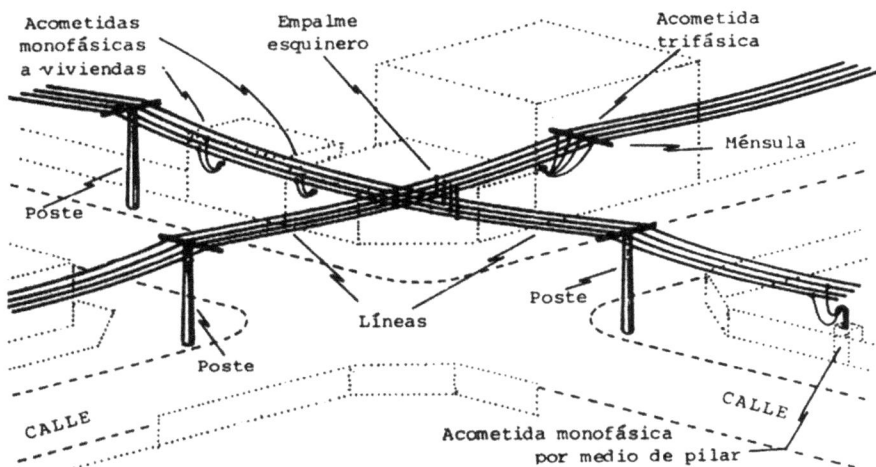

Figura Nº 4.01 Distribución en baja tensión

Cuerda de cobre
desnudo rojo duro

Figura Nº 4.02 Conductor de cobre

Cuerda de aluminio desnudo

Alambre de acero cincado

Figura Nº 4.03 Conductor de acero-aluminio

Cuerda de cobre rojo duro

Cubierta de PVC resistente a los agentes atmosféricos

Figura Nº 4.04 Cable de cobre

se hace en base a criterios económicos, de sismicidad y en base el vano, que es la distancia entre dos torres. Los estudios técnico-económicos, que tienen en cuenta los factores técnicos, climáticos y precios, permiten generar programas de computación con los cuales se determina lo que se denomina **vano económico**, que es la distancia entre torres que hace mínimo el costo por kilómetro. Las estructuras de soporte, torres o postes, pueden ser de **suspensión** o de **retención**. Las primeras se instalan a los tramos rectos de las líneas, mientras que las segundas son para los lugares en que además, la línea debe soportar esfuerzos laterales, producto del cambio de dirección (ángulos) o finales de línea. La *Figura Nº 4.11* nos enseña dos tipos de torres de hormigón centrifugado. Nótese que tanto en la última *Figura Nº 4.10* y la *4.11*, las torres tienen el llamado **hilo de guardia**, marcado con letras **HG**. Este elemento es de acero galvanizado.

Las torres metálicas son estructuras de perfiles ángulos, vinculados directamente entre sí o a través de chapas, mediante uniones abulonadas. Para mejor mantenimiento, son galvanizadas y el acero

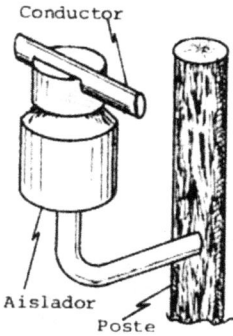

Figura Nº 4.05 Aislador y conductor

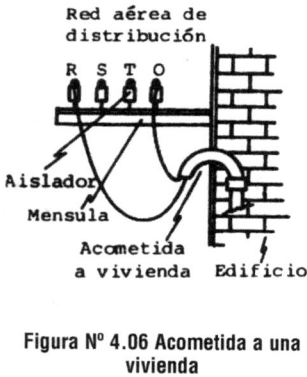

Figura Nº 4.06 Acometida a una vivienda

es de alta resistencia. Las estructuras se dimensionan por medio de sistemas computadorizados que minimizan el peso de las estructuras. Los postes de hormigón, en cambio, serán del tipo armado, centrifugado o pretensado. Las crucetas o ménsulas, serán del mismo material en la mayor parte de los casos. En la *Figura Nº 4.12* vemos la silueta de una **torre autoportante** de **suspensión**, mientras que en la *Figura Nº 4.13* tenemos una torre de **suspensión** o **arriendada**, que es más económica. En todos los casos, las **fundaciones** juegan un papel importante en la seguridad y en el costo de una línea de transmisión, y deben permitir la fácil colocación de la **toma de tierra** que vemos en la *Figura Nº 4.14* y que ya hemos tratado en *Figura Nº 2.64* y *2.65*. El tipo de terreno, por su agresividad, determina el cemento que se debe emplear.

Hay torres de tipo especial, ya que en ellas se produce la transposición, tal como se ve en *Figura Nº 4.15*.

A fin de hacer aproximadamente igual los valores de las constantes de las líneas, para cada fase, en tramos adecuados, se hace cambios en el orden en que se encuentran

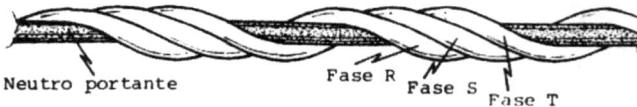

Figura Nº 4.07 Cable pre-ensamblado

las fases. En las *Figuras Nº 4.12* y *4.13* se ve que las fases R, S y T están en un plano, lo que determina que la capacidad, la autoinducción y las pérdidas, no sean de igual valor. Por lo tanto, esto se resuelve cambiando dos veces a lo largo del recorrido, la posición relativa de esas fases. El esquema en la parte inferior de *Figura Nº 4.15* muestra la idea. Pero el punto en que esto se produce, requiere de una torre particular, con disposiciones típicas para estos casos.

Los conductores de las líneas aéreas de alta tensión se construyen con

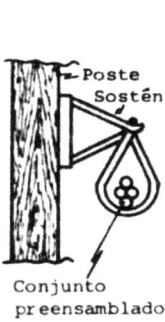

Figura N° 4.08 Grapa para cable pre-emsamblado

Figura N° 4.09 Derivación de un cable pre-ensamblado

un núcleo de alambres de acero que contribuyen a la resistencia mecánica, rodeado de una formación de alambres de aleación de aluminio, tal como ilustra la **Figura Nº 4.16**. Los valores más corrientes suelen ser:

300/50 mm^2 - 240/40 mm^2
150/25 mm^2 - 120/20 mm^2
95/15 mm^2 - 70/12 mm^2
50/8 mm^2

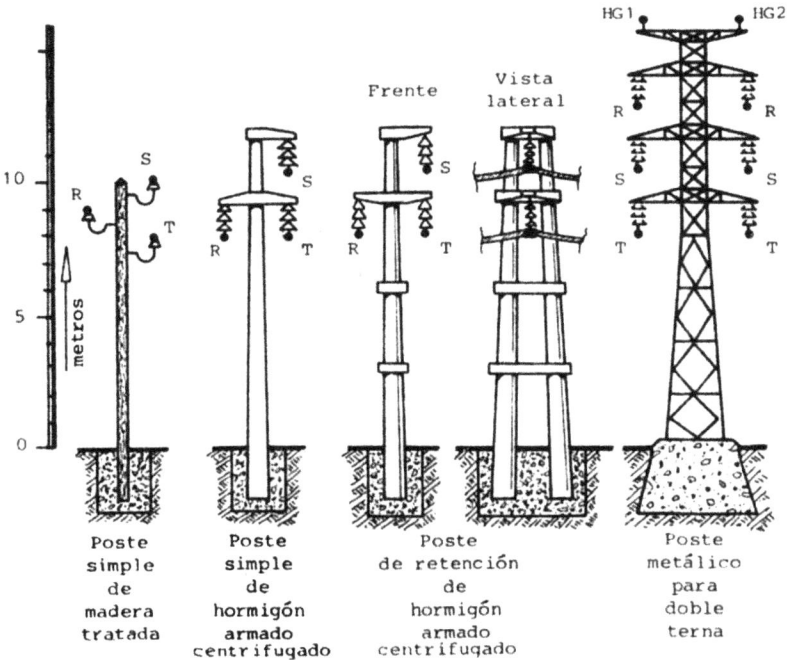

Figura N° 4.10 Postes para líneas aéreas

La primera cifra es la sección útil del aluminio y que conduce la corriente. La segunda es el acero.

Por razones que explicaremos, es muy común que para cada fase, se utilice más de un conductor. En las **Figura Nº 4.11, 4.12** y **4.13** se

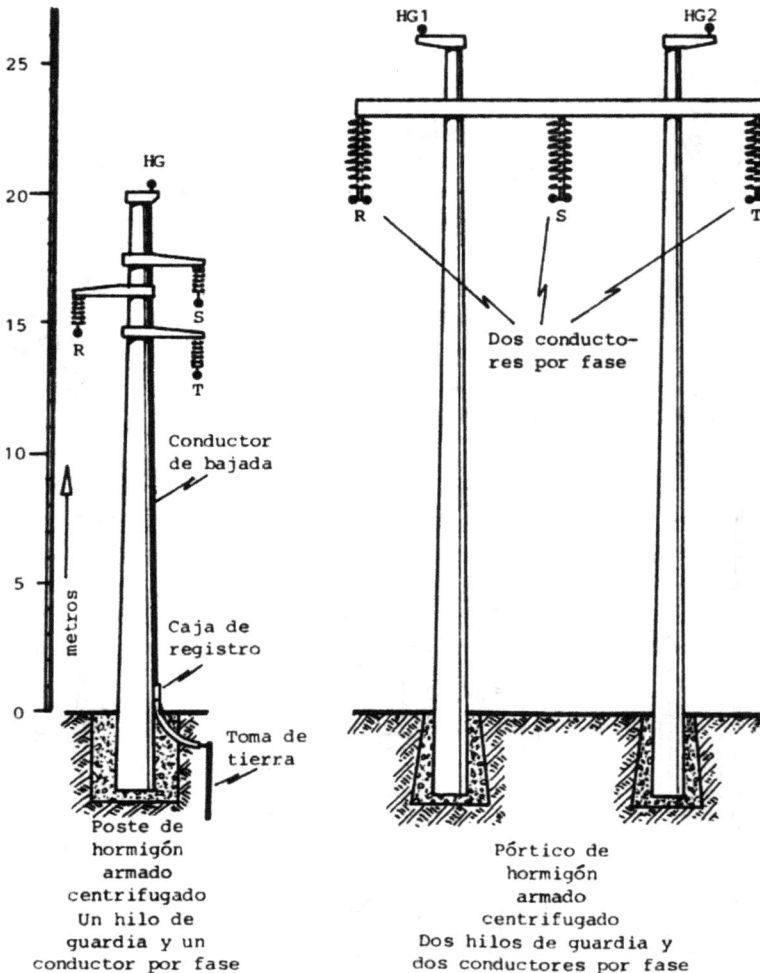

Figura N° 4.11 **Postes de hormigón armado**

puede apreciar que cada fase se compone de 4 conductores, como los de *Figura Nº 4.19*. esto hace necesario el empleo de accesorios metálicos, la **morsetería**, que en tensiones muy altas, requieren un delicado diseño.

El aislamiento de una línea se logra por medio de los aisladores simples, como se ve en *Figura Nº 4.17* y *4.18*. En los primeros, el conductor se apoya y fija sobre el mismo aislador, empleándose este modelo para tensiones bajas y medias. Pero en los sistemas de alta tensión, es menester hacer una cadena con aisladores campana del tipo que

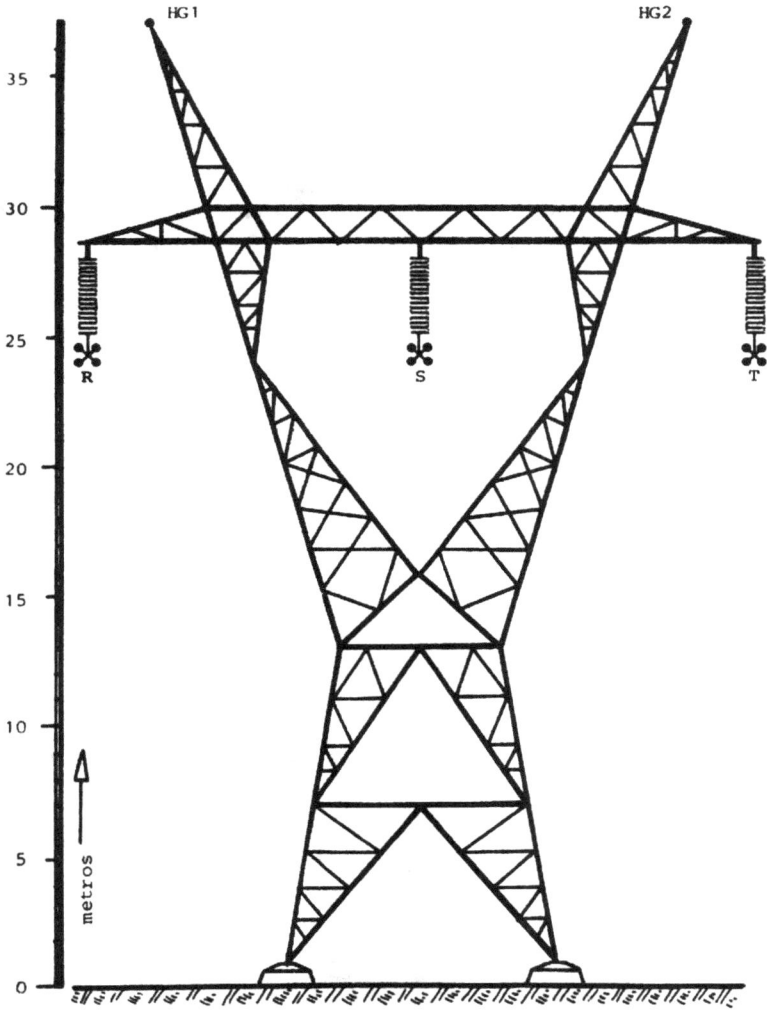

Torre de retención angular, metálica, con dos hilos de guardia y cuatro conductores por fase

Figura Nº 4.12 Torre de acero auto soportada para suspensión

vemos en corte en **Figura Nº 4.18**. Se componen de una pieza de porcelana o vidrio templado, con adecuadas piezas metálicas que permiten el empalme.

En la **Figura Nº 3.94** ya vimos como se arma una cadena, con mor-

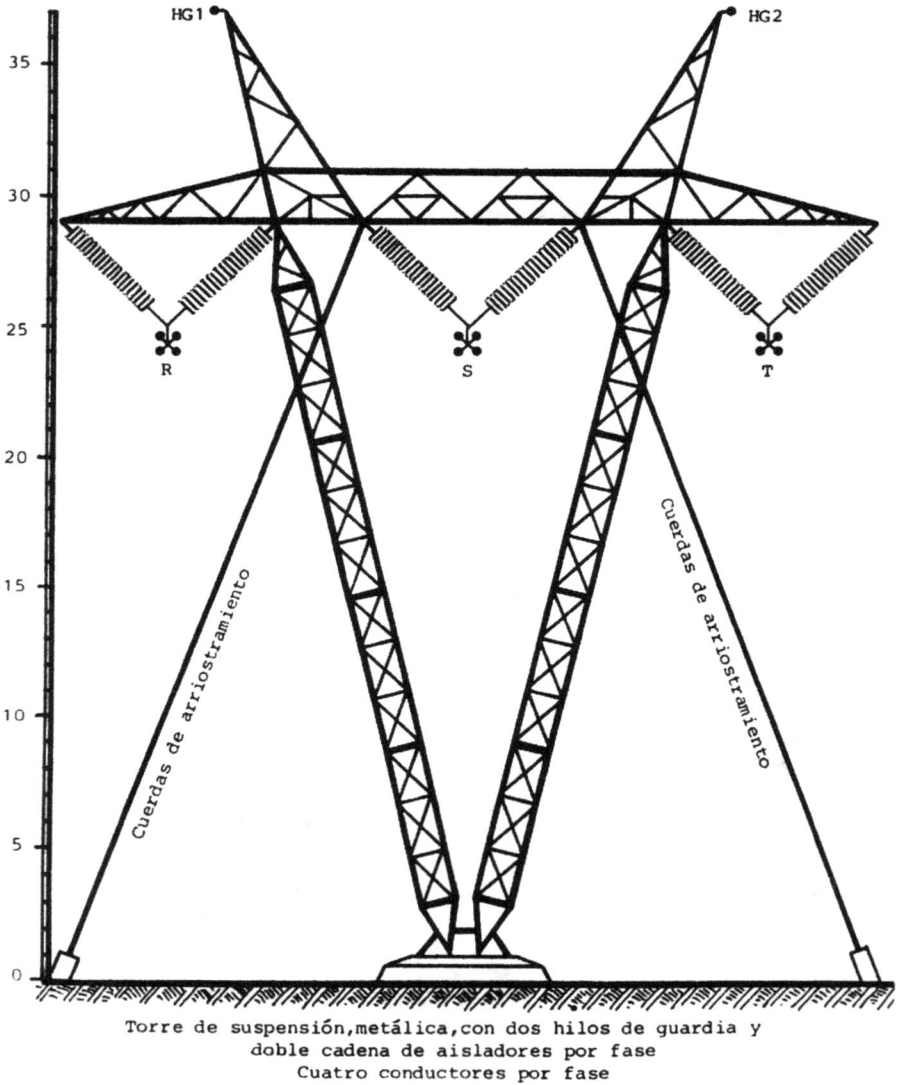

Torre de suspensión, metálica, con dos hilos de guardia y
doble cadena de aisladores por fase
Cuatro conductores por fase

Figura Nº 4.13 Torres de acero arriostrada para suspensión

setería adecuada. Para 132 kV y suspensión simple, es suficiente armar una cadena de 9 aisladores, para 33 kV alcanza con una cadena de 3 aisladores. Para tensiones muy altas, de 500 kV vemos cadenas de hasta 25 aisladores. Esta cantidad depende de si la cadena es de suspensión o de retención y otros detalles. Las dimensiones y forma del aislador, dependen de la tensión límite que pueden soportar, sin que se forme un arco en su superficie, alcanzando ambos extremos. Como estos elementos están expuestos a los agentes atmosféricos, las prescripciones indican la llamada **tensión de flameo,** la que provoca el salto de chispa bajo condiciones normalizadas de lluvia humedad, presión o nieve, que se pueden reproducir en el laboratorio. En la ***Figura Nº 4.12*** mostramos las fases aisladas por medio de cadenas de suspensión, mientras que en la ***Figura Nº 4.13*** tenemos la disposición en "**V**" que impide el movimiento lateral de los conductores de la fase.

La morsetería a que hemos aludido antes, son los accesorios que sir-

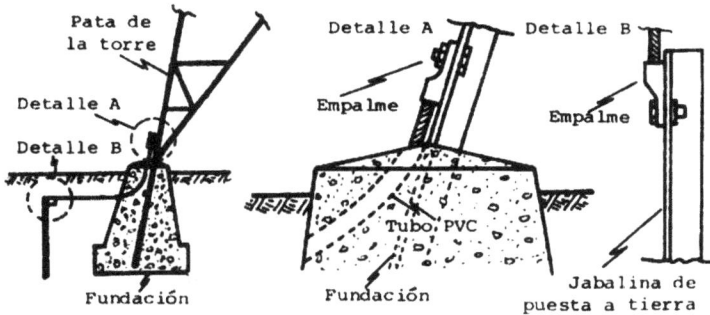

Figura Nº 4.14 Puesta a tierra de torres de acero

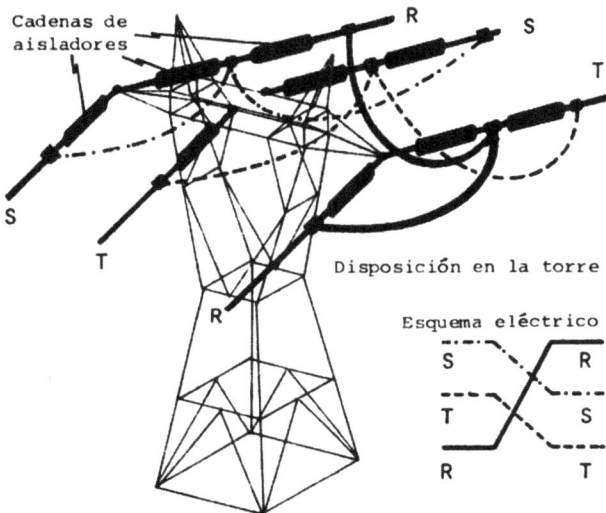

Figura Nº 4.15 Torre de retención con transposición de conductores

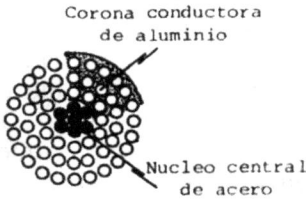

Figura N° 4.16 Conductor de aluminio con núcleo de acero

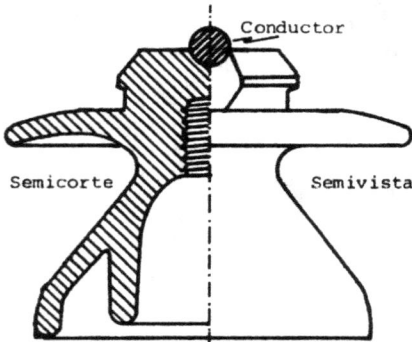

Figura N° 4.17 Aislador

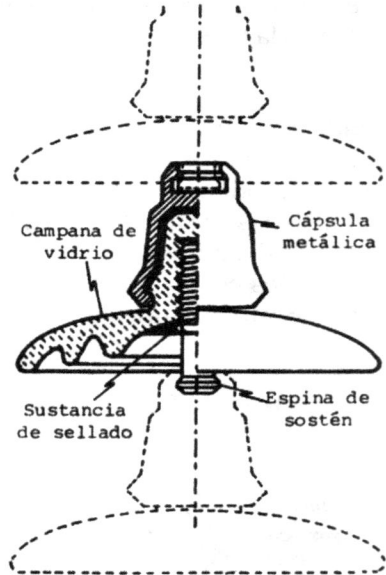

Figura N° 4.18 Cadena de aisladores

ven para fijar las cadenas de aisladores a las torres y los conductores a la cadena de aisladores. En este último uso, la morsetería está sometida a la tensión de ejercicio, que trae aparejado una serie de fenómenos relativos al campo eléctrico. Los tornillos, tuercas, pernos y demás piezas componentes, tienen bordes que pueden ser agudos y por lo que se estudió en la teoría de campo eléctrico, en esos puntos, el gradiente de potencial es elevado. Esto produce una serie de fenómenos indeseables, que es menester eliminar. Por otra parte, el citado gradiente de potencial afecta también el conductor, que cuanto menor es su diámetro, más se acentúa. Por ello, siguiendo la *Figura N° 4.19* vemos a la izquierda la silueta de una cadena y una fase de cuatro conductores. El segundo dibujo es de perfil. A la derecha se dibujó el campo eléctrico de los mismos con sus líneas equipotenciales. Esta disposición es más favorable para eliminar o disminuir los perjuicios del **efecto corona** que estudiaremos más adelante.

Una línea importante de transmisión de energía es una obra de ingeniería, que tiene mucho que ver con la ingeniería eléctrica y la ingeniería civil. Cuando se decide ejecutar esta obra entre dos puntos

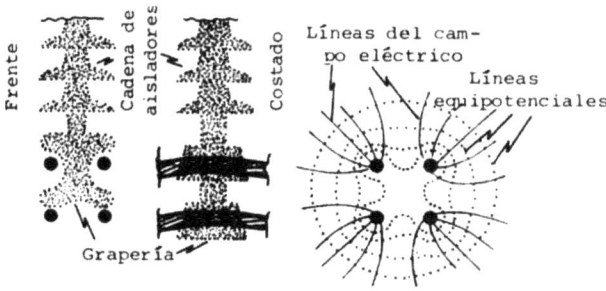

Figura N° 4.19 Cadena de aisladores y grapas para cuatro conductores

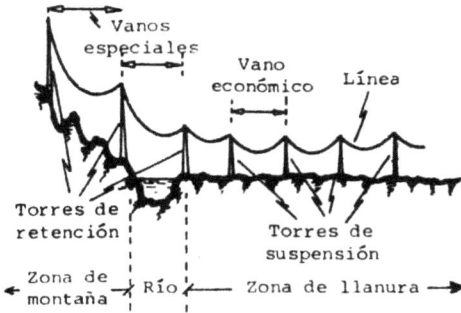

Figura N° 4.20 Traza de una línea

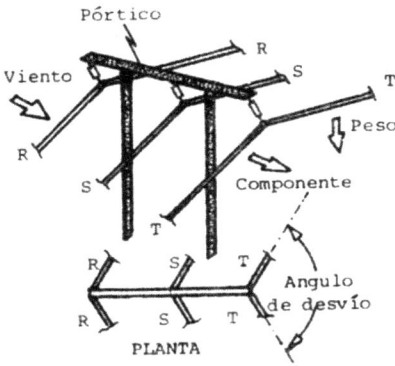

Figura N° 4.21 Torre y conductores con desviación

distantes, lo primero que se debe examinar, es la **traza**, o sea el **recorrido**. Esto implica un cuidadoso **estudio topográfico** para encontrar la mejor solución, junto con un **estudio de suelos**, para poder dimensionar las fundaciones. Sobre las constantes eléctricas, las veremos más adelante. Con los elementos se optimiza el problema y se determina el vano económico que se ha de usar, que hace mínimo el costo. En la **Figura N° 4.20** vemos un ejemplo de traza, en que para el cruce de un río y la subida a una sierra, hay que adaptarse al terreno, lo que obliga a la adopción de torres de tipo especial, de retención, más caras.

En los tramos lineales, se pueden usar torres de suspensión, todas iguales, con ventaja en los costos. El estudio de la topografía del recorrido permite determinar el lugar exacto en que se colocará cada torre. Se evitan los cambios de dirección, porque ello obliga a la colocación de torres de retención en esos puntos.

Los esfuerzos o solicitaciones que deben resistir las torres son, además del peso propio y los efectos naturales sobre las mismas, las que les transmiten los conduc-

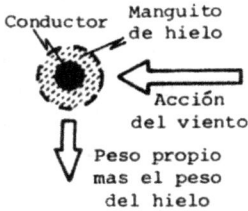

Figura N° 4.22 Conductor con manguito
de hielo y acción del viento

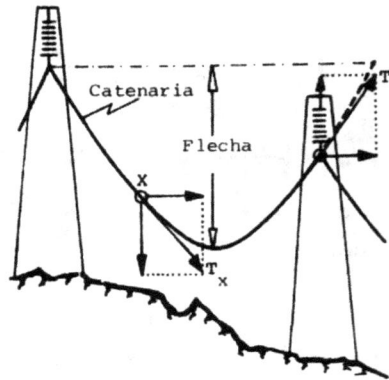

Figura N° 4.23 Línea con postes a distintas altura

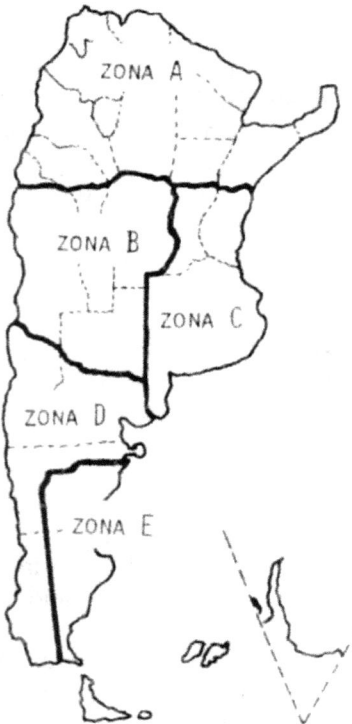

Figura N° 4.24 Zonas climáticas

tores. En la **Figura Nº 4.21** vemos el croquis de una torre como la de **Figura Nº 4.11** derecha, que cumple la función de ángulo, es decir, desvío de la dirección de la línea. Se observa que la torre debe soportar los efectos de las solicitaciones de los conductores, que se componen del peso propio del conductor más el peso de las cadenas de aisladores, a lo que se suma la acción del viento. Esto se aprecia en **Figura Nº 4.22**. Al peso propio se debe sumar el peso del manguito de hielo que se forma luego de una nevada y que, expuesto al viento, ofrece una superficie lateral apreciable. Todos estos efectos, sumados, componen las solicitaciones sobre la torre. Por otra parte, el proyecto de una línea implica el adecuado diseño del hilo conductor, que es una **catenaria**, que se muestra en el ejemplo de **Figura Nº 4.23**, en que el hilo conductor aparece suspendido entre dos puntos de distancia cota. La distancia entre el punto más elevado y el punto más bajo se llama **flecha** y es un número importante, sea para el dimensionado del conductor, como en los trabajos de instalación y montaje. Como la temperatura de trabajo cambia, lo mismo que el viento que está sometido el conductor, la flecha es un número variable. La teoría de estas catenarias permite conocer el valor de la tensión T_x en cada punto de su recorrido **X**, ocasionadas por sus componentes horizontales y verticales, con el cual se determina la sección resistente y el valor de la tensión **T** en el punto de apoyo permite conocer el esfuerzo que transmiten a la grapería se sujeción a la torre.

Como las condiciones climáticas son de gran influencia en todos los cálculos de las líneas, las mismas se han normalizado, para facilitar la tarea de los proyectistas.

La **Figura Nº 4.24** muestra las zonas climáticas en las cuales se ha dividido la superficie de nuestro país de acuerdo a la REGLAMENTACION DE LÍNEAS AÉREAS EXTERIORES DE MEDIA TENSIÓN Y ALTA TENSIÓN de la Asociación Electrotícnica Argentina AEA 95 301, en la Tabla Nº 4.01, se muestran los valores de la hipótesis climáticas.

Las **distancias eléctricas** impiden provocar la perforación, con una descarga de tipo disruptivo, entre conductores de distintas fases y entre conductores y las torres, la tierra u objetos próximos. Por ejemplo, podemos tomar:

$$D = K + f + l_a + \frac{U_n}{150} \qquad (4.00)$$

Donde:
- D = distancia entre conductores en la mitad del vano, en m
- K = factor función de materiales y disposición geométrica
- f = flecha en m
- l_a = longitud de la cadena de aisladores y accesorios, en m
- U_n = tensión nominal en kV

4.02.02. Forma constructiva de las líneas subterráneas

Las líneas ejecutadas con cables enterrados en el piso o colocados en conductos o galerías son de valor más alto que las aéreas, a iguales condiciones, pero se imponen en líneas que atraviesan distritos urbanos muy poblados o en instalaciones industriales de diverso tipo.

4.02.02.01. Cables

Haremos un repaso de los principales tipos de cables subterráneos, remarcando que son, esencialmente, uno o varios conductores aislados individualmente, agrupados para formar una unidad estructural. Para tensiones bajas tenemos el tipo mostrado en **Figura Nº 4.25**, consiste en

TABLA Nº 4.01
HIPÓTESIS CLIMÁTICAS

	ESTADO	TEMP. [C°]	VELOCIDAD DEL VIENTO [KM/H]	DIÁMETRO HIELO [mm]
A	1	+50	0	0
	2	-5	0	0
	3	+10	100	0
	4	+20	0	0
B	1	+45	0	0
	2	-15	0	0
	3	+10	120	0
	4	-5	50	0
	5	+16	0	0
C	1	+45	0	0
	2	-15	0	0
	3	+10	130	0
	4	-5	50	0
	5	+16	0	0
D	1	+35	0	0
	2	-20	0	0
	3	+10	130	0
	4	-5	50	10
	5	+8	0	0
E	1	+35	10	0
	2	-20	0	0
	3	+10	150	0
	4	-5	65	0
	5	+9	0	0

conductores de alambres o cuerdas de cobre aislados individualmente en PVC especial, relleno y cubierta contra fuego. Son aptos para temperaturas hasta 80 °C. e instalación en edificios civiles o industriales. Pueden montarse sobre bandejas, canales o conductos en lugares secos o húmedos. Sirven hasta 1 100 volt.

Estos cables pueden ser unipolares, bipolares, tripolares o tetrapolares. El cable de **Figura Nº 4.26** es semejante al anterior, pero tiene además, una armadura o fleje de acero, lo que le confiere una gran solidez mecánica, para daños por esfuerzos y los roedores. Este tipo de cable puede ser instalado en forma subterránea, enterrado en el piso y también a la intemperie. En el croquis de **Figura Nº 4.27** mostramos un cable como el de **Figura Nº 4.28**, pero empleando conductores de forma sectorial, de cobre o aluminio. Con esta disposición, los cables resultan de me-

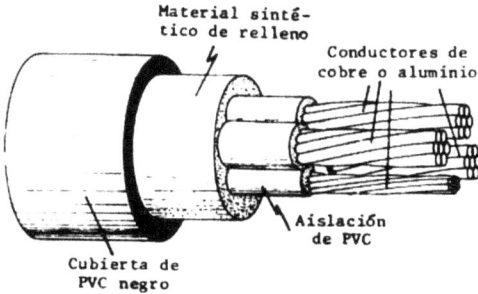

Figura Nº 4.25 Cable del tipo energía tetrapolar

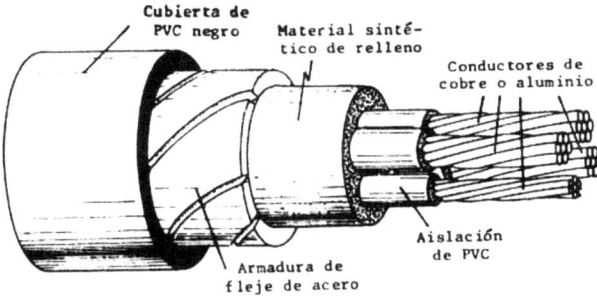

Figura Nº 4.26 Cable del tipo energía tetrapolar con armadura

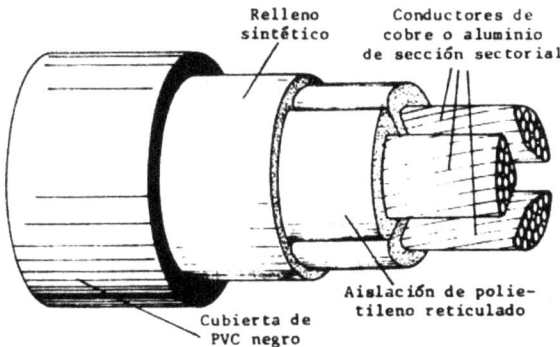

Figura Nº 4.27 Cable del tipo energía con conductores sectoriales

nor peso, aunque el campo eléctrico, en su interior, no es tan favorable.

El dibujo de *Figura Nº 4.28* corresponde a un cable de construcción más compleja. Se ve que el cobre o el aluminio se aíslan con polietileno reticulado, pero antes hay una capa de material semiconductor y además sobre el aislamiento se tiene una pantalla de cobre. Con esta disposición mejora la distribución del campo eléctrico y los gradientes de potencial. En media y en alta tensión, la pantalla de cobre confina los campos y conectándola a tierra, en ambos extremos de la línea, protege contra peligrosas tensiones en caso de avería.

Los cables se hacen con alambres de cobre o aluminio trenzados en forma helicoidal, en capas concéntricas y si el aislamiento es vulcanizado, se los cubre con estaño para evitar el ataque del azufre durante la vulcaniza-

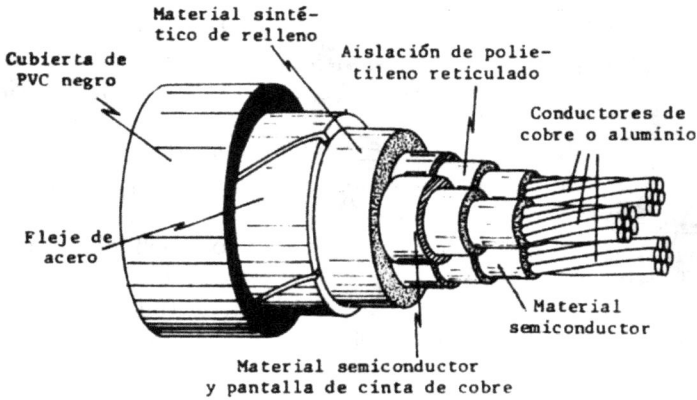

Figura N° 4.28 Cable de AT unipolar con aislamiento mediante un fluido a presión

Figura N° 4.29 Cable de AT tripolar con aislamiento
mediante fluido a presión

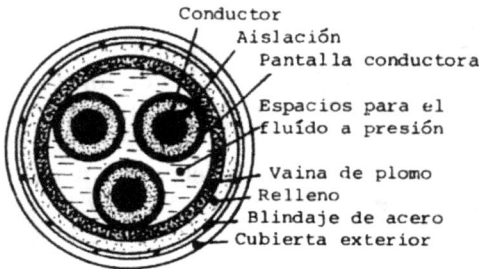

Figura N° 4.30 Cable de AT unipolar con aislamiento
mediante un fluido a presion

ción. Las aislaciones pueden ser papel impregnado, algodón impregnado, termoplásticos y termo fraguados. El policloruro de polivinilo, llamado PVC, es un termoplástico.

Los termos fraguados son materiales que sufren un proceso de vulcanización que elimina su plasticidad y aumenta la elasticidad y la consistencia mecánica. Son polietilenos que pueden trabajar con temperaturas altas. Las cubiertas semiconductoras que vimos, consisten en cintas de papel saturado de carbón coloidal arrollada sobre el conductor. Eliminan las distorsiones en el campo eléctrico debidas a protuberancias. La pantalla es una capa conductora que se coloca sobre el aislamiento

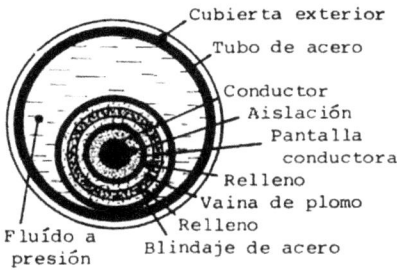

Figura N° 4.31 Cable unipolar con fluido a presión

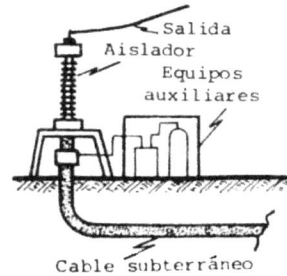

Figura N° 4.32 Transición cable subterráneo a línea aérea

y que puede conectarse fácilmente a tierra. Tiene por objeto crear una superficie equipotencial para obtener un campo eléctrico radial en el dieléctrico. También protege contra potenciales inducidos externos.

Para la transmisión en tensiones altas, la tecnología de los cables es algo diferente. En este tipo de cable, en funcionamiento, la temperatura origina dilataciones causando la expansión de los componentes. Al enfriarse el cable no se contrae totalmente produciendo pequeños huecos en los dieléctricos. Si los gradientes de potencial son elevados, los gases contenidos en esos huecos causan ionizaciones, con rápido deterioro de las aislaciones. Para evitar esto, se emplea el aceite o el nitrógeno a presión. Estos fluidos se pueden aplicar en forma interior o exterior. Las *Figura N° 4.29* hasta *4.31* muestran mediante esquemas, tres tipos de cables para alta tensión, cuyas leyendas permiten comprender su forma constructiva. La presión de aceite suele ser del orden de 2 a 5 Kg/cm^2, llegando en algunos 15 kg/cm^2. en el caso del hidrógeno al que se le puede adicionar exafluoruro de azufre la presión puede ser del orden 15 Kg/cm^2.

Los tramos de este tipo de cable son del orden de 2 kilómetros y los terminales son ejecutados mediante una tecnología especial. La *Figura N° 4.32* nos muestra el terminal de un cable subterráneo con un fluido a presión, que empalma con una línea aérea. Para mantener el fluido a la presión requerida, se hace menester contar con una estación especial para estos fines.

4.02.02.02. Instalación de cables subterráneos

Los cables subterráneos salen de fábrica en carreteles de madera y para proteger los extremos, se les aplica un capuchón de plomo. En tendido obliga a efectuar empalmes derivaciones y uniones, para las diversas condiciones exigidas por el proyecto. Estas operaciones se llevan a cabo

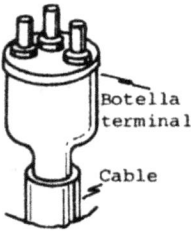

Figura Nº 4.33 Botella
terminal

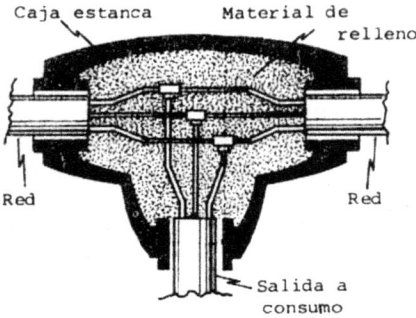

Figura Nº 4.34 Derivación de cable

mediante accesorios particulares, con una tecnología delicada. En la **Figura Nº 4.33** vemos el croquis de una botella terminal, que permite la vinculación del extremo de un cable, con un tablero u otro componente de la instalación. Estas botellas pueden ser metálicas y deben estar llena de una masa sólida pero colable en caliente que se llama compound. Hay botellas terminales de más moderna tecnología, que consisten en piezas moldeables de materiales plásticos. La aplicación de las botellas obliga a preparar los terminales de los conductores propiamente dichos en forma cuidadosa. Para las derivaciones se utilizan cajas estancas, de hierro fundido, que luego se rellenan con compound. La tecnología más moderna emplea cajas de plástico moldeadas en el lugar, y que tienen el aspecto de la **Figura Nº 4.34**.

La colocación de los cables puede ser de dos tipos principales. En galerías especiales, o en forma subterránea, enterrados en el piso. La **Figura Nº 4.35** nos enseña algunos tipos de instalación. Las diversas leyendas son suficientes para interpretar las formas de colocación. Estas formas de tendido permiten una rápida inspección, con ventajas en caso de reparaciones o aplicaciones o modificación. Cuando los cables se instalan enterrados en tierra, podemos adoptar las formas que se indican

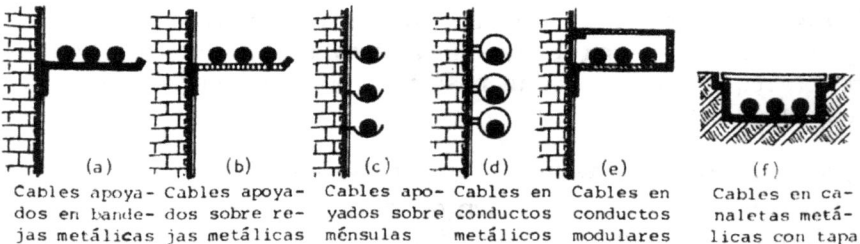

(a)	(b)	(c)	(d)	(e)	(f)
Cables apoyados en bandejas metálicas	Cables apoyados sobre rejas metálicas	Cables apoyados sobre ménsulas	Cables en conductos metálicos	Cables en conductos modulares	Cables en canaletas metálicas con tapa

Figura Nº 4.35 Distintas canalizaciones para cables

en la ***Figura Nº 4.36*** y que con las leyendas, no requieren mayores explicaciones. Con relación a los cuidados durante el tendido, la ***Figura Nº 4.37*** nos muestra el cable saliendo del tambor apoyado sobre caballetes y que se va extendiendo en la zanja apoyado sobre rodillos adecuados. Existen reglas muy rigurosas en cuanto a los cuidados que esta operación requiere y que están en las normas y en las recomendaciones de los fabricantes. Se deberá tener en cuenta la temperatura ambiente, para no dañar las aislaciones, ya que en zonas frías, el cable deberá templarse durante varios días en un local cálido.

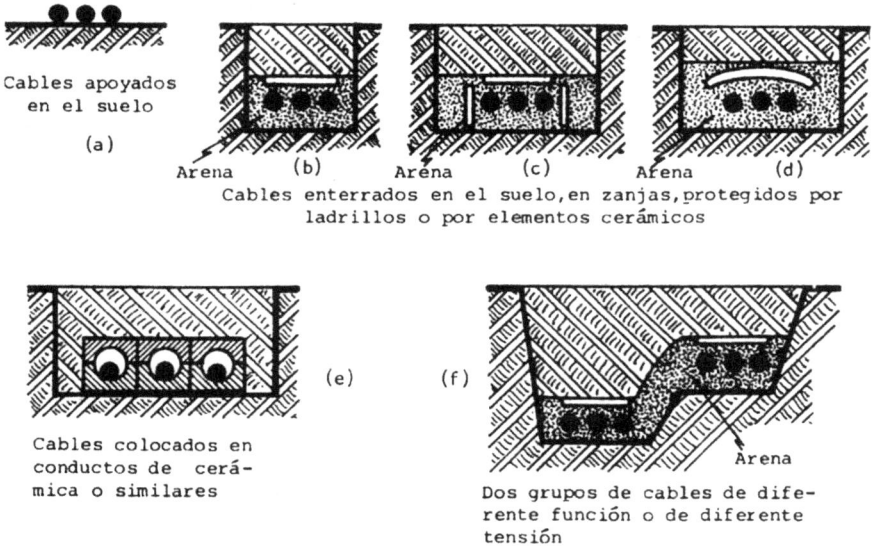

Cables apoyados
en el suelo

(a)

Arena   (b)   Arena   (c)   Arena   (d)

Cables enterrados en el suelo, en zanjas, protegidos por
ladrillos o por elementos cerámicos

(e)   (f)

Cables colocados en
conductos de cerámica o similares

Arena

Dos grupos de cables de diferente función o de diferente tensión

Figura Nº 4.36 Canalizaciones subterráneas

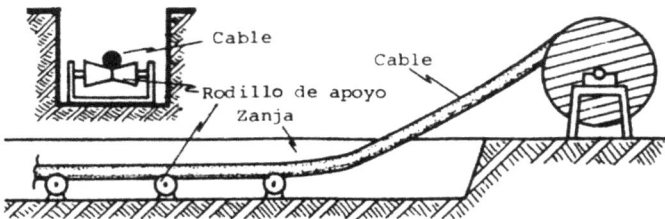

Cable

Cable

Rodillo de apoyo

Zanja

Figura Nº 4.37 Forma de tender cables

4.02.02.03. Intensidades admisibles de los conductores y cables

La determinación de la sección más adecuada para una transmisión de energía, se hace teniendo en cuenta varios criterios, a saber:

• Requisito mecánico. Todo conductor debe tener resistencia mecánica suficiente, como para soportar sin romperse ni deformarse en forma permanente, los esfuerzos aplicados al mismo en servicio normal y aún, los anormales que son previsibles.

• Requisito térmico. Todo conductor debe alcanzar en operación normal una temperatura que no comprometa ni al conductor y sus aislaciones, ni a los elementos circundantes y accesorios, ni presente peligro para la seguridad.

• Requisito de regulación. Todo conductor sometido a tensión alta debe presentar una pérdida de energía tolerable, debido a los efectos de ionización del aire que lo rodea, con producción de efectos luminosos y sonoros.

• Requisito económico. Todo conductor debe transportar la energía prevista, con un costo de material invertido y de gastos de operación y mantenimiento, que aseguren la rentabilidad de la obra.

De todos estos, trataremos ahora el requisito térmico. La capacidad de un conductor para trasportar una determinada corriente, depende de varios factores:

• de la temperatura límite de operación
• de la temperatura ambiente
• de las facilidades para disipar el calor
• de la forma, color y superficie expuesta del elemento conductor
• del material del conductor
• de la proximidad de otros conductores con corriente

Un conductor se encuentra a la temperatura de servicio o temperatura de régimen cuando todo el calor producido por efecto Joule, es evacuado por medio de las superficies exteriores en contacto con el medio ambiente. Este calor podemos expresarlo por la conocida ecuación:

$$q_p = 0,239 \times 10^{-3} \times R \times I^2 = 0,239 \times 10^{-3} \times \rho \times \frac{I}{s} \times I^2 \qquad (4.01)$$

Por otra parte, el calor evacuado por la superficie lateral S_L del conductor se puede expresar, en forma aproximada por medio de:

$$q_e = h \times S_L \times (\theta - \theta_a) \qquad (4.02)$$

Donde:
- q_e = calor evacuado por la superficie lateral, por unidad de tiempo
- S_L = superficie lateral en contacto con el medio ambiente
- θ = temperatura de la superficie lateral del conductor
- θ_a = temperatura ambiente
- h = coeficiente de emisión del calor

Si el conductor se encuentra a la temperatura de servicio es porque todo el calor producido es evacuado, por lo que deben igualarse las anteriores:

$$0,239 \times 10^{-3} \times \rho \times \frac{I}{s} \times I^2 = h \times S_L \times (\theta - \theta_a) \qquad (4.03)$$

Recurrimos al conocido concepto de densidad de corriente de un conductor:

$$j = \frac{I}{s} \qquad (4.04)$$

Donde **I** es la corriente que circula y **s** la sección recta.
Por otro lado, la geometría del conductor nos permite conocer:

$$s = \frac{\pi \times d^2}{4} \quad y \quad S_L = \pi \times d \times l \qquad (4.05)$$

Reemplazando en la (4.03), despejando y agrupando constantes sale:

$$d = K \times \frac{\theta - \theta_a}{j^2} \qquad (4.06)$$

Esta fórmula permite conocer el diámetro necesario en función de la temperatura (generalmente se acepta $\theta - \theta_a = 10°C$) y la densidad. Sin embargo, la elección de un conductor en base a la corriente que por él ha de circular, se hace por medio de tablas, como las mostradas a modo de ejemplo en el apéndice, por ejemplo Tabla **Nº A4.01**.
Debe señalarse que para líneas de transmisión muy importantes existen otros cables, construidos bajo otras normas y otras secciones normalizadas. En el caso de los cables tendidos en forma subterránea,

hemos elegido a modo de ejemplo uno de los tipos comerciales más comunes, tetrapolar, de aluminio y cobre, armado con flete de acero, cuyos datos son los de las Tabla **Nº A4.02** y **A4.03** del Apéndice.

4.04. PARÁMETROS ELÉCTRICOS DE LAS LÍNEAS

Haremos un repaso de los parámetros eléctricos que es menester tener en cuenta en los proyectos de líneas y dimensionado de los cables y conductores. Cada uno de los factores merece un estudio detallado que escapa a las finalidades de este texto, por lo que solamente habremos de hacer a continuación una síntesis informativa que puede servir para resolver los casos más simples.

4.04.01. Resistencia efectiva

Es la que representa un conductor al paso de una corriente alterna, teniendo en cuenta el efecto pelicular. El efecto pelicular o efecto Kelvin, provoca un aumento de la resistencia al paso de la corriente alterna, de tal modo que puede definirse como la pérdida de energía **p** dividida por el cuadrado del valor eficaz de la corriente **I**, vale decir:

$$R_e = \frac{p}{I^2} \qquad (4.07)$$

Esta resistencia puede relacionarse con la resistencia ohmmica o resistencia en corriente continua R_{CC} a través de:

$$K = \frac{R_e}{R_{CC}} \qquad (4.08)$$

El factor **K** es una función de una variable **X** que está demostrado vale:

$$X = 0,05013 \; x \sqrt{\frac{f \times \mu}{R_{CC}}} \qquad (4.09)$$

Siendo:
- X: coeficiente de efecto pelicular
- f: frecuencia en Hz
- μ: permeabilidad relativa del conductor ($\mu=1$ en los no magnéticos)
- R_{CC}:   resistencia ohmmica en Ω/km

La relación entre **K** y **X** es, para algunos valores ilustrativos:

TABLA Nº 4.02
RELACIÓN ENTRE X Y K

X	0,0	1,0	2,5
K	1,00000	1,00519	1,17538

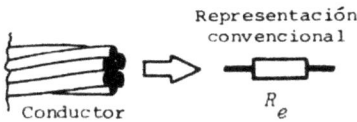

En la ***Figura Nº 4.38*** mostramos un conductor y la forma usual de representar al factor estudiado. La resistencia efectiva para las diversas frecuencias, es posible obtenerla, en Ω/Km en los manuales de ingeniería, para las temperaturas a que trabajan las líneas.

Figura Nº 4.38 Conductor

4.04.02. Reactancia inductiva

Como ilustramos en el dibujo de ***Figura Nº 4.39*** tomando dos de los tres conductores de una red trifásica, hay campos magnéticos presentes a saber:

- un campo propio de cada conductor, en el interior del mismo
- un campo propio de cada conductor, en el exterior del mismo
- campos provenientes del campo externo de otros conductores y que por proximidad llegan a uno de ellos

El estudio detallado de estos fenómenos conduce a las siguientes conclusiones, que no demostraremos, por escapar a lo propuesto en este texto:

$$L = \left| 4{,}605 \times \log_{10} \frac{DMG}{RMG} \right| \times 10^{-4} \qquad (4.10)$$

Donde:
- L: coeficiente de autoinducción, en H/Km/conductor
- DMG: distancia media geométrica, que depende de la forma de disposición de los conductores y que se calcula con:

$$DMG = \sqrt[3]{d_{RS} \times d_{ST} \times d_{TR}} \qquad (m) \qquad (4.11)$$

- d_{RS} d_{ST} d_{TR}: distancia geométrica entre cada par de conductores
- RMG: radio medio geométrico, que depende de la forma constructiva del conductor empleado de las tres fases.
  Por ejemplo, para un conductor de aluminio con alma de acero, de 26 alambres de aluminio de radio r, vale RMG = 0,809 r (m)

Como la reactancia sabemos vale $X_L = 2$ x π x f x L sale:

$$X_L = 0,00289 \text{ x f x } \log_{10} \frac{DGM}{RMG} \qquad (4.12)$$

Siendo:
- X_L: reactancia inductiva, en Ω/Km/conductor
- f :   frecuencia, en Hz
- DMG y RGM: igual que en fórmula (4.11)

El valor de $\mathbf{X_L}$ en Ω/Km se obtiene en los manuales.

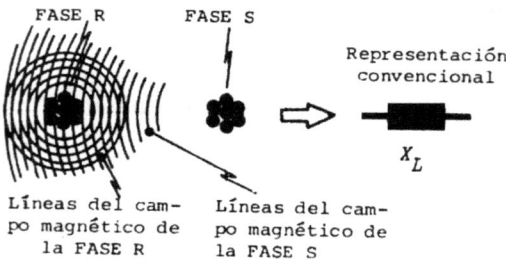

FASE R   FASE S

Representación convencional

X_L

Líneas del cam-
po magnético de
la FASE R

Líneas del cam-
po magnético de
la FASE S

Figura Nº 4.39 Inductancia entre dos conductores

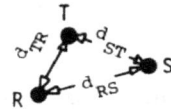

Figura Nº 4.40 Distancias medias geométicas

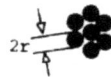

2r

Figura Nº 4.41 Radio medio geométrico

4.04.03. Reactancia capacitiva

En forma semejante a lo visto en la reactancia inductiva, es posible tratar la reactancia capacitiva. En el caso anterior, los fenómenos estaban basados en los campos magnéticos, mientras que ahora, los actuantes son los campos eléctricos. En la *Figura Nº 4.42* vemos dos de los tres conductores de una línea trifásica y las líneas del campo eléctrico entre ellos y entre uno y la tierra.

El estudio detallado de estos fenómenos conduce a la siguiente fórmula, que no explicamos por las razones que ya hemos dado:

$$C = \frac{0,02412}{\log_{10} \dfrac{DGM}{RMG}} \qquad (4.13)$$

Donde:
- C: capacidad, en μF/Km/conductor
- DMG: igual que en fórmula (4.10), en m
- RGM: igual que en fórmula (4.10), en m

Como la reactancia capacitiva vale:

$$X_C = \frac{1}{2 \times \pi \times C}$$

sale: $\qquad X_C = \dfrac{6,596}{f} \times \log_{10} \dfrac{DGM}{RMG} \qquad (4.14)$

Siendo:
- X_C: reactancia capacitiva, en MΩ/Km/conductor
- f: frecuencia en Hz
- DMG y RGM: igual que en fórmula (4.11)

El valor de X_C en MΩ/km se obtiene en los manuales.

4.04.04. Resistencia de pérdidas y efecto corona

Como procuramos ilustrarlo en **Figura Nº 4.43**, cada fase de una línea trifásica pende de una cadena de aisladores, que está sujeta a las estructuras de la torre o poste, como ya lo hemos mostrado en **Figuras Nº 4.10, 4.11, 4.12 y 4.13**, como las líneas de alta y muy alta tensión de construyen para trabajar a la intemperie, los fenómenos atmosféricos como la lluvia, la humedad, la polución o la nieve, forman caminos conductores por los aisladores, grapería y estructuras hacia tierra. Son las corrientes de fuga mostradas en **Figura Nº 4.43.** También se presentan corrientes de fuga entre fases y hacia el hilo neutro. Pero existe otra forma de escape de energía que se presenta a lo largo de toda la línea y es el llamado efecto corona. Este fenómeno se debe a que todo dieléctrico, cuando se ve sometido a un campo eléctrico cuyo gradiente de potencial aumenta, llegará un valor para el cuál se supere la rapidez dieléctrica y se perfore. Es la conocida descarga disruptiva. El conductor de

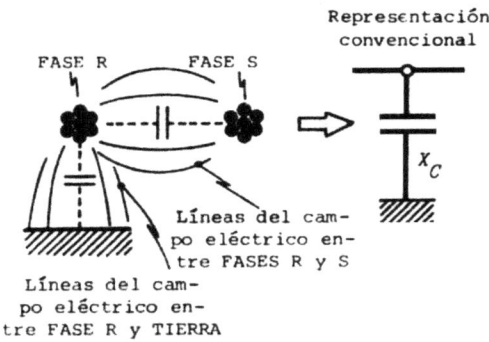

Figura Nº 4.42 Capacitancia de dos conductores

una línea aérea, por ejemplo, está rodeada por un campo cuyas líneas son equipotenciales y concéntricas al eje del mismo, como se procura ilustrar en **Figura Nº 4.43**. Si el gradiente de potencial aU/ax alcanza el valor suficiente como para ionizar el espacio circundante que rodea al conductor, aparece un rumor y una luminosidad azulada que puede percibirse en la oscuridad. El hecho esta acompañado de:

- corrosión del metal por el ozono y otros compuestos nitrogenados.
- predisposición de recibir descargas atmosféricas directas por la abundante presencia de iones.
- efectos desfavorables de radio-interferencia
- disipación de energía perdida

El efecto corona es función de dos elementos: el gradiente de potencial en la superficie del conductor y la rigidez dieléctrica del aire en la superficie, valor que a su vez depende de la presión atmosférica y la temperatura. Este fenómeno se debe a la existencia de iones libres que al ser acelerados, por acción del campo eléctrico, por choque ionizan partículas neutras. En un campo uniforme, a 25°C y 760 mm de presión, la iotización por choque aparece al tener un valor máximo de 30 kV/cm, que corresponde a 21.1 kV/cm sinusoidal. En el caso de las líneas aéreas de transmisión de energía, se ha demostrado que el fenómeno depende

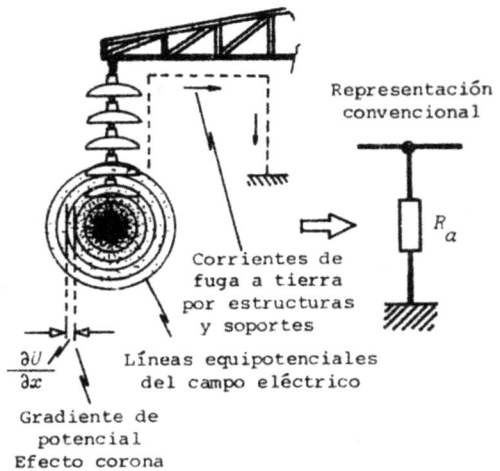

Figura Nº 4.43 Corrientes de fuga

del radio del conductor. El valor del gradiente de potencial para el cual aparece la ionización en la superficie del conductor se llama gradiente superficial crítico y varios investigadores indican que vale:

$$g_0 = 30 \times (1 - 0,07 \times r) \quad kV/cm \quad \text{eficaz} \qquad (4.15)$$

Donde **r** es el radio del conductor en cm. Existen fórmulas que nos suministran este valor en función de la presión barométrica y la temperatura ambiente. Pero estas fórmulas sirven para conductores de sección circular y perfectamente lisa. Como hemos visto, los conductores de líneas aéreas están formados por varios alambres cableados y enrollados en hélice y tienen raspaduras propias de su fabricación e instalación. Esto hace aumentar el gradiente crítico, por encima de las estimaciones teóricas.

Los fenómenos descriptos en forma somera hasta aquí, nos permiten afirmar que la superficie de un conductor libera iones de ambos signos. Como la tensión es alterna, algunos son atraídos hacia el conductor, conforme su polaridad en el momento en que se considere mientras que otros, son rechazados y se alejan hacia moléculas neutras para formar iones pesados. Los que se alejan, debido a que disminuye el gradiente, disminuyen su velocidad. Al cambiar la polaridad del conductor, los que se alejaban tratan de acercarse, aumentando la carga y la intensidad del campo en las cercanías del mismo. Esto último hace que se reinicie la ionización por choque antes de que la tensión alcance el valor del gradiente crítico. Las primeras cargas liberadas por choque neutralizan a cargas que se están acercando y se forman cargas de signo contrario que reinician el proceso. Como se ve en esta ligera descripción cualitativa, hay energías en juego. Por una parte, la energía necesaria para producir la ionización y por otra, la necesaria para producir los movimientos de las cargas. La primera es importante y la forma de estimar esta energía se realiza por medio de la fórmula de Peterson:

$$p_c = \frac{20,96 \times 10^{-6} \times f \times U^2_n \times F}{\log_{10} \left| \dfrac{DMG}{r} \right|^2} \quad kW/km/fase \qquad (4.16)$$

Donde:
- P_c: pérdidas por efecto corona en KW/Km/fase
- f : frecuencia en Hz
- U_f : tensión eficaz, entre fase y neutro, en KV
- DMG: distancia media geométrica entre conductores,

en m (fórmula 4.11)
* r: radio del conductor, en m
* F: factor función de la relación U_f/U_o
* U_o: tensión eficaz, entre fase y neutro, en KV, que provoca
la descarga

El valor de **F** se toma:

TABLA Nº 4.03

U_f/U_0	0,6	0,7	0,8	0,9	1,0	1,0	1,2	1,3	1,5
F	0,0011	0,0140	0,018	0,025	0,036	0,053	0,085	0,150	0,0950

Esta fórmula es para buen tiempo. Es otras condiciones, es necesario hacer intervenir los efectos correspondientes.

Según lo descrito, el fenómeno del efecto corona causa una gran cantidad de corrientes pequeñas, simples desplazamientos de cargas y en consecuencia, se generan campos de frecuencias muy diversas que la línea emite en forma de radiaciones de energía de frecuencia alta, entre 5 y 10 MHz, en modulación de amplitud, y que causan interferencias indeseables en equipos de AM.

Podemos cerrar este tema diciendo que las pérdidas por efecto corona se pueden mantener en valores tolerables manteniendo la tensión a la que ocurre el fenómeno, más alta que la tensión entre fase y tierra en un 20 a 40 %, para lo cual, es menester que el diámetro del conductor sea grande o, en caso contrario, formando cada fase por medio de más de un conductor sea grande o, en caso contrario, formando cada fase por medio de más de un conductor como vimos en *Figura Nº 4.11* hasta *4.13* y también en *Figura Nº 4.19*.

Finalmente, la reunión del efecto de las corrientes de fuga y el efecto corona constituyen, en conjunto algo equivale a considerar la existencia de una resistencia es derivación **Ra** como mostramos en *Figura Nº 4.43* a la derecha.

4.05. TEORÍA DE LAS LÍNEAS

Los parámetros que hemos visto en el párrafo anterior se encuentran distribuidos a lo largo de toda la línea. Por lo tanto, un tratamiento exacto debe hacerse por medio de ecuaciones diferenciales, lo que no quita que, para muchos casos se pueda simplificar el estudio y considerar a ciertos parámetros como elementos concentrados en un punto. Sin embargo,

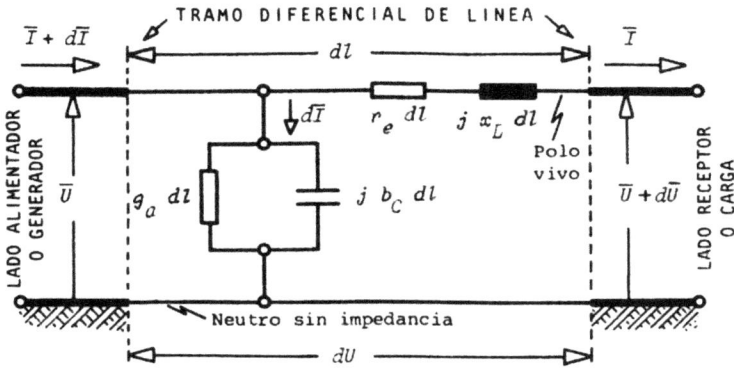

Figura Nº 4.44 Tramo diferencial de líneas

para iniciar el estudio conviene observar el caso general, para luego, por simplificación, encontrar los casos particulares. Por lo tanto, tomamos la **Figura Nº 4.44** que representa un tramo diferencial de línea. Para ello, debemos tener en cuenta que las líneas – salvo que estén bajo los efectos de una falla – son sistemas simétricos y equilibrados, es decir perfectos.

También los generadores son conjuntos perfectos, por lo que es posible reducir un conjunto trifásico a uno monofásico, vale decir, un sistema trifásico simétrico y equilibrado puede reducirse al estudio de un sistema monofásico formado por una cualquiera de las fases y por un conductor neutro, sin impedancia, real o ficticio. Esto es lo que se ve en la **Figura Nº 4.44**. por lo tanto, en todo estudio de líneas consideremos un conductor de fase y un neutro sin impedancia.

Como los parámetros eléctricos son cantidades diferenciales, porque existen en cada punto de la línea, los representamos como vemos en **Figura Nº 4.44**, como cantidades infinitesimales. En este dibujo, tenemos:

- r_e : resistencia efectiva en Ω/km/conductor
- x_L : reactancia inductiva en Ω/km/conductor
- x_C : reactancia capacitiva en MΩ/km/conductor
- r_a : resistencia de pérdidas en MΩ/km/conductor

Estos valores, multiplicados por un largo diferencial de línea **dl**, permiten tener los valores del parámetro en ese punto, es decir, para elementos en serie:

$$\begin{vmatrix} dR_e &= r_e \times dl & (4.17) \\ dX_L &= x_L \times dl & (4.18) \end{vmatrix}$$

Para los elementos en paralelo, el tratamiento difiere algo, ya que previo debemos tener en cuenta que:

$$g_a = \frac{1}{r_a} \qquad (4.19)$$

$$b_C = \frac{1}{x_C} \qquad (4.20)$$

Que son:
- g_a : conductancia de pérdidas en Ω^{-1}/km/conductor
- b_C : susceptancia capacitiva en Ω^{-1}/km/conductor

Por lo tanto, para un elemento diferencial de línea sale:

$$dB_C = b_C \times dl \qquad (4.21)$$

$$dG_a = g_a \times dl \qquad (4.22)$$

Estas cantidades permiten encontrar otras más simples. Por ejemplo, reuniendo las (4.17) y (4.18) tenemos la impedancia por unidad de longitud:

$$\overline{Z} = r_e + j\, x_L \qquad (4.23)$$

Reuniendo las (4.21) y (4.22) aparece la admitancia por unidad de longitud:

$$\overline{Y} = g_e + j\, b_C \qquad (4.24)$$

Conforme la **Figura Nº 4.44** se puede apreciar que la corriente que entra al tramo es **I + dI** y la tensión en el elemento diferencial es **dU**, por lo que la tensión en el extremo de línea resulta **U + dU**. La corriente incremental que se deriva en cada infinitésimo de línea es:

$$\overline{dI} = \overline{U} \times \overline{Y} \times dl \qquad (4.25)$$

Mientras que la tensión incremental en los extremos del infinitésimo de línea es:

$$\overline{dU} = \overline{I} \times \overline{Z} \times dl \qquad (4.26)$$

Las (4.25) y (4.26) son las ecuaciones diferenciales de un tramo de línea y sirven para la resolución exacta de los problemas complicados. Sin embargo, las líneas pueden clasificarse como sigue:

4.05.01. Líneas cortas

Son aquellas cuya longitud no excede los 50 km aproximadamente y la tensión de línea no supera los 40 kV. En estas líneas alcanza con tener en cuenta a los valores de r_e y x_L para resolver los problemas que se pueden presentar.

4.05.02. Líneas de longitud media

Son aquellas cuya longitud está entre los 50 km y los 250 km con tensiones de línea que no superen los 220 kV. En estas líneas alcanza con tener en cuenta a los valores de r_e y x_L y para la capacidad, admitir que ella está concretada en un punto de la mitad de la línea o la mitad en cada extremo.

4.05.03. Líneas de gran longitud

Son aquellas de longitudes mayores a 250 km y tensiones de líneas superiores a los 220 kV. Para estas líneas es menester tener en cuenta las ecuaciones (4.25) y (4.26) para resolver los problemas que se pueden plantear.

Como siempre dato orientativo, para apreciar el orden de magnitud de las cantidades en juego, digamos que la pequeña línea que va desde "Villa Quinteros" hasta la central "Pueblo Viejo", en la provincia de Tucumán (República Argentina) tiene los siguientes datos:

- Tensión de línea: 132 kV
- Longitud: 25 km
- Sección de aluminio: 148,9 mm²
- Sección de acero: 25,4 mm²
- Sección total: 174,3 mm²
- Diámetro exterior: 17,3 mm²
- Resistencia efectiva a 20°C y 50 Hz: 0,193 Ω/km
- Reactancia inductiva a 50 Hz: 0,408 Ω/km
- Susceptancia capacitiva a 50 Hz: $2{,}763 \times 10^{-6}$ S/km

Los tres conductores están en un plano horizontal, como en **Figura Nº 4.11** derecha, y la distancia entre conductores es **RS** = 3,80 m: **TR** = 7,60 m. Los valores de los parámetros r_e x_L g_a g_C se pueden obtener consultando los diversos manuales de ingeniería o los catálogos comerciales de los proveedores. Para poder transmitir al lector una idea del orden de magnitud de las constantes de las líneas, presentamos dos ejemplos. Un cable para línea aérea de aluminio/acero y un cable de energía de baja tensión. Ver las Tablas **Nº A4.01, A.4.02** y **A.403** del Apéndice.

A continuación vamos a tratar la forma de cálculo de la sección de los conductores en líneas cortas, medianas y largas, con las limitaciones que nos hemos impuesto en esta obra.

4.06. CÁLCULO DE LINEAS CORTAS

Las pequeñas líneas cortas, para tensiones bajas o medias, se proyectan en base a los dos siguientes criterios:

- caída de tensión entre un extremo y otro de la línea, que en los casos prácticos oscila entre el 2 y el 10 %, pudiendo llegar al 20 % en casos extremos.

- temperatura de servicio para que el calor producido por efecto Joule no comprometa ni al conductor ni a los elementos y accesorios próximos.

Se trata de dos de los cincos requisitos tratados en el punto 4.02.02.03 visto, ya que para este tipo de línea se considera solo la **resistencia efectiva R_e** de los conductores. Los restantes parámetros son despreciables. Por lo tanto, para líneas cortas:

$$R_e \neq 0, \quad x_L = 0, \quad g_a = \text{infinito}, \quad b_C = \text{infinito}$$

4.06.01. Cálculo de una línea corta en corriente continua

En la Figura **Nº 4.45** mostramos el esquema de una línea bifilar en corriente continua, con la alimentación en su extremo izquierdo y su carga a la derecha. Cada conductor equivale a un resistor **r**. Las caídas de tensión δ en extremos de cada hilo, que llamamos caída ohmmica vale:

$$\delta = I \times R = I \times \rho \times \frac{l}{s} \qquad (4.27)$$

Como hay un conductor de ida y otro de vuelta, la caída total vale:

$$\Delta U = 2 \times \delta = 2 \times I \times \rho \times \frac{l}{s} \qquad (4.28)$$

Al valor ΔU que llamamos caída de tensión en la línea lo expresamos por:

$$\Delta U = U_G - U \qquad (4.29)$$

Siendo U_G la tensión de alimentación (o del lado generador) y **U** la tensión útil a la llegada (o en la carga). Como es corriente expresar este valor en forma porcentual con relación a la tensión útil en la carga, tenemos:

$$u = \frac{\Delta U}{U} \times 100 \qquad (4.30)$$

Reemplazando la (4.28) en la (4.30) nos sale:

$$u = \frac{200 \times \rho \times l \times I}{s \times U} \qquad (4.31)$$

Despejamos la sección necesaria:

$$s = \frac{200 \times \rho \times l \times I}{u \times U} \qquad (4.32)$$

Adoptando esta sección estamos seguros que la caída de tensión no supera el límite porcentual **u** impuesto por las normas o las reglas del arte. Una vez hecho esto, es menester hacer la verificación térmica, para asegurarse que la temperatura de servicio provocada por la corriente **I** circulando por la sección **s** determinada con la (4.32), es admisible. Esto se resuelve por medio de tablas en donde, entrando con la sección **s** calculada, se verifica si:

$$I \text{ de tabla para sección } s \geq I \text{ calculada} \qquad (4.33)$$

De no cumplirse esta condición, procedemos a elegir la sección normalizada inmediatamente superior capaz de soportar la corriente que ha de circular. Con ella nos aseguramos que la temperatura de servicio no superará valores nominales y la caída de tensión será menor que la prescripta.

4.06.02. Cálculo de una línea corta en corriente monofásica

En la *Figura Nº 4.46* se muestra el caso planteado. Es muy similar al anterior, salvo que ahora la tensión no tiene porque estar en fase con la corriente de la carga. Esto lo manifestamos en el diagrama de fasores.

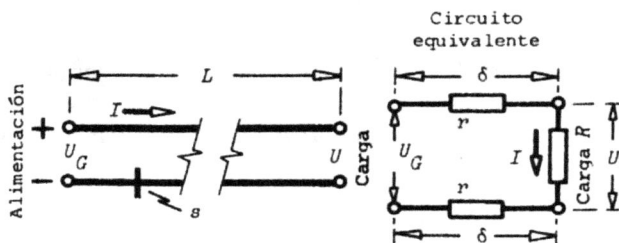

Figura N° 4.45 Línea corta en corriente continua

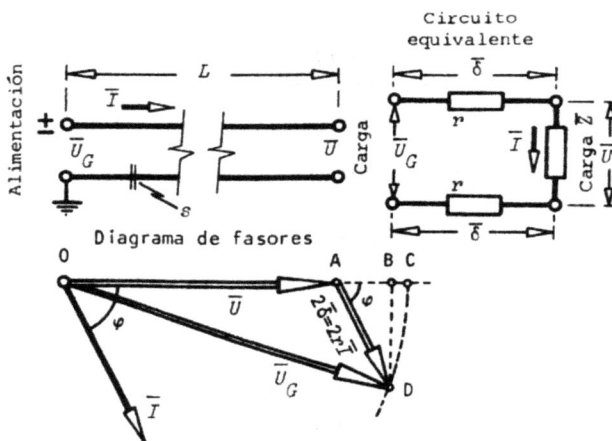

Figura N° 4.46 Linea corta en corriente alterna

La formula (4.29) es válida en este caso, a condición de emplear los valores absolutos. Como ahora las magnitudes están desplazadas y dependen del ángulo φ que es función de la carga, la diferencia entre $\mathbf{U_G}$ – $\mathbf{U}$ esta representada por el segmento **AC**. Para ello hacemos el siguiente razonamiento.

$$\overline{OD} = \overline{OC} = \sqrt{(\overline{OA} + \overline{AB})^2 + (\overline{BD})^2} \qquad (4.34)$$

O también:

$$U_G = \sqrt{(U + 2 \times \delta \times \cos \varphi)^2 + (2 \times \delta \times \operatorname{sen} \varphi)^2} \qquad (4.35)$$

Prácticamente, el valor de δ sen φ es muy pequeño frente al resto de las restantes magnitudes y no ejerce influencia sobre el módulo de $\mathbf{U_G}$ por lo que:

$$\overline{OC} = U_G \simeq U + 2 \times \delta \times \cos \varphi \qquad (4.36)$$

Como vemos en la ***Figura Nº 4.46*** que **OA = U** nos resulta:

$$\overline{AC} = \overline{OC} - \overline{OA} = 2 \times \delta \times \cos \varphi \qquad (4.37)$$

lo que señala que para cargas con $\varphi \neq \mathbf{0}$ la caída de tensión es menor que la caída ohmica **2** δ Reemplazando en la (4.30) que es general, tenemos:

$$u = \frac{2 \times \delta \times \cos \varphi}{U} \times 100 = \frac{200 \times \rho \times l \times I \times \cos \varphi}{s \times U} \qquad (4.38)$$

ya que δ es igual que en la (4.27). la corriente, como sabemos vale:

$$I = \frac{P}{U \times \cos \varphi} \qquad (4.39)$$

De la (4.38) sacamos la sección necesaria:

$$s = \frac{200 \times \rho \times l \times I \times \cos \varphi}{u \times U} \qquad (4.40)$$

Esta sección asegura la caída de tensión dentro del margen establecido. Por lo tanto, solo resta hacer la verificación térmica conforme la (4.33).

4.06.03. Cálculo de una línea corta en corriente trifásica

En las ***Figuras Nº 4.47a*** y ***4.47b*** mostramos la línea que nos proponemos calcular. Se trata de una línea trifilar sin neutro, que es el caso más corriente. Al final, veremos como se determina el neutro, si lo hay. Cada fase puede ser tratada en la misma forma que el caso anterior de la línea monofásica, salvo en lo referente al neutro, que al no existir, no debe aparecer la caída δ en el mismo. Por lo tanto, la caída de tensión, por fase, vale:

$$\overline{OC} = U_G \simeq U + \delta \times \cos \varphi \qquad (4.41)$$

Como **U** es la tensión de fase, nos resulta:

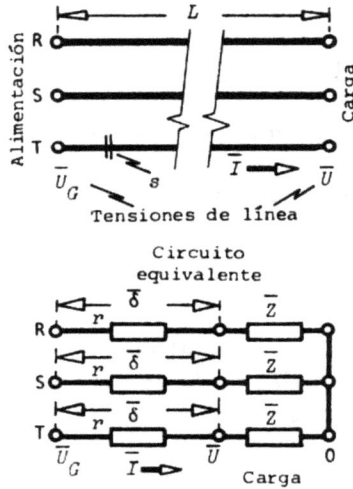

Figura Nº 4.47a Tensiones de línea y circuito equivalente

$$\overline{AC} \; = \; \overline{OC} - \overline{OA} = \delta \times \cos\varphi \qquad (4.42)$$

Si revisamos el diagrama de fasores de la **Figura Nº 4.47b**, abajo a la derecha, es posible saber que la caída de tensión de línea vale:

$$\Delta U \; = \; \sqrt{3} \; \times \; \overline{AC} = \sqrt{3} \times \delta \times \cos\varphi \qquad (4.43)$$

Volviendo a la (4.30), por reemplazo nos sale:

$$u \; = \; \frac{\sqrt{3} \times \delta \times \cos\varphi}{U} \times 100 = \frac{\sqrt{3} \times 100 \times \rho \times l \times I \times \cos\varphi}{s \times U} \qquad (4.44)$$

La corriente, en este caso, vale como sabemos:

$$I \; = \; \frac{P}{\sqrt{3} \times U \times \cos\varphi} \qquad (4.45)$$

Despejando **s** de la (4.44) obtenemos:

$$s \; = \; \frac{\sqrt{3} \times 100 \times \rho \times l \times I \times \cos\varphi}{u \times U} \qquad (4.46)$$

Determinada la sección, se hace la verificación térmica con el criterio de la (4.33). En cuanto a la sección del neutro, si es necesario, se estima con:

$$s_0 = \frac{s}{2} \rightarrow hasta \rightarrow s_0 = \frac{s}{3} \qquad (4.47)$$

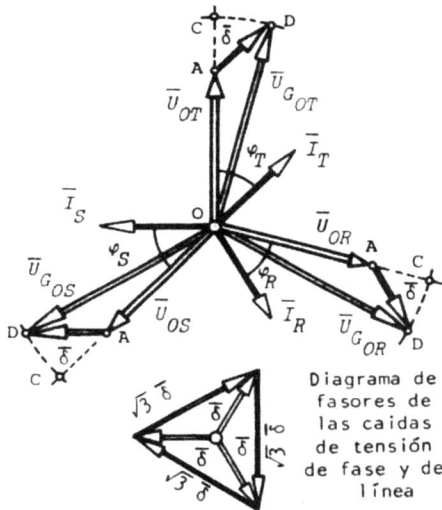

Figura N° 4.47b Diagrama de fasores

4.07. CRITERIO PARA LA PROTECCIÓN DE LÍNEAS CORTAS

Si bien el estudio de las protecciones de las redes no es objeto de este texto, trataremos ahora el caso simple de la protección de una línea corta directa. Para ello acudamos al dibujo de *Figura N° 4.48* en que vemos, en la parte superior, el esquema unifilar de un generador que alimenta una línea de media tensión que llega hasta un transformador reductor, el que alimenta la carga en baja tensión. Debajo del esquema está el circuito equivalente de una fase, mostrando tres tipos de fallas que pueden ocurrir, en tres puntos diferentes. Para mejor comprender la explicación que sigue, se recomienda leer el párrafo anterior relativo a los aparatos de maniobra.

Comenzamos por considerar la corriente normal de funcionamiento, que ha de tener lugar en el caso de funcionar la instalación sin falla alguna.

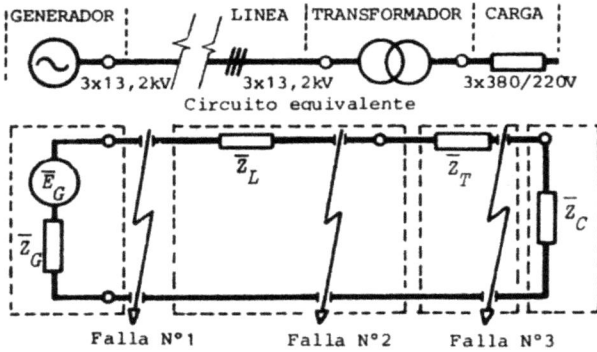

Figura N° 4.48 Unifilar de un generador, línea y transformador

$$\overline{I}_n = \frac{\overline{E}_G}{\overline{Z}_G + \overline{Z}_L + \overline{Z}_T + \overline{Z}_{C_G}} \qquad (4.48)$$

Recordemos:
- $\overline{I}_n$: intensidad normal de funcionamiento
- $\overline{E}_G$: fuerza electromotriz de una fase del generador
- $\overline{Z}_G$: impedancia interior de una fase del generador
- $\overline{Z}_L$: impedancia de un conductor de la línea trifilar
- $\overline{Z}_T$: impedancia equivalente de una fase del trasformador
- $\overline{Z}_{C_G}$: impedancia de una fase de la carga, supuesta en estrella, referida a **E$_G$**

La impedancia de un conductor de la línea es la de fórmula (4.23). La impedancia equivalente de una fase del transformador.

Finalmente, la impedancia de carga es la misma que está presente si es estrella o convertida si está en triángulo, teniendo la precaución de transferir los valores a los de referencia, conforme la relación de espiras del transformador.

En algunos casos, para simplificar, se supone que la red es de potencia infinita, lo que equivale decir que **E$_G$** = constante y **Z$_G$ = 0**, en cuyo caso la (4.48) es:

$$\overline{I}'_n = \frac{\overline{E}_G}{\overline{Z}_L + \overline{Z}_T + \overline{Z}_C} \qquad (4.49)$$

Con los valores de **I$_n$** o de **I'$_n$** según se quiera considerar, se pueden seleccionar el interruptor y los fusibles en la carga, para maniobra normal de cierre o apertura de la misma. Recuérdese que si esas intensidades están referidas al lado de media tensión, debemos convertirlas para tener los verdaderos valores en la carga. Hagamos el ejemplo. Si la tensión de línea es 13,2 kV en el primario y 380 V la tensión de línea en el secundario, la relación de transformación será 13 200/380 = 34,7 = k. Por lo tanto, la corriente calculada con la (4.48) o la (4.49) está referida al lado de media tensión, la intensidad en la carga ha de ser:

$$\overline{I}_N = \overline{I}_n \times k$$

ó

$$\overline{I}'_N = \overline{I}'_n \times k \qquad (4.50)$$

Como el transformador es reductor, la $I_N > I_n$, y con los valores de las ecuaciones anteriores es posible elegir el interruptor adecuado y las protecciones.

Si la falla se produce en el lado de baja tensión, es decir, en el punto N° 3 de la Figura **N° 4.48**, la corriente de corto-circuito será:

$$\overline{I}_{3cc} = \frac{\overline{E}_G}{\overline{Z}_G + \overline{Z}_L + \overline{Z}_T} \qquad (4.51)$$

Si la falla se produce a la entrada del transformador, punto 2 (llegada de línea), la corriente de corto-circuito resultará:

$$\overline{I}_{2cc} = \frac{\overline{E}_G}{\overline{Z}_G + \overline{Z}_L} \qquad (4.52)$$

Si ahora suponemos la falla en el punto 1, en bornes del generador, la corriente de corto-circuito quedará:

$$\overline{I}_{1cc} = \frac{\overline{E}_G}{\overline{Z}_G} \qquad (4.53)$$

Es fácil ver que este último defecto es el más grave, particularmente teniendo en cuenta que el momento inicial del corto circuito, la impedancia interior del alternador no es exactamente Z_G como en servicio normal, sino algo menor que se denomina reactancia sub-transitoria X''_S como ya comentamos en ocasión de la formula (4.70). Por lo tanto, la corriente de corto-circuito en las peores condiciones ha de ser:

$$\bar{I}''_{1cc} = \frac{\bar{E}_G}{j\,X''_s} \qquad (4.54)$$

Esta corriente es, por lo regular, la que se emplea en la fórmula (4.65) para seleccionar la capacidad de interrupción adecuada. Si alcanza con colocar fusibles, debe tenerse en cuenta el tiempo de actuación, conforme se vio en la *Figura Nº 4.48*

4.08. LINEAS CORTAS CON DERIVACIONES

Las líneas cortas con derivaciones son corrientes en sistemas de distribución y presentan la con *Figura Nº 4.49*. Se trata de una línea de la cual se derivan otras para la alimentación de cargas particulares.

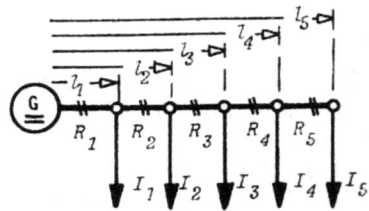

4.08.01. Línea con derivaciones en corriente continua

La misma *Figura Nº 4.49* nos sirve para estudiar este tema. Comenzamos escribiendo la suma de las caídas de tensión parciales,

Figura Nº 4.49 Línea con derivaciones en corriente continua

$$\Delta U = R_1 \times (I_1 + I_2 + I_3 + I_4 + I_5) + \\ + R_2 \times (I_2 + I_3 + I_4 + I_5) + R_3 \times (I_3 + I_4 + I_5) + \qquad (4.55) \\ + R_4 \times (I_4 + I_5) + R_5 \times (I_5)$$

La podemos transformar como sigue:

$$\Delta U = R_1 I_1 + (R_1 + R_2)\,I_2 + (R_1 + R_2 + R_3)\,I_3 + \\ + (R_1 + R_2 + R_3 + R_4)\,I_4 + (R_1 + R_2 + R_3 + R_4 + R_5)\,I_5 \qquad (4.56)$$

Las resistencias valen:

$$R_1 = \frac{2 \times \rho \times l_1}{s} \qquad (4.57)$$

$$R_1 + R_2 = \frac{2 \times \rho \times l_2}{s} \qquad (4.58)$$

$$R_1 + R_2 + R_3 = \frac{2 \times \rho \times l_3}{s} \qquad (4.59)$$

$$R_1 + R_2 + R_3 + R_4 = \frac{2 \times \rho \times l_4}{s} \qquad (4.60)$$

$$R_1 + R_2 + R_3 + R_4 + R_5 = \frac{2 \times \rho \times l_5}{s} \qquad (4.61)$$

Reemplazando en la (4.57) obtenemos:

$$\Delta U = \frac{2 \times \rho}{s} \left| l_1 \times I_1 + l_2 \times I_2 + l_3 \times I_3 + l_4 \times I_4 + l_5 \times I_5 \right| \qquad (4.62)$$

Recordando la (4.30), despejando **s** y generalizando:

$$s = \frac{200 \times \rho}{u \times U} \times \sum_{i=1}^{i=n} l_i \times I_i \qquad (4.63)$$

A los productos l_i I_i se los llama momentos eléctricos. Con esta fórmula se obtiene la sección necesaria para asegurar una caída de tensión u en la carga más perjudicada. Luego es necesario verificar térmicamente el primer tramo de la línea, que es el más comprometido. Puede hacerse una línea "cónica", es decir, con secciones que se van reduciendo a medida que las intensidades se van derivando. Su cálculo no lo tratamos.

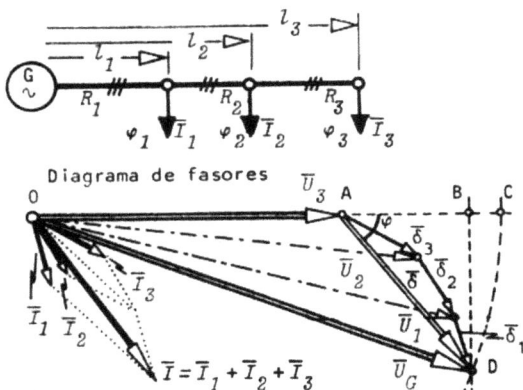

Figura N° 4.50 Línea con derivaciones en corriente alterna trifásica

4.08.02. Línea con derivaciones en corriente alterna trifásica

Tomemos la **Figura Nº 4.50** que muestra el caso planteado, con su dia-grama de fasores. El valor U_3 es la tensión en el último consumo e I_3 la carga en ese lugar. Si usamos a U_3 la caída de tensión δ_3 en el tramo R_3 se llega a U_2 en que la corriente que deriva es I_2 que sumada a I_3, circula por el tramo R_2 y ocasiona la caída de tensión δ_2. Sumando U_2 a δ_2 tenemos U_1 que es la tensión en el punto de I_1. Por el tramo R_1 circula una corriente suma de las derivadas y ocasiona una caída δ_1 que sumada a U_1 nos proporciona la tensión en el generador (salida de línea). Para poder resolver el caso, se debe descomponer la red en dos redes: la red de corrientes activas y la red de corrientes reactivas. Con este procedimiento, en cada una de las redes podemos trabajar con corrientes en fase, que se comportan como las corrientes continuas y poder así aplicar lo estudiado en el punto anterior.

Para la componente activa, la caída ohmmica total será:

$$\delta_a = \frac{\rho \times \sum_{i=1}^{i=n} l_i \times I_i \times \cos \varphi_i}{s} \qquad (4.64)$$

Y la componente reactiva, por analogía:

$$\delta_r = \frac{\rho \times \sum_{i=1}^{i=n} l_i \times I_i \times \operatorname{sen} \varphi_i}{s} \qquad (4.65)$$

La caída ohmmica total ha de resultar entonces:

$$\delta = \sqrt{\delta^2{}_a + \delta^2{}_r} \qquad (4.66)$$

Por idénticos razonamientos que en el caso de líneas directas:

$$\overline{AC} = \delta \times \cos \varphi \qquad (4.67)$$

En todo de acuerdo con la **Figura Nº 4.50**. Consideremos que:

$$\cos \varphi = \frac{\delta_a}{\delta} \qquad (4.68)$$

Reemplazando en la (4.68) tenemos:

$$\overline{AC} = \delta_a = \frac{\rho \times \sum\limits_{i=1}^{i=n} l_i \times I_i \times \cos \varphi_i}{s} \tag{4.69}$$

Reemplazando en la (4.43) por tratarse de un sistema trifásico:

$$\Delta U = \frac{\sqrt{3} \times \rho \times \sum\limits_{i=1}^{i=n} l_i \times I_i \times \cos \varphi_i}{s} \tag{4.70}$$

$$u = \frac{\sqrt{3} \times 100 \times \rho}{s \times U} \times \sum\limits_{i=1}^{i=n} l_i \times I_i \times \cos \varphi_i \tag{4.71}$$

$$s = \frac{\sqrt{3} \times 100}{u \times U} \times \sum\limits_{i=1}^{i=n} l_i \times I_i \times \cos \varphi_i \tag{4.72}$$

Con esta sección se asegura una caída porcentual de tensión o que luego debe verificarse térmicamente con la (4.33)

4.09. LINEAS CORTAS CERRADAS (en anillo)

En este tipo de línea, cada conductor parte de la fuente de alimentación y haciendo un recorrido, llega al mismo punto con el mismo potencial. Durante su trayecto se van derivando las cargas. Esta forma de alcanzar a los diversos consumos presenta ventajas, sobre todo en sistemas de distribución urbana, ya que cada carga puede ser alimentada desde dos direcciones. El sistema es flexible y sencillo. Examinando la *Figura Nº 4.51* vemos un generador que alimenta un **"anillo"**.

La corriente de alimentación **I** al llegar al punto de empalme, se divide en dos: **X** e **Y**. La forma de resolución de estos circuitos involucra dos pasos:

   a) determinación de las corrientes que se derivan hacia las dos direcciones.
   b) calcular la sección.

4.10. LINEAS DE ANILLO CON CORRIENTE CONTINUA

La *Figura Nº 4.51* es un anillo bifilar en corriente continua, que alimenta cinco cargas. Es evidente que:

$$I = X + Y = I_1 + I_2 + I_3 + I_4 + I_5 \tag{4.73}$$

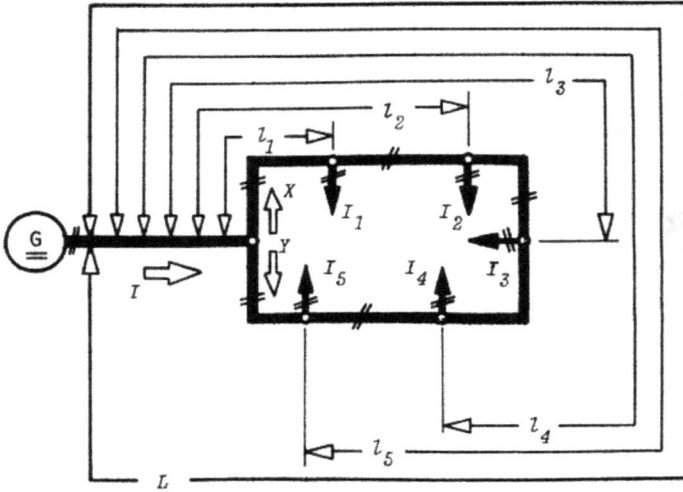

Figura N° 4.51 Línea corta cerradas

Generalizando:

$$X + Y = \sum_{i=1}^{i=n} I_i \qquad (4.74)$$

Siguiendo la **Figura N° 4.51** podemos determinar la caída de tensión en cada tramo, a saber:

$$\Delta U_1 = \frac{2 \times \rho \times l_1}{s} \times X \qquad (4.75)$$

$$\Delta U_2 = \frac{2 \times \rho \times (l_2 - l_1)}{s} \times (X - I_1) \qquad (4.76)$$

$$\Delta U_3 = \frac{2 \times \rho \times (l_3 - l_2)}{s} \times (X - I_1 - I_2) \qquad (4.77)$$

$$\Delta U_4 = \frac{2 \times \rho \times (l_4 - l_3)}{s} \times (X - I_1 - I_2 - I_3) \qquad (4.78)$$

$$\Delta U_5 = \frac{2 \times \rho \times (l_5 - l_4)}{s} \times (X - I_1 - I_2 - I_3 - I_4) \qquad (4.79)$$

$$(L = l_6) \qquad \Delta U_6 = \frac{2 \times \rho \times (L - l_5)}{s} \times (X - I_1 - I_2 - I_3 - I_4 - I_5) \qquad (4.80)$$

Pero como cada uno de los conductores de la línea bifilar está unido con el final, porque es un círculo cerrado, la caída total de tensión debe ser de valor nulo entonces:

$$\Delta U = \sum_{i=1}^{i=n} \Delta U_i = 0 \qquad (4.81)$$

Reemplazando y operando se llega a:

$$X = \sum_{i=1}^{i=n} I_i - \frac{\displaystyle\sum_{i=1}^{i=n} l_i \times I_i}{\sum l_i} \qquad (4.82)$$

Por la (4.75) y la (4.83) se llega fácil a:

$$Y = \frac{\displaystyle\sum_{i=1}^{i=n} l_i \times I_i}{\sum l_i} \qquad (4.83)$$

Por cierto que:

$$L = \sum_{i=1}^{i=n} l_i \qquad (4.84)$$

Una vez conocidas las corrientes **X** e **Y** que parten en una y otra dirección, es fácil deducir que habrá un punto del anillo en que la corriente debe ser nula. Por lo regular, ese punto coincide con alguna de las cargas. En *Figura Nº 4.52* vemos esta idea, denominando punto de corte al lugar en que puede dividirse al anillo. Debe cumplirse, en ese punto:

$$X = I_1 + I_2 + I'_3 \qquad (4.85)$$

$$Y = I_5 + I_4 + I''_3 \qquad (4.86)$$

En ese ejemplo, la corriente en el punto de corte debe cumplir:

$$I_3 = I'_3 + I''_3 \qquad (4.87)$$

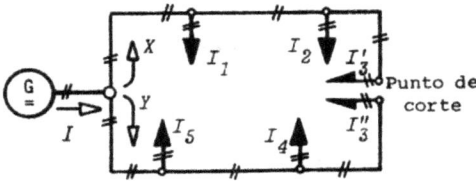

Figura Nº 4.52 Punto de corte

En el punto de corte, el anillo puede cortarse sin que nada ocurra. Por esta razón, la línea cerrada en anillo queda convertida en dos líneas simples con derivaciones, como en la **Figura Nº 4.49**, que ya hemos explicado como se calcula.

4.11. LINEAS EN ANILLO CON CORRIENTE ALTERNA TRIFÁSICA

El procedimiento descrito para resolver **X** e **Y** en un anillo de corriente continua, es válido también en corriente alterna trifásica, si se aplica separadamente a las componentes activas y a las componentes reactivas respectivamente. En la **Figura Nº 4.53** mostramos el anillo con las derivaciones, en que se han colocado tres cargas solamente, para simplificar. En cada carga se ha indicado el valor de la corriente y su correspondiente factor de potencia, con lo que queda identificada como fasor.

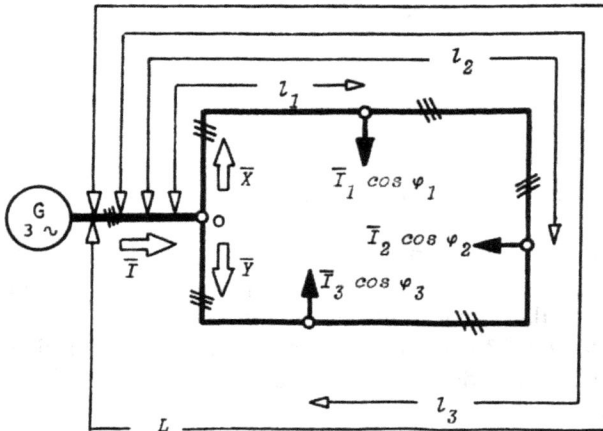

Figura Nº 4.53 Línea en anillo en corriente alterna trifásica

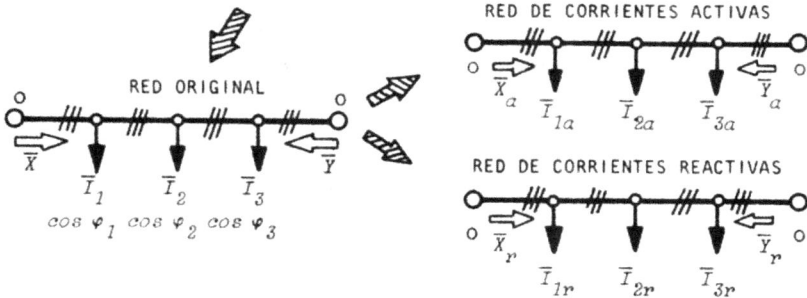

Figura Nº 4.54 Componentes activos

Si "abrimos" el anillo en el punto 0, podemos presentarlo como en la **Figura Nº 4.54**. Se trata de una línea con dos alimentaciones, como se suele llamar también al anillo. A la derecha de **Figura Nº 4.54** volvemos a presentar la misma línea, pero arriba recorrida solo por las componentes activas y abajo solo por las componentes reactivas. A cada una de ellas se la puede considerar o tratar como un anillo (línea cerrada) en corriente continua y se calcula de igual manera pero recordando que:

$$I_{1a} = I_1 \times \cos \varphi_1 \qquad I_{2a} = I_2 \times \cos \varphi_2 \qquad I_{3a} = I_3 \times \cos \varphi_3 \quad (4.88)$$

$$I_{1r} = I_1 \times \operatorname{sen} \varphi_1 \qquad I_{2r} = I_2 \times \operatorname{sen} \varphi_2 \qquad I_{3r} = I_3 \times \operatorname{sen} \varphi_3 \quad (4.89)$$

De este modo se puede encontrar dos puntos de corte, uno para cada red y el conjunto queda convertido en el cálculo de cuatro líneas abiertas con derivaciones.

4.12. LINEAS DE LONGITUD MEDIANA

En las líneas cortas ya tratadas, se consideró que cada conductor solo tenía resistencia efectiva. En las líneas de longitud mediana, se puede hacer invertir la reactancia inductiva y también a la reactancia inductiva junto a la reactancia capacitiva, para irse acercando a la configuración completa de la Figura **Nº 4.44**. Trataremos tres casos típicos.

4.13. LINEAS DE LONGITUD MEDIA, SIN REACTANCIA CAPACITIVA

Consideremos solamente la línea trifilar y conforme hemos explicado en el punto 4.5 consideremos solo un conductor y su neutro sin impedancia tal como se presenta en la **Figura Nº 4.55**. la línea es solamente una impedancia inductiva. Si r_e es la resistencia efectiva por conductor y por unidad de longitud, la línea presenta:

$$R = r_e \times L \qquad (4.90)$$

que es la resistencia total, para la longitud **L**. Con igual criterio determinamos la reactancia inductiva total, para la longitud **L** por medio de:

$$X_L = x_L \times L \qquad (4.91)$$

Por lo tanto, es como si existiera una impedancia en serie:

$$\overline{Z} \times R + j \, X_L \qquad (4.92)$$

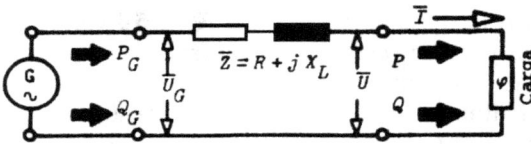

Figura Nº 4.55 Línea de longitud media, sin reactancia capacitiva

En el caso del proyecto de una línea mediana (y también de una línea larga), la metodología no es la misma que en el caso de líneas cortas. Ahora el proyectista comienza por seleccionar una sección que sea capaz de tolerar la corriente que ha de circular, es decir, inicialmente, cumple el requisito térmico. Luego elige una disposición para los conductores en la torre o poste y luego hace la verificación del rendimiento y la regulación.

Si esos valores no concuerdan con las especificaciones, se recalcula con otra sección y otra disposición. Por ello, comenzamos estudiando la relación de tensiones entre el extremo generador y el extremo receptor.

$$\overline{U}_G = \overline{U} + \overline{Z} \times \overline{I} \qquad (4.93)$$

Reemplazando la (4.93)

$$\overline{U}_G = \overline{U} + \overline{I} \times (R + j \, X) = \overline{U} + R \, \overline{I} + R \, \overline{I} + j \, \overline{I} \, X_L \qquad (4.94)$$

La anterior está representada en la **Figura Nº 4.56** la potencia aparece en los dos extremos de línea será:

$$S = P + j Q \qquad (4.95)$$

$$S_G = P_G + j Q_G \qquad (4.96)$$

En la línea habrá pérdidas por efecto Joule que valdrán:

$$p = P_G - P = R \times I^2 \qquad (4.97)$$

Habrá pérdidas de potencia reactiva que valen:

$$q = Q_G - Q = X_L \times I^2 \qquad (4.98)$$

El rendimiento de la línea ha de ser:

$$\eta = \frac{P}{P_G} = \frac{P}{P + p} = \frac{P_G - p}{P_G} = 1 - \frac{p}{P_G} \qquad (4.99)$$

La regulación de tensión la definimos como:

$$r(o/o) = \frac{U_{Go} - U}{U} \times 100 \qquad (4.100)$$

Cabe recordar que en esta fórmula:
- U_{GO} = módulo de la tensión a vacío en el extremo generador
- U = módulo de la tensión en el extremo receptor

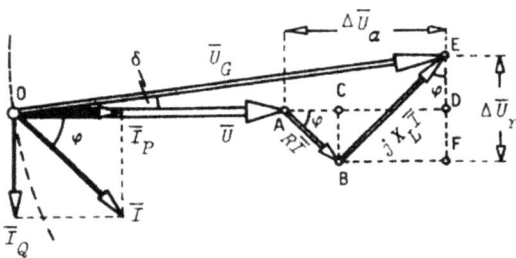

Figura N° 4.56 Diagrama fasorial

Si la regulación y el rendimiento no se ajustan a los requisitos de la línea, se debe tomar otra sección y otra disposición de los conductores, para lograr otros valores de **R** y de X_L y rectangular. El proceso es por aproximaciones sucesivas.

4.14. LINEAS DE LONGITUD MEDIA, CON REACTANCIA CAPACITIVA

Si mediante un cálculo se observa que la reactancia capacitiva X_C es de valor no despreciable, se pueden adoptar alguno de los dos siguientes criterios. En la **Figura Nº 4.57** vemos que la reactancia se dividió en dos partes iguales, colocando una mitad en cada extremo. A la derecha se ve el diagrama de fasores y de corrientes del circuito eléctrico. En la **Figura Nº 4.58**, en vez toda la reactancia capacitiva se consideró colocada en la mitad del camino y la reactancia inductiva se dividió en dos, una mitad a cada lado de la capacitiva. A la derecha está el diagrama defasores del circuito.

En ambos criterios – que remarquemos, son aproximados – se puede determinar la tensión en el lado generador, U_G partiendo de la tensión en el lado receptor **U** y conociendo los parámetros de la línea basados en la determinación de r_e, x_L, g_a, b_C por medio de manuales, catálogos o fórmulas apropiadas. No desarrollaremos los cálculos del rendimiento y de la regulación de tensión, porque el criterio es el mismo que explicamos para el tema 4.13 aplicado a cada circuito eléctrico.

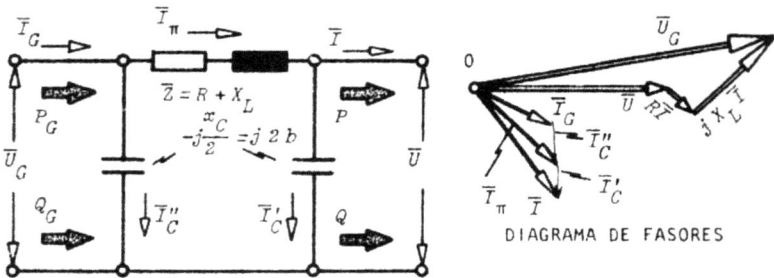

Figura Nº 4.57 Reactancia capacitiva dividida

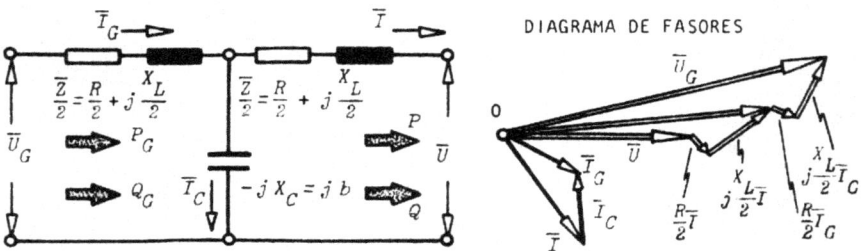

Figura Nº 4.58 Reactancia inductiva dividida

4.15. LINEAS DE MUCHA LONGITUD

Si repasamos las *Figura Nº 4.12* y la *4.13* en que se mostraron las torres de líneas de mucha importancia, comprenderemos que magnitud tienen las transmisiones de la energía eléctrica a través del Sistema Interconectado Nacional (SIN) a 500 kV. El cálculo y proyecto de este tipo de línea escapa a las pretensiones de este texto. No obstante, debemos indicar que la metodología es parecida a las de líneas medianas, vale decir se elige el conductor en base a la corriente a

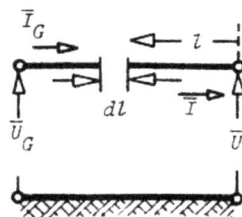

Figura Nº 4.59 Tramo diferencial de línea

transmitir y los criterios de pérdidas. Luego se eligen la distancia entre fase y fase y entre fase y la tierra (altura) y con esos elementos se llega a los parámetros de la línea, como los de *Figura Nº 4.44* en un tramo diferencial.

Simplificadamente, en la *Figura Nº 4.59* tenemos ese tramo diferencial de línea para ayudarnos en la explicación sigue. Rememoramos la *Figura Nº 4.44* y los términos descriptos, que volvemos a escribir por comodidad:

- r_e = resistencia efectiva: Ω/km/conductor
- x_L = reactancia inductiva: Ω/km/conductor
- x_C = reactancia capacitiva: $M\Omega$/km/conductor
- r_a = resistencia de pérdidas: $M\Omega$/m/conductor

Lo que suele denominarse impedancia en servicio es:

$$\overline{Z} = r_e \times j\, x_L \qquad (4.101)$$

Y la admitancia en servicio,

$$\overline{Y} = g_a \times j\, b_C \qquad (4.102)$$

Recordando las (4.19) y (4.20). Las dos últimas expresiones son las mismas (4.23) y (4.24), impedancia y admitancia por unidad de longitud. Recordando las (4.25) y (4.26) escribimos, para recordar ahora:

$$d\,\overline{Z} = \overline{Z} \times dl \qquad d\,\overline{Y} = \overline{Y} \times dl \qquad (4.103)$$
$$d\,\overline{U} = \overline{I} \times \overline{Z} \times dl \qquad d\,\overline{I} = \overline{U} \times \overline{Y} \times dl \qquad (4.104)$$

Diferenciando ambas y por oportunos reemplazos:

$$\frac{d^2\bar{U}}{dl^2} = \frac{d\bar{I}}{dl} \times \bar{Z} = \bar{U} \times \bar{Y} \times \bar{Z} \qquad (4.105)$$

$$\frac{d^2\bar{I}}{dl^2} = \frac{d\bar{U}}{dl} \times \bar{Y} = \bar{I} \times \bar{Y} \times \bar{Z} \qquad (4.106)$$

Llamando:

$$\bar{m} = \sqrt{\bar{Y}\,\bar{Z}} \qquad (4.107)$$

Se llega a:

$$\frac{d^2\bar{U}}{dl^2} = m^2 \times \bar{U} \qquad (4.108)$$

$$\frac{d^2\bar{I}}{dl^2} = m^2 \times \bar{I} \qquad (4.109)$$

Se trata de un sistema de dos ecuaciones diferenciales de segundo orden, que una vez resuelto nos conduce a:

$$\left\|\begin{array}{l} \bar{U}_S = \bar{A} \times \bar{U}_L + \bar{B} \times \bar{I}_L \qquad (4.110) \\[2mm] \bar{I}_S = \bar{C} \times \bar{U}_L + \bar{D} \times \bar{I}_L \qquad (4.111) \end{array}\right.$$

Obsérvese que este último juego de ecuaciones permite determinar las condiciones de la línea en su salida (lado generador) conociendo las condiciones en la llegada (lado receptor).

Con lo que se demuestra que la línea se comporta como un cuadripolo, concepto suficiente para los fines de esta obra.

4.16. COMPENSACIÓN DE LAS LÍNEAS

En muchos casos de transmisiones de energía importantes, es importante disminuir tanto como se pueda la corriente para mejorar la regulación, disminuir las pérdidas por efecto Joule y poder emplear conductores con más baja temperatura como límite térmico. En este valor es importante la **potencia reactiva** que se transmite, que contribuye a incre-

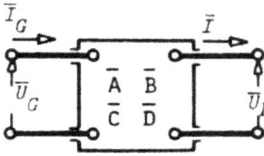

Figura Nº 4.60 Cuadripolo

mentarla. Como dicha potencia no es empleada en el receptor, se procura que la línea no se vea necesitada a transmitirla, desde el lado generador hasta el lado receptor. Para ello es común recurrir a la **compensación capacitiva** de la carga, consistente en colocar un consumo capacitivo que equilibre la carga inductiva (por lo regular) de los consumos.

En las *Figura Nº 4.61* y *4.62* podemos ver dos de las formas de compensar una línea; la compensación paralela, en *Figura Nº 4.61* consiste en una carga de ese tipo en paralelo con la carga. En la Figura **Nº 4.62** esta la compensación serie con la línea. La carga capacitiva se logra por dos medios: con un banco de condensadores regulables o con un motor sincrónico sobre-excitado (compensador sincrónico).

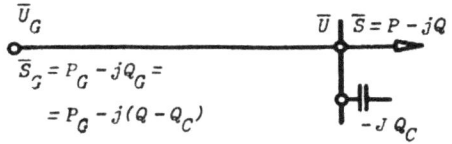

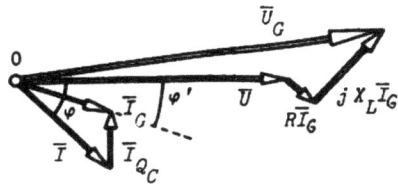

Figura Nº 4.61 Compensación capacitiva en paralelo

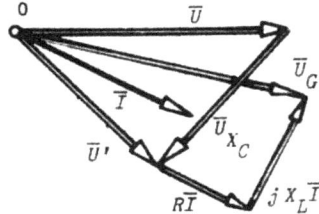

Figura Nº 4.62 Compensación capacitiva en serie

4.17. PROPAGACIÓN DE PERTURBACIONES EN LINEAS

En el tema 2.04.02 Protecciones contra sobre-tensiones transitorias ya hemos descrito las sobre-tensiones transitorias y la forma de proteger a las instalaciones de sus efectos. Digamos ahora unas palabras sobre la forma en que estas perturbaciones se propagan en las líneas y para ello acudimos a *Figura Nº 4.63* que enseña un tramo diferencial de línea, que se ve sometido a una sobre tensión de muy corta duración (unas decenas de microsegundos). El caso no se puede tratar como si la línea tuviese las constantes concentradas, y la perturbación se propaga por la línea y en consecuencia, tanto la tensión como la corriente, son función del tiempo y de la posición, es decir, de las distancias:

u(x, t)   (4.112)

i(x, t)   (4.113)

Si producimos una sobre tensión Δu en el extremo hacia el lado generador, se puede ver que:

$$-\Delta u = r \times i \times \Delta x + l \times \frac{di}{dt} \Delta x \qquad (4.114)$$

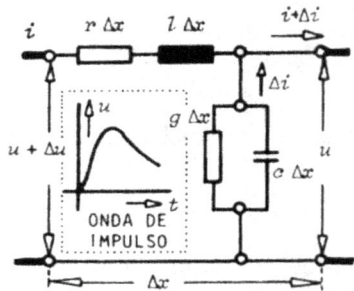

$$\frac{\Delta u}{\Delta x} = r \times i + \frac{di}{dt} \qquad (4.115)$$

Figura Nº 4.63 Tramo diferencia de línea

$$\text{Si } \Delta x \to 0 \quad \frac{du}{dx} = r \times i + l \times \frac{di}{dt} \qquad (4.116)$$

Con un razonamiento semejante:

$$-\Delta i = g \times u \times \Delta x + c \times \frac{du}{dt} \times \Delta x \qquad (4.117)$$

$$\frac{\Delta i}{\Delta x} = g \times u \times \frac{du}{dt} \qquad (4.118)$$

$$\text{Si } \Delta x \to 0 \quad \frac{di}{dx} = g \times u + c \times \frac{du}{dt} \qquad (4.119)$$

Las ecuaciones diferenciales a derivadas parciales deben cumplirse en cualquier punto de la línea y para cualquier forma de onda de tensión o de corriente. Para encontrar la solución a este sistema de ecuaciones (4.117) y la (4.120), se recurre a la transformada de Laplace, camino que escapa a las pretensiones de este texto. En un punto de la línea, la propagación de la perturbación produce una elevación de tensión en función del tiempo, como se ve en la parte superior de la *Figura Nº 4.64*. Para un instante dado, si nos desplazamos sobre la línea, encontramos una distribución de la tensión como en la parte inferior de la misma figura. Para proteger a los elementos de una red de este tipo de fenómeno, se emplean

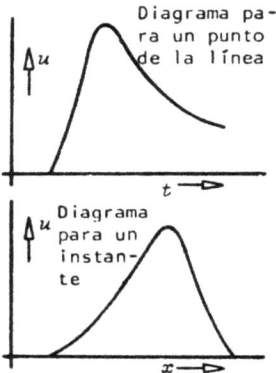

Figura N° 4.64 Frentes de onda

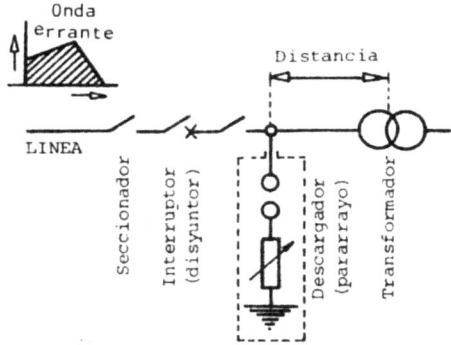

Figura N° 4.65 Esquema de la llegada de una línea a un transformador

los ya citados pararrayos, y en **Figura Nº 4.65** tenemos un esquema de su ubicación. Se trata –como ejemplo- de la llegada de una línea, hasta un transformador. Los catálogos, y especificaciones de los fabricantes, permiten determinar las distancias correctas.

La correcta elección de los pararrayos se hace por medio de sus curvas de funcionamiento, que son curvas tensión-tiempo, las que deben ser comparadas con iguales curvas de los aparatos a proteger. Este estudio se llama coordinación de aislamiento. Para ello, las normas internacionales han fijado valores para diversos tipos de aparatos.

4.18. COMNUMICACIONES Y MANDO A DISTANCIA

Los sistemas de transmisión de energía deben contar con una serie de auxiliares para su correcta operación. Para ello, es menester interconectar los diversos puestos y componentes. Estos sistemas suelen comprender:

- telefonía
- telemando
- tele medición
- tele protección

Estos sistemas permiten comunicarse a las personas, enviar información escrita, accionar máquinas y aparatos y medir valores, como también, coordinar y accionar protecciones.

Para esto los sistemas disponen de las redes comunes de telefonía de los sistemas locales públicos y de emisores y receptores de radio. Sin embargo, la línea de transmisión de energía se puede usar como base para estas funciones.

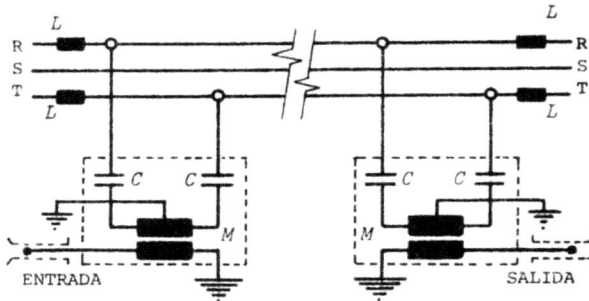

Figura Nº 4.66 Acoplamiento de sistemas de comunicaciones

Este método es muy seguro y se emplea ampliamente. Para ello, se acopla el sistema de comunicaciones a la línea de potencia, por medio de condensadores. En la *Figura Nº 4.66* vemos un esquema simplificado del método. La señal que se desea transmitir se aplica entre un punto marcado con ENTRADA en el dibujo y tierra. La señal induce a través de un par de bobinas de acoplamiento **M** la misma señal que se aplica a dos de los tres conductores de energía (**R** y **T** en el ejemplo). Los condensadores **C** aseguran la plena aislamiento del sistema de alta tensión con el sistema de baja tensión.

La señal se traslada por los conductores **R** y **T** y llega a destino en que, un equipo igual produce los efectos opuestos y la señal se recoge en la SALIDA. Estas disposiciones tienen muchas variantes y constituyen una verdadera especialidad, particularmente con la introducción de la técnica digital. Por un sistema pueden enviarse muchos datos y señales, para lo cual, se debe disponer de filtros adecuados para la separación de los distintos datos.

4.19. CRITERIOS PARA LA DISTRIBUCIÓN DE ENERGIA

Tanto en baja tensión como en media tensión, los criterios guardan cierta similitud. Pasaremos revista a los mismos, por medio de una serie de esquemas unifilares, comenzando por la línea directa **LT** que podemos ver en el dibujo de *Figura Nº 4.67*. Desde la central eléctrica **CE** (que también puede ser una estación transformadora o puesto de distribución) llegamos hasta un puesto transformador o estación de transformación **ET**. Es un caso muy simple. En el esquema de la *Figura Nº 4.68* presentamos un alimentador directo **AD** que desde

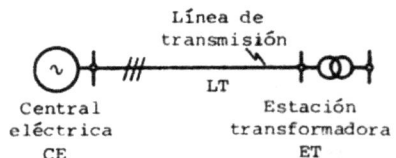

Figura Nº 4.67 Generador, línea y transformador

una central eléctrica **CE**, llega hasta una estación transformadora principal **ETP** desde la cuál se hace la distribución radial hasta estaciones trasformadoras **ET** por medio de líneas secundarias **LS**. Tanto en la *Figura Nº 4.67* como la *4.68* las estaciones finales **ET** alimentan las redes comunes de distribución a los clientes con tensión alta de 3 x 380/200 v. La estación transformadora principal **ETP** puede recibir tensión alta de 3 x 132.000 v (3 x 132 kV) y rebajar a la tensión media 3 x

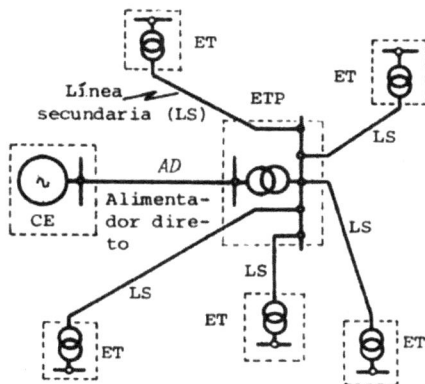

Figura Nº 4.68 Distribución radial

13.200 v (3 x 13.2 kV). Esta disposición, concuerda con lo ya dicho en *Figura Nº 4.60*. Cabe agregar que conviene que la **ETP** esté ubicada en el "centro de gravedad de las cargas", es decir, en aproximadamente el centro de los consumos.

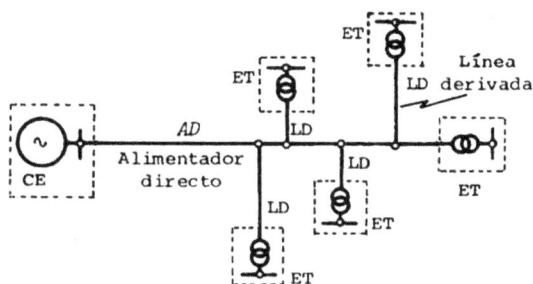

Figura Nº 4.69 Líneas derivadas

Surge también que este tipo de distribución conviene cuando se está en presencia de consumos agrupados en forma de círculo. Cuando las cargas están distribuidas en una forma más lineal, como ocurre en una población edificada al costado de un camino, un río o una línea de ferrocarril, conviene la disposición de *Figura Nº 4.69*. Un alimentador directo **AD** corre a lo largo de las cargas y en los lugares más adecuados, se hacen derivaciones o líneas derivadas **LD** que alimentan a las estaciones transformadoras **ET**, desde las cuales se distribuye en baja tensión.

Para aumentar la seguridad y continuidad de servicio, se puede hacer la distribución de media tensión por medio de un alimentador cerrado en anillo **AA** como en *Figura Nº 4.70*. El anillo va pasando por las estaciones transformadoras ET para volver al punto de partida. En las barras de las **ET** existen adecuados interruptores o seccionadores para

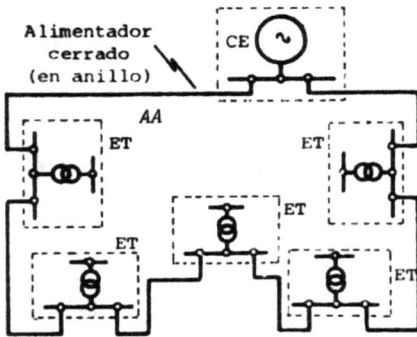

Figura Nº 4.70 Anillo primario

separar tramos del alimentador en anillo. Si en algún punto del trayecto es necesario sacar de servicio el cable del anillo, las estaciones seguirán alimentadas. El esquema particular de una estación de este tipo, ya se vio en *Figura Nº 4.48*. el cálculo de las líneas directas, con derivaciones y en anillo, ya se ha estudiado en Cálculo de línea cortas (4.06) y siguientes de más arriba.

Hasta aquí, estamos viendo el criterio para alcanzar a los usuarios desde la red de media tensión, alimentando las estaciones transformadoras o cámaras transformadoras de la red urbana. Tratemos ahora los criterios para llegar desde los puestos transformadores, hasta los usuarios. En la *Figura Nº 4.71* tenemos un ejemplo. Desde las barras de baja tensión salen líneas que siguen recorridos adecuados, con derivaciones, las que a su vez, pueden tener otras derivaciones más. El cálculo de estas líneas se hace como ya indicamos en el tema Líneas con derivaciones en corriente alterna trifásica **(4.08.02)**.

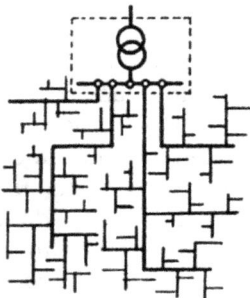

Figura Nº 4.7 1Líneas con derivaciones

En los sistemas de distribución muy densos, como ocurre en las zonas céntricas de las grandes ciudades, se aconseja el ejemplo de redes como se ve en *Figura Nº 4.72*. Desde una estación transformadora de 132/13.2 kV, salen – en este ejemplo – dos alimentadores de media tensión que se encargan de abasteces puestos transformadores de posiciones diversas. Para ello, tienen adecuadas derivaciones y recorridos. Desde los secundarios de esos puestos transformadores de 13,2/0,38-0,22 kV, parten líneas en anillo que por lo regular, siguen el trazado de las calles y manzanas y desde las cuales, se hace las conexiones directas a los consumidores. Se ve que se trata de una distribución radial primaria en media tensión y una distribución en baja tensión en anillo o, como se suele decir, un sistema mallado. Esta disposición permite un buen grado de continuidad de servicio. Hay entonces una red primaria en media tensión y una red secundaria en baja tensión.

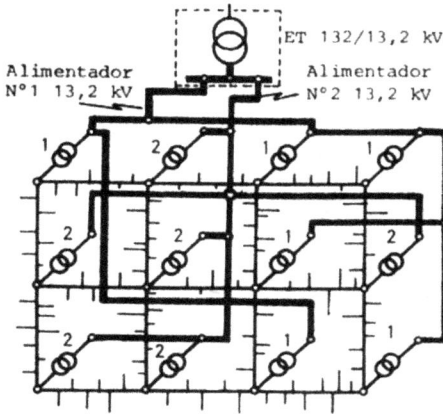

Figura Nº 4.72 Red mallada

Cuando se produce una falla en un alimentador primario, éste sale de servicio pero puede ocurrir que la falla quede alimentada desde otro punto, por la red secundaria, por cuya causa, el sistema de protecciones debe ser estudiado cuidadosamente. Los alimentadores están dimensionados para la carga total de la red, es decir, en el supuesto de que la alimentación total deba hacerse desde uno solo de ellos. Muchas redes de este tipo se diseñan para que la falla elimine el tramo de conductor fallado o sea automáticamente reemplazado por otro.

4.20. PUESTOS TRANSFORMADORES EN BAJA TENSIÓN

En las *Figura Nº 1.53* y *1.54* mostramos los circuitos unifilares de dos estaciones transformadoras de poca potencia, como las que se emplean en la distribución urbana. Nos resta ver ahora la disposición física de las mismas, conforme el esquema de las figuras recién citadas. Para ello, es menester advertir que hay dos modelos básicos: subterráneas y aéreas. En la *Figura Nº 4.73*, mostramos el croquis de una instalación subterránea, con su esquema unifilar, que se corresponde con el de *Figura Nº 4.70*. La ventilación y los accesos son elementos relevantes en el proyecto de estos puestos transformadores.

En las estaciones aéreas podemos distinguir dos tipos, a su vez. Las que se instalan a ras de tierra, que pueden ser del tipo intemperie como las compactas de *Figura Nº 4.73* o las que se instalan sobre postes, como ilustramos en la *Figura Nº 4.74*. Ambos tipos, las subterráneas como las aéreas, han llegado a un alto grado de normalización en todos sus componentes. Las aéreas se prefieren en las zonas suburbanas de las grandes ciudades.

El centro transformador subterráneo de *Figura Nº 4.73* está provisto de un transformador de hasta unos 1000 kVA de potencia. El seccionador bajo carga de media tensión es de 400 A nominales, el fusible de igual valor, y el seccionador de baja tensión alcanza los 1600 A nominales. El poste de *Figura Nº 4.74* es para un transformador de 200 kVA de potencia.

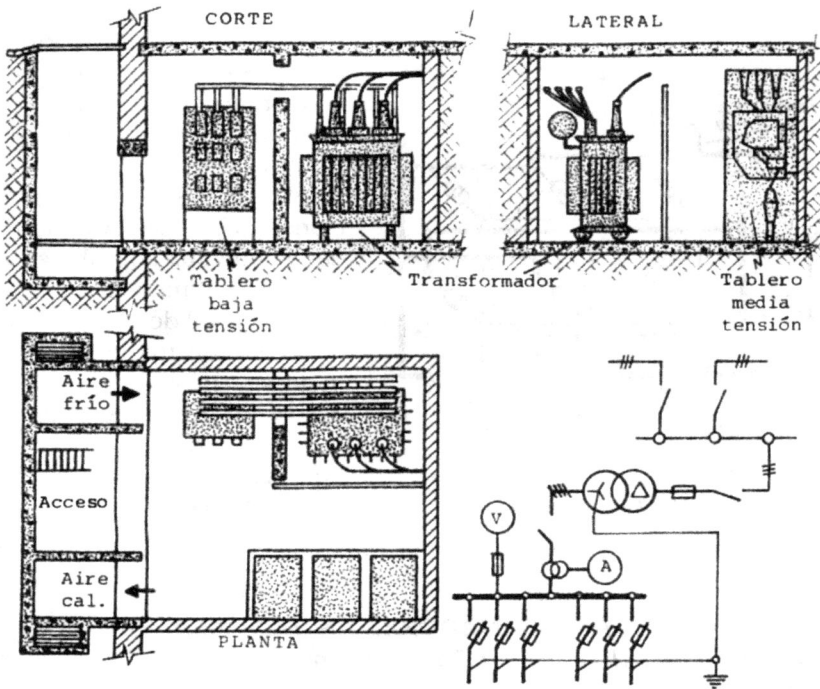

Figura N° 4.73 Disposición de una estación transformadora

4.21. TRANSMISIÓN DE LA ENERGIA POR CORRIENTE CONTINUA

Para largas distancias y grandes potencias, se esta empleando el sistema de transmisión a corriente continua. Con el mismo se logran evitar algunos de los problemas de la transmisión de corriente alterna, como ser, la estabilidad y los factores de inductancia y capacidad son de efectos más atenuados. Por otra parte, al ser necesarios menor número de conductores, la instalación suele ser mas económica. Esta forma de transmisión, todavía queda reservadas a grandes distancias y elevadas potencias y su desarrollo ha corrido aparejado al desarrollo de los rectificadores controlados, los tiristores.

Una transmisión en continua – cuando funciona en régimen permanente – solo presenta la resistencia del conductor, de lo que se deduce que la potencia reactiva no está presente, con todos sus efectos negativos, en lo que respecta a la estabilidad. Por lo tanto, los límites de una obra de este tipo, están solo en los costos y amortización. Por otra parte, si una red de alterna de alta potencia es de una frecuencia, mediante una

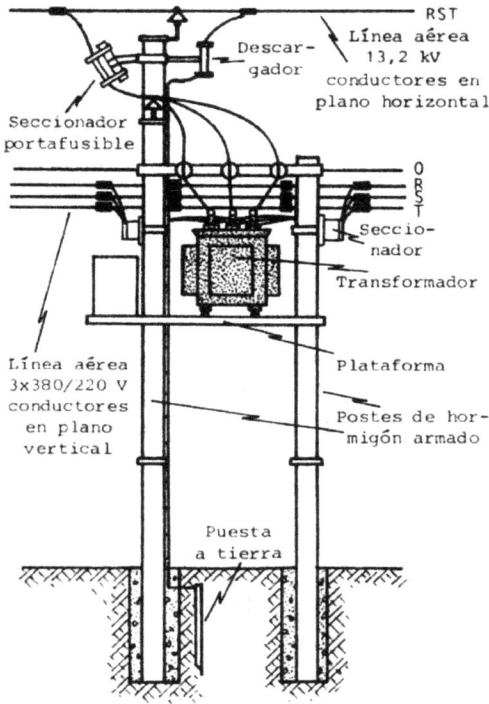

Figura N° 4.74 Estación transformadora aérea

estación transformadora se convierte a corriente continua e inmediatamente, en el mismo lugar, otra estación inversa la convierte en alterna de distinta frecuencia. Es decir por medio de este tipo de estación convertidora, es posible acoplar dos redes de alterna de distinta frecuencia, lo que resulta útil en caso de interconectar redes de países distintos. Un caso de este tipo se ha convenido entre Argentina y Brasil *, sobre la costa del río Uruguay, con dos estaciones que ha dado en llamar en el lenguaje corriente "back to back".

En la *Figura N° 4.75* tenemos el croquis funcional de un sistema de transmisión por corriente continua. Es evidente que en la recepción de energía, debe existir un sistema con generación para hacer posible la resolución.

No pretendemos explicar en detalle el funcionamiento teórico de este tipo de transmisión, por escapar a los límites de este texto, pero en la *Figura N° 4.76* tenemos el circuito equivalente de la parte de corriente continua de la figura anterior. Para hacer posible la conversión de continua a alterna, a la llegada, es menester exista la tensión **U2** rectificada de la alterna de la red receptora. La corriente continua será:

$$I = \frac{U_1 - U_2}{R_1 + R + R_2} \qquad (4.120)$$

Donde:
- I: corriente continua en la línea
- R: resistencia de la línea
- R_1: R_2: resistencias internas de los equipos rectificadores
- U_1: U_2: tensiones continuas a la salida y llegada

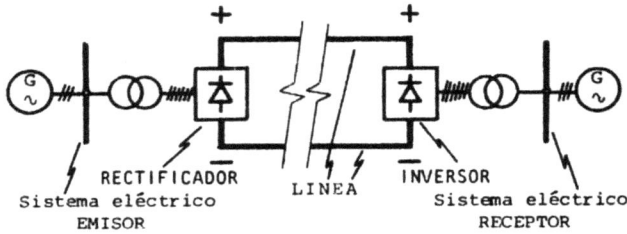

Figura N° 4.75 Unifilar línea de transmisión en corriente continua

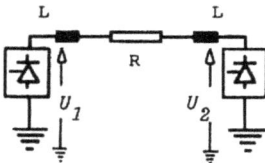

Figura N° 4.76 Circuito equivalente

Si se cumple que $U_1 > U_2$ existe la corriente continua que hace el transporte de energía. Los valores de U_1 y U_2 se regulan fácilmente por medio de los circuitos electrónicos de "compuertas" de los tiristores. Esta disposición demuestra, sin mayor explicación, que la regulación de la carga es sencilla, por medio de circuitos de comando y sobre todo, muy rápida. (*) Argentina 50 Hz y Brasil 60 Hz.

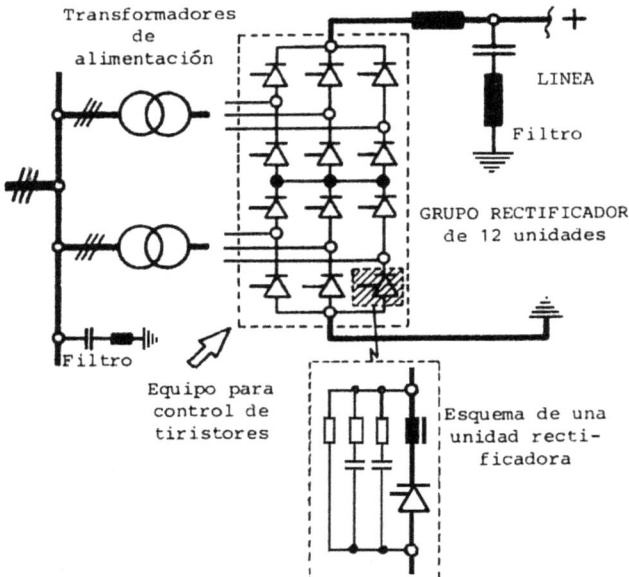

Figura N° 4.77 Unifilar estación convertidota ca a cc

Figura N° 4.78 Línea unifilar

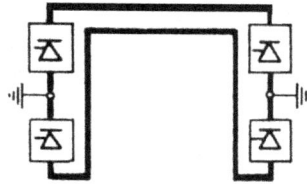

Figura N° 4.79 Línea bifilar

Las averías o trastornos en la línea son rápidamente subsanados. En estas instalaciones el costo de las dos estaciones (de salida y de llegada) es bastante mayor que en el caso de la transmisión a corriente alterna, pero la línea es más económica. Las torres son mucho más livianas y al no transportar potencia reactiva el manejo de la energía es más censillo. Por otra parte, si se emplea para la transmisión un cable, los problemas se resuelven más sencillamente.

En la *Figura N° 4.77* mostramos el esquema de una estación convertidora de alterna a continua. Las estaciones rectificadoras se fabrican en forma de módulos fácilmente reemplazables, formando baterías. La refrigeración se hace por aire o por agua y los circuitos de mando de las compuertas de los tiristores están altamente normalizados. Para la transmisión, se han ideado varios esquemas, dos de los cuales se ven en *Figuras N° 4.78* y *4.79*.

APÉNDICE Nº 1. SIMBOLOGÍA

TABLA Nº A1.01
SIMBOLOGÍA DE LA INTERRUPCIÓN

TABLA Nº A1.02
SIMBOLOGÍA GENERAL

Señalización luminosa	Contacto NA	Relé protección sobrecorriente	Transformador de intensidad	Generador
Señalización acústica	Contacto NC	Relé protección de tensión	Transformador de tensión	Motor con rotor bobinado
	Contacto inversor			
Indicador capacitivo de tensión	Pulsador NA	Relé protección falta de tensión	Medidor de energía	Motor
	Pulsador NC			
Tierra	Pulsador NA	Bobina de contactor	Relé de protección	Transformador
Masa	Contacto NA cierra con retardo (1)	Bobina relé auxiliar	Instrumento de medición	Transformador con terciario
Condensador	Contacto NA cierra con retardo (2)		Interruptor conmutador amperométrico o voltiétrico	Transformador con regulación
Resistencia	Contacto NC abre con retardo (1)	Relé auxiliar con contactos NA + NC	Descargador de sobretensión	Reactor
Diodo rectificador	Contacto NC abre con retardo (2)			

APÉNDICE Nº 2. NÚMEROS IDENTIFICATORIOS

TABLA Nº A2.01
NÚMEROS Y FUNCIONES DE LOS DISPOSITIVOS

Número del dispositivo	Función	Aplicación
1	Elemento principal	Master element
4	Contactor principal	Master contactor
5	Dispositivo de parada	Stopping device
21	Relevador de distancia	Distance relay
23	Dispositivo de control de la temperatura	Temperatura control device
25	Dispositivo verificador del sincronismo	Synchronism check device
27	Relevador de sub-tensión	Undervoltage relay
29	Seccionador o separador	Isolating
30	Relé anunciador	Annunciator relay
32	Relevador direccional de potencia	Direccional power relay
37	Relevador de sub-intensidad o sub-potencia	Undercurrent o underpower relay
46	Relevador de corriente para secuencia inversa o equilibrio de fase	Reverse phase or phase-balance current relay
48	Relevador de secuencia incompleta	Incomplete sequence relay
49	Relevador térmico de máquina o transformador	Machine or transformer thermal relay
50	Relevador instantáneo de sobre-corriente	Instantaneous overcurrent relay
51	Relevador temporizado de sobre-corriente de corriente alterna	A-C Time overcurrent relay
52	Interruptor automático de corriente alterna	A-C Circuito broker
55	Relevador de factor de potencia	Power factor relay
59	Relevador de sobre tensión	Overvoltage relay
61	Relevador de equilibrio de corriente	Current balance relay
63	Relevador de flujo, nivel o presión de gases o líquidos	Liquid or gas pressure, level or flor relay
64	Relevador protector de tierra	Ground protective relay
67	Relevador direccional de sobre-corriente de c a	A-C direccional overcurrent relay
68	Relevador de bloqueo	Blocking relay
69	Dispositivo de control permisivo	Permissive control device
72	Interruptor automático de c. c.	D-C circuit breaker
74	Relevador de alarma	Alarm relay
76	Relevador de sobre-corriente de c. c.	D-C overcurrent relay
77	Transmisor de pulsaciones	Pulse terminal
79	Relevador de re-cierre de c. a.	A-C reclosing relay
81	Relevador de frecuencia	Frecuency relay
83	Relevador automático de control selectivo o de transferencia	Automatic selective control or transfer relay
86	Relevador de enclavamiento fuera de servicio	Locking-out relay
87	Relevador de protección diferencia	Differencial protective relay
89	Interruptor de línea	Line switch
90	Dispositivo de regulación	Regulating device
92	Relevador direccional de potencia y tensión	Voltaje and power direccional relay

Nota: Esta tabla **no** contiene a todos los dispositivos existentes, solo se han incluido aquellos que pueden estar relacionados con el contenido de este libro y fue extractado de una publicación de la American Standard Automatic Station Control, Super-visory, and Associated Equiments y American Standard Association.

TABLA N° A2.02
LETRAS ASOCIADAS A LOS DISPOSITIVOS SEGÚN LAS NORMAS ANSI

DISPOSITIVOS AUXILIARES SEPARADOS

Letra característica	FUNCIÓN
X	
Y	Relevador auxiliar
Z	
O	Relé de apertura
C	Relé de cierre
CS	Interruptor de control
PB	Botón pulsador

PARA INDICAR EL MEDIO, LA CONDICIÓN O LA MAGNITUD
ELÉCTRICA A LA CUAL RESPONDE EL DISPOSITIVO

Letra característica	FUNCIÓN
A	Aire o ampere
C	Corriente
F	Frecuencia o caudal
L	Nivel o líquido
P	Potencia o presión
PF	Factor de potencia
Q	Aceite
S	Velocidad
T	Temperatura
V	volt o vacío
VAR	Potencia reactiva
W	Agua o watt

PARA INDICAR LA POSICIÓN EN EL CIRCUITO
DEL DISPOSITIVO PRINCIPAL

Letra característica	FUNCIÓN
A	Alarma
AC	Corriente alterna
B	Batería
BK	Freno
DC	Corriente continua
L	Línea
Q	Aceite
M	Motor
P	Bomba
S	Sincronizador
T	Transformador
W	Agua o watt

TABLA Nº A2.03
LETRAS ASOCIADAS A LOS DISPOSITIVOS SEGÚN LAS NORMAS DIN

Lectura característica	FUNCIÓN
A	Módulos o sub módulos
B	Convertidor de magnitudes no eléctricas
C	Condensadores
D	Elemento binario, dispositivo de retardo, memorias
E	Equipos diversos
F	Dispositivo de protección
G	Generadores, suministro de potencia
H	Dispositivo de señalización
I / J	No usadas
K	Relé y contactores
L	Inductancias
M	Motores
N	Amplificadores y reguladores
Ñ / O	No usadas
P	Instrumentos de medición, equipos de pruebas o ensayos
Q	Interruptores automáticos, seccionadores, seccionadores-fusibles bajo carga
R	Resistencias
S	Interruptores selectores, aparatos de mando, pulsadores luminosos, fines de carrera
T	Transformadores
U	Moduladores, transductores, convertidores de frecuencia, onduladores, inversores
V	Válvulas electrónicas, diodos, transitores, tiristores
W	Circuitos de comunicaciones, guías de ondas, antenas
X	Bornes, conectores, tomacorrientes enchufables
Y	Equipos mecánicos accionados eléctricamente. Frenos, embragues y válvulas
Z	Terminaciones, dispositivos compensadores, filtros, limitadores

APÉNDICE N° 3. COLORES IDENTIFICATORIOS

TABLA N° A3.01
COLORES PARA INDICADORES LUMINOSOS

Color		Significado	Acción	Aplicación
Rojo	Red	Peligro	Requiere intervención inmediata	Actuación de las protecciones Parada de un equipo
Amarillo	Yellow	Precaución	Aviso previo a un cambio de situación	Temperatura acercándose a límites no permitida
Verde	Green	Normal	Servicio normal o seguro	Equipo listo para entrar en funcionamiento
Azul	Blue	Información Especial	Se asigna alguna función que no sean las anteriores	-------
Blanco	White	Información general	Información general particular	-------

TABLA N° A3.02
COLORES PARA PULSADORES

Color		Función	Aplicación
Rojo	Red	Parada	Parada de emergencia Parada normal
Amarillo	Yellow	Intervención externa	Suprimir condiciones anormales o para evitar cambios indeseados
Verde	Green	Conectar	Conectar dispositivos o elementos
Azul	Blue	Aplicación que no sean las anteirores	-------
Negro **Gris** **Blanco**	Black White	Sin significado especial	-------

APÉNDICE Nº 4. UNIDADES

Una de las formas de expresar los conocimientos correctamente es dándole a cada uno su verdadero nombre. Es por ello que, considerando la importancia que tienen las expresiones, fundamentalmente en el ámbito de la técnica (aunque no sea privativo de ella), se hace necesario tener claramente identificadas las magnitudes, sus nombres y símbolos a emplear.

Mediante la ley nacional Nº 19.511, sancionada y promulgada en el año 1972 se impuso el denominado Sistema Métrico Legal Argentino (SIMELA) el cual establece las unidades, múltiplos y submúltiplos, pre-fijos y símbolos del Sistema Internacional de Unidades (SI) en nuestro país.

Entre las disposiciones generales figura la obligatoriedad y exclusividad del uso del SIMELA en todos los actos públicos o privados de cualquier orden o naturaleza. Queda prohibida la fabricación, importación, venta, oferta, propaganda, anuncio o exhibición de instrumentos de medición graduados en unidades ajenas al SIMELA, aún cuando se consiguen paralelamente las correspondientes unidades legales. Se admitirán excepciones solamente en aquellos casos en que se trate de instrumentos de medición destinados a la exportación, al control de operaciones relacionadas con el comercio exterior o al desarrollo de actividades culturales, científicas o técnicas.

Las reparticiones públicas y los escribanos de registro no admitirán documentos referentes a actos o contratos celebrados fuera del territorio de la Nación, que tuvieren que ejecutarse en él, cuando las medidas se consignaren en unidades no admitidas por la nueva ley, salvo en el caso de que los interesados hubieren efectuado la conversión al SIMELA en el mismo documento.

De acuerdo a esto, las magnitudes y parámetros empleadas en esta obra se dan en la tabla siguiente. La nómina completa se puede encontrar en el texto de la ley referida. De igual manera se da también otra tabla con los múltiplos, submúltiplos, prefijos y los símbolos.

TABLA Nº A4.01
MAGNITUDES, NOMBRES Y SÍMBOLOS ELÉCTRICOS

MAGNITUD	NOMBRE	SÍMBOLOS
Tensión eléctrica Potencial eléctrico Fuerza motriz	volt	V
Intensidad de corriente eléctrica	ampere	A
Resistencia eléctrica	ohm	
Capacitancia	farad	F
Conductancia eléctrica	siemens	S
Inductancia	henry	H
Potencia eléctrica activa	watt	W
Potencia eléctrica reactiva	volt-ampere-reactivo	VAr
Potencia eléctrica aparente	volt-ampere	VA
Energía eléctrica activa	watt-hora	Wh
Energía eléctrica reactiva	volt-ampere-reactivo-hora	VAhr
Flujo luminoso	lumen	lm
Iluminancia	luz	lx
Luminancia	candela/metro cuadrado	cd/m^2

TABLA Nº A4.02
MÚLTIPLOS Y SUBMÚLTIPLOS DE LAS UNIDADES

FACTOR	PREFIJO	SÍMBOLO
10^9	giga	G
106^6	mega	M
10^3	kilo	K
10^{-3}	mili	m
10^{-6}	micro	μ
10^{-9}	nano	n
10^{-12}	pico	p

Escritura de las magnitudes y sus símbolos

Para la escritura rigen las siguientes reglas:
1º El símbolo de la unidad se escribe con caracteres rectos
2º El nombre de la unidad se escribe con minúsculas
3º El símbolo de la unidad se escribe con minúsculas, excepto los derivados de nombres propios
4º El símbolo de la unidad mantiene para el plural la misma forma del singular
5º El símbolo de la unidad se escribe sin punto

APÉNDICE Nº 5. EQUIVALENCIAS DE USO PRÁCTICO EN ELECTRICIDAD

```
1 METRO  = 39,37  PULGADA
1 METRO  = 3,28   PIE
1 METRO  = 0,0254 METRO
1 PIE    = 0,3048 METRO
1 PIE    = 12,00  PULGADA
```

```
1 METRO CUADRADO     = 1,555 PULGADA CUADRADA
1 METRO CUADRADO     = 10,764 PIE CUADRADO
1 PULGADA CUADRADA   = 6,4516 X 10⁻⁶ METRO CUADRADO
1 PIE CUADRADO       = 0,092903 METRO CUADRADO
1 PIE CUADRADO       = 144 PULGADA CUADRADA
1 CIRCULAR MIL       = 5,0671 X 10⁻⁴ MILIMETRO CUADRADO
```

1 METRO CUADRADO = 1,555 PULGADA CUADRADA
1 METRO CUADRADO = 10,764 PIE CUADRADO
1 PULGADA CUADRADA = $6,4516 \times 10^{-6}$ METRO CUADRADO
1 PIE CUADRADO = 0,092903 METRO CUADRADO
1 PIE CUADRADO = 144 PULGADA CUADRADA
1 CIRCULAR MIL = $5,0671 \times 10^{-4}$ MILIMETRO CUADRADO

1 METRO CUBICO = $61,024 \times 10^{-3}$ PULGADA CUBICA
1 METRO CUBICO = 35,315 PIE CUBICO
1 PULGADA CUBICA = $16,387 \times 10^{-6}$ METRO CUBICO
1 PIE CUBICO = 1,728 PULGADA CUBICA
1 PIE CUBICO = $28,317 \times 10^{-3}$ METRO CUBICO

1 KILOGRAMO = 2,2046 LIBRA
1 LIBRA = 0,45359 KILOGRAMO

1 NEWTON = 0,010197 KILOGRAMO FUERZA
1 NEWTON = 0,22481 LIBRA FUERZA
1 KILOGRAMO FUERZA = 9,80665 NEWTON
1 LIBRA FUERA = 4,4482 NEWTON
1 LIBRA FUERZA = 0,45339 KILOGRAMO FUERZA
1 DINA = 10^{-5} NEWTON

1 BAR = 100.000 NEWTON/METRO CUADRADO
1 ATMOSFERA NORMAL = 101.325 NEWTON/METRO CUADRADO
1 JOULE = $0,278 \times 10^{-6}$ KILOWATT-HORA
1 KILOWATT-HORA = $3,6 \times 10^{6}$ JOULE
1 KILOWATT = 3.412 BTU

1 WATT = 0,73756 LIBRA-PIE/SEGUNDO
1 WATT = $1,341 \times 10^{-3}$ HP
1 HP = 746 WATT
1 CV = 735,5 WATT
1 BTU = 0,2931 WATT

GRADOS KELVIN ABSOLUTOS = GRADOS CENTÍGRADOS   + 273,15
GRADOS CENTÍGRADOS   = GRADOS KELVIN ABSOLUTOS   − 273,15
GRADOS CENTÍGRADOS   = 5/9 (GRADOS FAHRENHEIT   − 32
GRADOS FAHRENHEIT   = 1,8 GRADOS CENTÍGRADOS   + 32

APÉNDICE N° 6. CABLES

TABLA N° A6.01
CARACTERÍSTICAS TÉCNICAS DE LOS CABLES CON CONDUCTORES DE COBRE
Y AISLAMIENTO DE PVC. IRAM 2178 (TIPO ENERGÍA)

SECCIÓN NOMINAL [mm²]	INTENSIDAD ADMISIBLE DE CABLES EN AIRE		INTENSIDAD ADMISIBLE DE CABLES ENTERRADOS		RESISTENCIA A 50 Hz 70 ºC [ohm/km]	REACTANCIA A 50 Hz	
	UNI-POLARES [A]	MULTI-POLARES [A]	UNI-POLARES [A]	MULTI-POLARES [A]		UNI-POLARES [ohm/km]	MULTI-POLARES [ohm/km]
1,5	—	15	—	25	15,9	—	0,108
2,5	—	21	—	35	9,55	—	0,099
4	41	28	54	44	5,92	0,30	0,099
6	53	37	68	56	3,95	0,28	0,090
10	69	50	89	72	2,229	0,27	0,086
16	97	64	116	94	1,45	0,25	0,081
25	121	86	148	120	0,87	0,24	0,080
35	149	107	177	144	0,63	0,23	0,078
50	181	128	209	176	0,46	0,22	0,078
70	221	160	258	214	0,32	0,22	0,074
95	272	196	307	254	0,23	0,21	0,073
120	316	227	349	289	0,18	0,20	0,073
150	360	261	390	325	0,15	0,194	0,072
185	415	300	440	368	0,12	0,19	0,072
240	492	358	510	428	0,09	0,18	0,072

Consideraciones acerca de los valores de la tabla anterior.

- Cables en aire: 3 cables unipolares en un plano sobre una bandeja porta-cables distanciados un diámetro o un cable multipolar solo, con una temperatura ambiente de 40 ºC.
- Cables enterrados: 3 cables unipolares colocados en un plano horizontal y distanciados 7 cm o un cable multipolar solo, enterrado a 70 cm de profundidad en un terreno a 25 ºC de temperatura y 100 ºC x cm/W de resistividad térmica.
- Deberá hacerse la corrección de las corrientes admisibles para otras temperaturas.

TABLA N° A6.02
CARACTERÍSTICAS CONSTRUCTIVAS DE LOS CABLES CON CONDUCTORES
Y AISLAMIENTO DE PVC. IRAM 2178 (TIPO ENERGÍA)

SECCIÓN NOMINAL [mm²]	UNIPOLARES			MULTIPOLARES		
	DIÁMETRO DEL CONDUCTOR [mm]	DIÁMETRO EXTERIOR DEL CABLE [mm]	PESO APROX. [kg/km]	DIÁMETRO DEL CONDUCTOR [mm]	DIÁMETRO EXTERIOR DEL CABLE [mm]	PESO APROX. [kg / km]
1,5	–	–	–			
2,5	–	–	–	1,5	13	230
4	2,5	8	95	2,0	14	290
6	3,0	9,5	140	2,5	16	410
10	3,9	10,5	190	3,0	18	510
16	5,0	11	250	3,9	20	730
25	6,0	11,7	350	5,0	24	1149
35	7,0	12,7	450	6,0	26	1500
50	8,1	14,1	580	7,0	28	1800
70	9,8	16	790	8,1	32	2400
95	11,5	18	1070	10,9	31	2800
120	13,0	20	1300	12,7	36	3800
150	14,4	22	1600	14,2	39	4700
185	16,1	24	2000	15,9	43	5600
240	18,5	27	2600	17,7	47	7050

Es de hacer notar en las tablas que los cables multipolares, a partir de la sección de 25 mm², el cuarto conductor destinado al neutro, es de sección menor. Además los cables de aluminio se fabrican en secciones mínimas de 10 mm².

TABLA N° A6.03
CONDUCTORES DE ALUMINIO

Sección nominal	Formación	Diámetro aprox.	Masa aprox.	Carga de rotura calculada	Resistencia eléctrica en CC 20 °C	Resistencia eléctrica en c.a. 80 °C	Corriente admisible (1)
[mm2]	[N° x mm]	[mm]	[Kg/km]	[kg]	[ohm/km]	[ohm/km]	[A]
16	7 x 1,70	5,1	43	452,6	2,09	2,54	100
25	7 x 2,15	6,5	70	723,9	1,31	1,59	125
35	7 x 2,52	7,6	95	994,5	0,952	1,16	160
50	7 x 3,02	9,1	135	1428	0,663	0,806	195
50	19 x 1,85	9,3	140	1455	0,654	0,795	195
70	19 x 2,15	10,8	190	1965	0,484	0,588	235
95	19 x 2,52	12,6	260	2699	0,352	0,428	300
120	19 x 2,85	14,3	335	3453	0,275	0,334	340
150	37 x 2,25	15,8	405	4191	0,227	0,276	395
185	37 x 2,52	17,7	510	5257	0,181	0,220	455
240	37 x 2,85	20,0	650	6724	0,142	0,176	545
300	61 x 2,52	22,7	840	8666	0,110	0,138	625
400	61 x 2,85	25,7	1070	11085	0,090	0,109	755

- Uso: líneas aéreas para la transmisión de la energía eléctrica
- Construcción: cuerda desnuda de aleación de aluminio
- Temperatura máxima de ejercicio: 80 °C
- Norma de fabricación: IRAM 2212
- Temperatura ambiente: 40 °C con los cables expuestos al sol y viento de 0,6 m/s

TABLA N° A6.04
CONDUCTORES DE ALUMINIO - ACERO

Sección nominal	Formación Aluminio	Formación Acero	Diámetro aprox.	Masa aprox.	Largo de expedición	Carga rotura expedición	Resistencia eléctrica en c.c. y 20 °C	Corriente admisible (1)
[mm2]	[N° x mm]	[mm]	mm	Kg/km	m.	kg	ohm/km	A
16/2,5	6 x 1,8	1 x 1,8	5,4	60	5000	591	1,88	100
25/4	6 x 2,25	1 x 2,5	6,8	100	3500	917	1,20	130
35/6	6 x 2,7	1 x 2,7	8,1	10	2500	1254	0,835	160
50/8	6 x 3,2	1 x 3,2	9,6	195	2000	1713	0,595	195
70/12	26 x 1,85	7 x 1,44	11,7	280	5000	2681	0,413	255
95/15	26 x 2,15	7 x 1,67	13,6	380	4000	3558	0,306	305
120/20	26 x 2,44	7 x 1,9	15,5	490	3000	4526	0,237	365
150/25	26 x 2,7	7 x 2,1	17,1	600	2500	5464	0,194	415
185/30	26 x 3,0	7 x 2,33	19,0	740	2000	6646	0,157	475
210/35	26 x 3,2	7 x 2,49	20,3	845	2000	7482	0,138	505
240/40	26 x 3,45	7 x 2,68	21,9	980	2500	8675	0,119	565
300/50	26 x 3,86	7 x 3,0	24,5	1230	2500	10700	0,0949	650
340/30	48 x 3,0	7 x 2,33	25,0	1170	2000	9310	0,0851	670
380/50	54 x 3,0	7 x 3,0	27,0	1440	2000	12322	0,0767	715
435/55	54 x 3,2	7 x 3,2	28,8	1640	2000	13688	0,0666	765
550/70	54 x 3,6	7 x 3,6	32,4	2080	1500	17095	0,0526	865
680/85	54 x 4,0	19 x 2,4	36,0	2550	1000	21043	0,0426	1000

Utilización: líneas de aéreas para transmisión de la energía eléctrica en media, alta y extra alta tensión
Construcción: cuerda desnuda de alambres de aleación de aluminio con alma de alambres de acero
Temperatura de ejercicio: 80 °C
Norma de fabricación: 2187
(1) Para temperatura ambiente 40 °C con cables expuestos al sol y velocidad del viento 0,6 m/s

www.ingramcontent.com/pod-product-compliance
Lightning Source LLC
Chambersburg PA
CBHW061721270326
41928CB00011B/2061